JN314690

中国中観思想論

吉蔵における「空」

高野淳一

大蔵出版

目次

中国中観思想論

——吉蔵における「空」

序章　本研究の目的

本研究は、隋から唐初にかけて活躍した吉蔵（五四九〜六二三）の思想を取り上げ、その枠組・論理を考察し、その成立・展開を検討し、そして中国思想史上におけるかれの思想の位置・意味を検証して、当該時期の「空」を解明することを目論むものである。

周知のように吉蔵は、『中論』『百論』『十二門論』の三つの論に主に依拠し、「空」の思想を宗旨とする、中国三論宗の大成者だとされる。そこでかれの思想は、中国思想史の中で取り上げられる場合には、魏晋期の「無」と「有」とをめぐる思想や、それを踏まえたいわゆる格義仏教との関わりから論じられ、また中国仏教史の中で取り上げられる場合には、魏晋南北朝の仏教思想を集大成し、隋唐仏教の一宗派を成立せしめたとの観点から論じられてきた。そしていずれの場合においても、やはりその「空」の理解が主に問題とされ、固有思想や伝統思想の名残を留めた中国的な仏教理解だとか、[1]逆に不完全な理解を乗り超え仏教本来の「空」の思想を実現したなどと評価されてきた。[2]

本研究は、もとよりそうした従来の見解を全く否定し覆そうとするものではないが、しかしながらそうした従来の評価のどちらか一方に肩入れするものでもない。中国思想における一つの思惟の営みとしてかれの思想を捉えた時、正しい仏教理解か否かという評価に限定されないその相貌が窺われるのではないか。すなわち、吉蔵自身がハッキリと意識していたかどうかはともかくとして、中国の固有思想の思惟と、固有思想とはまた異なる仏教思想の思惟とが、渾然一体となってその思想に流れ込んでおり、その両者がかれなりの論理・方法により総合・統一されていたとすべきではないか。

吉蔵思想に関する専著として、まず平井俊榮『中国般若思想史研究――吉蔵と三論学派』(春秋社、一九七六年)を挙げねばならない。平井氏は、それまでの研究成果を踏まえつつ、鳩摩羅什(三四四~四一三、あるいは三五〇~四〇九)から吉蔵に至るまでの三論学派の系譜を実証的に跡づけ、吉蔵に至ってその思想が大成された過程を明らかにしている。そして吉蔵の思想については、般若の空の思想と涅槃の有の思想とを有機的に統合した点にその特徴があったと指摘する。その上で、無(空)と有との相即を目指す「無得正観」をその根本基調と見なし、そしてそうした相即を概念化した「理教」「中仮」「体用」と、その相即を論理的に定式化した「初章義」「四種釈義」とを基礎範疇として取り上げ論じる。そしてまた初章義の発展形態である「二諦」、二諦と体用の関係にある般若と方便の「二智」、その般若の空観に基づいた中道を表わす「仏性」の三つを枠組と捉えて詳しく考察する。またそうした考察の中で、吉蔵の思想と、かれ以前の三論学の思想との関係、かれと同時代の浄影寺慧遠(五二三~五九二)や天台智顗(五三八~五九七)の見解との違いにも随所で触れ、更に吉蔵思想が後の禅宗に受け継がれていった実態に論及する。まことに吉蔵思想についての総合的・体系的な研究である。

しかしながら、羅什以後の三論学派の成立と展開に焦点を当てていることもあり、それ以前の仏教思想や中国思想全般との関わりの中での吉蔵思想の特徴が、必ずしも明確にされているわけではない。また、確かに仏教史の中では般若思想と涅槃思想とを統合していると見ることができるとしても、吉蔵においてそれはどういう事態を指していたのか。すなわち、無と有との相即を目指す「無得正観」という根本基調と、中道を表わす「仏性」という枠組とが、一体どのような関わりにあるのか。またそうした「仏性」と「二諦」「二智」といった他の枠組とが、互いにどのように有機的に関連づけられ、更にまたそれらが「無得正観」と一体どのように関わってくるのか。つまり言い換えるならば、そうした根本基調・基礎範疇・枠組を規定し構成していく中で、吉蔵が、理想的な境涯をどのように捉え、またどうすればそれを獲得・実現できると考えていたのか、そしてそこに窺えるかれの思惟のありようがどういうものであったのかについて、十分に納得のいく形では明らかにされていないように思われる。

平井氏の著書が発表されて以後、吉蔵思想について、仏教思想の方向からは勿論のこと、中国固有思想との関連に焦点を当てたものなど、近年研究者たちによって多様な視点からアプローチがなされている。

平井俊榮監修『三論教学の研究』（春秋社、一九九〇年）は、仏教思想や仏教史の視点から吉蔵思想を論じた諸論文と共に、初唐の道教思想に与えたその影響や老荘思想に対するかれの批判について論じた論文を収録して、吉蔵思想と中国固有思想との関わりにまた新たな光を投げかけている。また伊藤隆寿『中国仏教の批判的研究』（大蔵出版、一九九二年）は、老荘思想の特質である「道・理の哲学」が仏教の縁起思想と相い反するものだとする観点に立ち、羅什・道生・僧肇・吉蔵らの三論学の思想がやはり「道・理の哲学」に他ならないと論じ、吉蔵思想の捉え方・評価に一石を投じている。しかしながら、先に触れたような中国思想史や中国仏教史における吉蔵思想の評価について、定論を齎すには至っていないようである。

また、菅野博史『中国法華思想の研究』（春秋社、一九九四年）は、中国における『法華経』解釈史を分析し、その中での吉蔵の位置や特徴を明らかにし、そしてかれの『法華玄論』『法華義疏』『法華統略』をそれぞれ検討してその所論の展開を指摘する。中国だけでなく朝鮮・日本でも重んじられ影響の大きかった『法華経』の解釈に焦点を当て、平井氏の研究ではなお十分には分析されていない吉蔵思想のまた別の一面を明らかにしている。だが、そこで分析されている『法華経』解釈が吉蔵思想全体の中でどういった意味を持つのか、また吉蔵のどういった思惟なり立場なりを反映しているのか、必ずしも明確に論じられているわけではない。

これらの研究以外にも、吉蔵思想についてはまことに多くの方面から分析・検討され、確かに研究が深まり広がってはいる。しかしながら、中国思想の中での位置をシッカリと見定めるまでには、まだ吉蔵思想の特徴をズバリ摑みえていないと見るべきではないか。あるいはまた、主要な概念を取り上げ分析することは勿論重要なのだが、それに止まらずに、中国の固有思想や他の仏教諸思想と同じ土俵の上で問題とすることができるように更に深く踏み込んで、吉蔵の思惟のありようを語ることが必要なのではないか、と思うのである。


吉蔵思想研究について、大きく次のような二つの課題があると筆者は考える。

第一に、吉蔵思想の基底を明らかにすることである。先に指摘しておいたように、吉蔵思想については、中国固有思想と同質だとする見解がある一方、固有思想を乗り超えて本来の「空」の思想を実現したとする見解があり、評価が大きく二つに分かれている。そこでその評価についてはひとまず保留にしておき、かれの所論の中の概念・術語の分析だけにとらわれること無く、吉蔵思想が何をどのように目指していたかをできるだけ丹念にたどり、その思惟の枠組・論理を分析してみたい。そしてその上で他の仏教思想や固有思想と比較・検討し、その思惟のありようを検証してみたいと思うのである。そのことにより、中国思想の中で吉蔵思想の持っていた意味が、より明らかになると考える。

第二に、吉蔵思想の展開を明らかにすることである。周知の通り吉蔵は、その生涯にわたって多くの著作を著し、しかもそのうちかなりのものが現存する。それらを成立時期に分けて検討することにより、かれの思想の変化・展開のありさまを明らかにできないか。この点について、各論著の観点が一致していて大きな思想の転換はその生涯を通じて認められないとする見解がある。(3) 確かに掌を反すような劇的な転換は認められないかも知れないが、他学派に対する批判を通してその思想が形成されていったこと、同時期に活躍した浄影寺慧遠や智顗と交渉があったことなどを勘案すると、他の思想から刺激を受けてその思想が変化していったと考える方がむしろ自然であろう。既に平井氏は、いくつかの問題についての見解が論著により異なっていると指摘しており、また菅野氏は、『法華経』の注釈書についてその思想の展開を論じている。本研究では、吉蔵の現存する著作全般についてそれを検証してみたい。そのことにより、吉蔵思想が目指していたものが、より明らかになると考える。

以上の二つの課題に取り組むべく、本研究は次の五つの部分に分けて論述を進める。

第一章「吉蔵の伝記と著作」では、吉蔵の生涯と著作について、筆者なりに整理する。以下の考察を進めるための準備をするものである。

第二章「吉蔵思想の枠組」では、『大乗玄論』を材料に、吉蔵思想の枠組を形作っている事柄を検討し、またその基調を明らかにする。

第三章「吉蔵思想の展開」では、第二章で検討した枠組に沿いつつ、かれの著作を成立時期ごとに分けて検討し、吉蔵思想の展開のありさまを明らかにする。

第四章「吉蔵思想の基底」では、羅什訳経論の思想、古訳般若経の思想、魏晋期の固有思想を検討し、吉蔵の思惟のもとになっているものを明らかにする。

第五章「吉蔵思想の位置」では、吉蔵思想と比較・対照しつつ、僧肇の思想、浄影寺慧遠の思想、天台三大部の思想を検討し、吉蔵の思惟のありように迫っていく。

（1） 馮友蘭『中国哲学史』（商務印書館、一九三三年）、侯外廬主編『中国思想通史』第四巻上冊（人民出版社、一九五九年）、馮友蘭『中国哲学史新編』第四冊（人民出版社、一九八六年、但し筆者が見たのは一九九一年に河南人民出版

社から出た『三松堂全集』第九巻所収のもの）は、いずれも中国思想史を論じる中で特に「二諦」を取り上げ、吉蔵思想と中国固有思想との間に共通する思考が窺えると評価する。だが、吉蔵思想の比較対象として取り上げる固有思想が、老子・荘子の思想であったり、魏晋玄学の周易解釈や向秀・郭象の荘子解釈であったりと、必ずしも一様でない。郭朋『隋唐仏教』（斉魯書社出版、一九八〇年）は、中国仏教史を論じる中で吉蔵に論及し、吉蔵が『中』『百』『十二門』の三つの論を中国化したと見なし、また鎌田茂雄『中国仏教史』第六巻・隋唐の仏教（下）（東京大学出版会、一九九九年）は、吉蔵が大成した三論宗の思想を、老荘を基調とする中国伝統思想の基盤の上に形成されたものと捉える。だが、「中国化」ということの中身、老荘の中身が何を指すのか、必ずしも明確でない。

（2）　武内義雄『中国思想史』（岩波全書七三、岩波書店、一九三六年初版、但し筆者が見たのは一九五七年改版）、赤塚忠ほか編『中国文化叢書三　思想史』（大修館書店、一九六七年初版、但し筆者が見たのは一九八一年第五版）は、いずれも吉蔵思想が中国固有思想を乗り超えた点、あるいは固有思想と異質な面を持っていた点を強調し評価する。だが、そうした評価の対象となる吉蔵思想の特徴を、前者は「破邪」とし、後者は「無所得中道」と捉えており、必ずしもピッタリとは一致していない。玉城康四郎編『世界宗教史叢書８　仏教史Ⅱ』（山川出版社、一九八三年）は、『中』『百』『十二門』の三つの論に直接基づいたインド関連の仏教として三論宗を捉え、その代表者である吉蔵思想の特徴を「破邪顕正」「真俗二諦」「八不中道」の三つと捉える。だが、何故にその三つの事柄を吉蔵思想の柱と見なすのか、なお疑問が残る。

（3）　廖明活『嘉祥吉蔵学説』（台湾学生書局、一九八五年）第一章第二節「吉蔵著作」を参照。

第一章　吉蔵の伝記と著作

はじめに

吉蔵（五四九〜六二三）の生涯については、研究者たちによって既にあらまし明らかにされている。それらに拠れば、かれの思索活動・著述活動は、会稽・嘉祥寺に居た時期、揚州・慧日道場に居た時期、長安・日厳寺に移って以降の時期という、大きく三つの時期に分けられると言う。

本章では、先行研究を十分に踏まえかつ資料に即して詳細に検討している平井俊榮氏の見解に拠りつつ[1]、吉蔵の生涯と著作について整理しておこうと思う。従来の研究と異なる新たな知見は特に無いのだが、本論に入る前の準備として、吉蔵がどのような生涯を送り、またその中でどのような活動を行っていたか、筆者なりに確認しておくことが、やはり必要なのではないかと考えるのである。

（1）平井俊榮『中国般若思想史研究』第二篇序章「嘉祥大師吉蔵伝」及び第一章「吉蔵の著作」。

第一節　吉蔵の伝記

まず最初に、『続高僧伝』の記述(1)に拠り、吉蔵の生涯をたどっていこう。

吉蔵は、俗姓は安氏である。その祖先はもともと安息国の出身だったが、仇を避けて南海郡に移り住み、交州・広州の辺りを転々とし、吉蔵が生まれた頃には金陵に居を構えていた。代々仏教の信仰が厚く、父親も後に出家して道諒と名乗った。

この父親が、吉蔵の生き方や信仰に対してどれほどの影響を与えたかは定かでない。しかし、幼いかれを真諦（四九九〜五六九）に引き合わせて「吉蔵」と命名してもらったこと、また常にかれを連れて興皇寺法朗（五〇七〜五八一）の講筵に連なっていたことを考えると、吉蔵が仏教との機縁を取り結ぶに当り、やはり父・道諒の果たした役割は大きかったと見るべきだろう。また道諒は刻苦勉励の人で、「乞食聴法、以て常業と為」したと言う。こうした父親の生きざまが後のかれの活動と微妙に重なっていることについては後述する。

七歳（平井氏の指摘に拠れば十一歳の誤り）の時、法朗のもとで出家して修学に励み、教わったことについて全てその奥義を窮め、「論難の標ぐる所、独り倫次に高く、詞吐贍逸にして、弘裕にして奇多し」とあるから、人並みはずれて弁論に優れていたようである。かくて十九歳の時には、揚州にその人有りと知られ、陳の桂陽王の帰依を受けたほどであった。

隋が江南を制圧すると、秦望山に赴き、嘉祥寺に止住して講筵を開いたが、道を尋ねる者がひきもきらないありさまであった。その名声により、開皇の末年に晋王（後の煬帝）が揚州に四つの道場を開いた時、招かれて慧日道場に止住する。「礼事豊華にして、優賞倫に異なれり」とあるから、ひとかたならぬ厚遇、賞讃を受けたことが窺われるが、この時期についての『続高僧伝』の記述は、存外あっさりしている。

さて、晋王が長安に日厳寺を開くと、吉蔵は再度招かれて都へと赴くことになる[2]。長安でのかれの活動については、三つの点が注目される。

一つ目は、法朗のもとで修学していた時既に人々の耳目を惹いていた論弁活動に、一層の磨きがかかったことである。長安に出た頃のかれの様子について、「其の状を見れば則ち傲岸群を出で、其の言を聴けば則ち鍾鼓雷動す。〔吉〕蔵乃ち諸名肆に遊び、薄く言蹤を示せば、皆な口を掩い辞を杜し、能く其れ対うるもの尠し」とあり、また隋の斉王の御前で三国一の論師と自称する僧粲と三日間にわたって往復数十番の問答を交わしたと言う[3]。常に「聴法」に勤めた父親の影響からか、経典の研究に邁進して言論を磨いていったかれの修道のありようが窺える。ただ、「縦いままに論宗に達するも、頗や簡略を懐く。御衆の徳は、其の長ずる所に非ず」というように、教えの本質に深く通じてはいたが、それを人々に対して説き明かすに当っては十分に言葉を尽くすことをしなかったかれの態度に対し、批判的なコメントがある。真理の本質は言葉で十分には言い尽くせないとする自身の拠って立つ立場の自覚が、そうさせたのかも知れない[4]。

二つ目は、王族貴族たちからの多大な喜捨を受けて仏教を宣揚すべく社会活動に勤めたことである。そもそも晋王（煬帝）がかれを慧日道場や日厳寺に招いたのは、仏教を興隆させんがためであった。長安に出たばかりの頃、禅業で名の高かった曇献という僧がいて、道俗の信仰を集め、貴族たちは競ってかれに寄進をした。吉蔵のもとにもやはり多くの喜捨が寄せられていたが、かれはそれを全て仏法のために使い、それでも余った際には曇献に委ね、三宝の興隆と貧窮者への施しの足しにしてもらったと言う。また仁寿年間（六〇一～六〇四）には、曲池の大仏の修復のため、連日にわたって寄進を行い、これを完成させた。そのため「〔吉〕蔵の福力、能く物心を動かす。凡そ営む所有れば、成就するに非ざるは無し」と評されている。「乞食」に手厚く勤めた父親の影響が、やはりかれのこの活動に確認できるではないか。だがその一方で、「風流を愛狎し、検約に拘ずらわず。貞素の識、或いは譏る所あり」とする批判がある。「風流」が何を指すか明らかではないが、恐らくは貴顕との交流の中で、倹約家たちの眉をひそめさせるような贅沢な行いもあったもののようである。(5)

三つ目は、これはやや晩年に近い頃からのことのようだが、禅観に勤めたことである。隋が滅びようとする頃、「別に普賢菩薩の像を置く、帳の設くること前の如し。躬ら対して坐禅し、実相の理を観ず。鎮んじて年紀を累ね、茲れを替え」なかったとある。また、かれの遷化の際に唐の太宗が寄せた言葉にも、「〔吉〕蔵法師は、道は三乗を済い、名は十地に高し。惟だ般若を弘めんことを懐い、辯囿は解脱を包む。方に徳を浄土に樹て、教えを禅林に闡くべし」と記されている。こうした禅観への志向は、もともとは師である法朗からの影響が考えられようが、(6)嘉祥寺に居た頃の天台智顗（五三八～五九七）との交流、(7)あるいは先に触れた曇献らとの交流に触発されたところがあったかも知れない。

さて、隋が滅んで唐になると、吉蔵は、武徳年間（六一八～六二六）の初めに十大徳に任じられ、実際寺、定水寺、そして延興寺と住処を変え、武徳六（六二三）年五月、七十五歳で遷化する。命終の日に著したとされる「死不怖論」の一部が次のように伝えられている。

いったい生きとし生けるものは、全て生を愛して死を畏れるものである。真理を体得していないからだ。そもそも死は生によって有るのだから、生を畏れるのが筋だ。吾というものがもしも生じないのならば、死ぬことなど無いわけだ。一旦生じるとなれば、最後には死ぬるものだと知れる。生を泣くべきであり、死を怖れるべきではないのだ。

夫含歯戴髪、無不愛生而畏死者。不体之故也。夫死由生来、宜畏於生。吾若不生、何由有死。見其初生、即知終

死。宜応泣生、不応怖死。（大正蔵五〇巻・五一五頁上）

この文章に拠り、吉蔵は結局死に対する恐れを超越し切れていなかったとする見解があるが、果たしてそうであろうか。[8]というのは、師の法朗が出家以前の若い頃に、徐子彦の北伐に従軍した際の以下の発言が、吉蔵の論と微妙に呼応するように思われるからである。

武器は凶器であり、この身が苦しみの原因である。欲望に溺れ邪まなことに囲まれていては、悟ることのできる者など無いのだ。

兵者凶器、身曰苦因。慾海邪林、安能覚者。（『続高僧伝』巻七・法朗伝、大正蔵五〇巻・四七七頁中）

これは明らかに、『老子』第一三章「吾が大患有る所以は、吾が身有るが為なり。吾が身無きに及んでは、吾何の患か有らん」を踏まえた発言であるが、『老子』の趣旨が、身が無くては名誉も財産も無く、従ってわが身こそが最も大切であることを説く点にあるのに対し、法朗の発言は、欲望にまみれたこの身が有ることこそ苦しみを齎す原因であることを説いている。

吉蔵の論が法朗のこの発言に何らかの関連を持つものだとすれば、この身が「終には死す」はずのものであることを弁え、それに執着して欲望にまみれた生を送ることを「泣く」べきだと述べていると見ることができよう。生が有るから死が有るのであり、生と死とは相待的なもの、生への執着が断ち切られれば、死など恐るるに足らずとするかれの晩年の境涯が、ここに表明されているのである。

（1）『続高僧伝』巻一一・吉蔵伝、大正蔵五〇巻・五一三頁下〜五一五頁上。

（2）吉蔵が会稽から揚州、更に長安へと移った具体的な年次については、諸説有る。平井俊榮『中国般若思想史研究』は、隋の開皇九（五八九）年以後に会稽に止住し、同十七（五九七）年九月以降に揚州に、同十九（五九九）年二月末までに長安に移ったとする。同『大乗仏典　中国・日本篇2　肇論・三論玄義』（中央公論社、一九九〇年）解説では、開皇十（五九〇）年ないし十一（五九一）年に会稽に止住し、同十七（五九七）年後半に揚州に、同十九（五九九）年か二十（六〇〇）年頃に長安に移ったとする。また、廖明活『嘉祥吉蔵学説』は、平井氏の著書に拠りつつ、開皇八（五八八）年以降のある時期に会稽に止住し、同十八（五九八）年前後に揚州に、同十九（五九九）年に長安に移ったとする。若干の異同が有るが、ここでは『続高僧伝』に即して穏当に判断している平井氏『中国般若思想史研究』の見解に拠る。

（3）『続高僧伝』巻九・僧粲伝に拠れば、僧粲との対論は大業五（六〇九）年、吉蔵が長安に移ってから十年ほど経った頃のことである。同伝に「有沙門吉蔵者、神辯飛玄、望重当世」（大正蔵五〇巻・五〇〇頁下）とあり、当時貴顕の間でかれの名声が高く、またそれを見込んだ斉王が僧粲の実力を試そうとした経緯が窺える。

（4）法朗の師事した僧詮が弟子たちに語った次のような言葉が伝えられている。「此法精妙、識者能行。無使出房、輒有開示。故経云、計我見者、莫説此経、深楽法者、不為多説。良由薬病有、以不可徒行」（『続高僧伝』巻七・法朗伝、大正蔵五〇巻・四七七頁下）。霊妙な教えは言葉では言い尽くし切れないとするこうした伝統を、吉蔵も受け継いでいるのであろう。

（5）郭朋『隋唐仏教』（斉魯書社出版、一九八〇年）は、吉蔵が隋王室の保護を受けて蓄財していたことを批判的に指摘する。

（6）法朗の伝記に、大明寺の宝誌禅師に禅法を受けたこと、また法朗の師事した僧詮が僧朗から教えを受けた際に、「玄旨所明、惟存中観。自非心会析理、何能契此清言」として山林に隠棲し、禅観に励んだとの記事が見える（大正蔵五〇巻・四七七頁中及び下）。この法朗や僧詮のありかたが、やはり吉蔵に影響を与えているものと思われる。

（7）『国清百録』巻四に、吉蔵が智顗に法華経を講ぜんことを請うた、開皇十七（五九七）年八月二十一日付け書簡を載せる（大正蔵四六巻・八二二頁上～中）。

（8）　郭朋『隋唐仏教』は、吉蔵が自らの死に臨み、死を恐れる気持ちを書き残したものとして、「死不怖論」を捉える。

第二節　吉蔵の著作

吉蔵の著作については、『続高僧伝』のかれの伝記に、「三論を講ずること一百餘遍、法華を三百餘遍、大品・智論・華厳・維摩等を各おの数十遍、並べて玄疏を著し、盛んに世に流る」とある（大正蔵五〇巻・五一四頁下）。この記述に拠れば、『中』『百』『十二門』の三つの論をはじめ、多くの大乗経典に注釈を施し、世間に流通したと考えられる。しかしながら、唐代の代表的な経録、静泰『衆経目録』（六六五年頃成立）、道宣『大唐内典録』（六六四年）、智昇『開元釈教録』（七三〇年）、円照『貞元新定釈教目録』（八〇〇年）のいずれにも、吉蔵撰とされる著作は意外にも見受けられない[1]。

一方、日本で編まれた経録の中に、吉蔵の撰述とされる著作が多く記録されている。以下、確認しておこう[2]。最も古いものが、円珍『開元寺求得経疏記等目録』（八五三年）であり、「法華科文二巻 嘉祥」とある。同じ円珍の『智証大師請来目録』（八五九年）には、「妙法蓮花経玄談一巻 吉公」「妙法蓮花経義疏十巻 吉公」「妙法華《ママ》花経科文二巻 上下吉公」の三部が見える。これらのうち、「妙法蓮花経義疏」は、巻数が異なるものの、現存する『法華義疏』がそれに相当するかも知れない。だが他の二部、「妙法蓮花経玄談」「妙法華《ママ》花経科文」が、それぞれ現存するどの著作に相当するかは不明である。

三論宗に関わる著作が記録される安遠『三論宗章疏』（九一四年）には、「吉蔵述」とされる経疏十九部、論疏十一部が、次の通り記載されている。

経疏：法華義疏十二巻、法華新撰疏六巻 分本末為十二巻、法華統略三巻 分本末為六巻、法華遊意一巻、涅槃義疏二十巻、涅槃遊意一巻、維摩略疏五巻、維摩広疏六巻、勝鬘経宝窟三巻 分為六巻、金光明経疏一巻 或為二巻、金剛般若疏四巻、大品般若略疏四巻、大品般若広疏十巻、大品般若遊意一巻、盂蘭盆経疏一巻、弥勒経遊意一巻、華厳経遊意一巻、仁王経疏二巻、観無量寿経疏一巻[3]

論疏：法華論疏三巻、中論疏十巻、中論玄一巻、百論疏三巻、十二門論疏二巻、十二門論略疏一巻、三論序疏一巻、浄名玄論八巻、法華玄論十巻、大乗玄論五巻、二諦章三巻

これらの著作のうち、「法華新撰疏」「涅槃義疏」「大品般若略疏」「盂蘭盆経疏」「中論玄」「十二門論略疏」「三論序疏」の七部は、相当する著作が現存しない。平井俊榮氏は、これらを古逸書であるとし、「涅槃義疏」についてはその逸文を収集し[4]、また「中論玄」は現存する『三論玄義』だと見なす[5]。

恐らくはこの『三論宗章疏』を踏まえて作成されたと思われる永超『東域伝灯目録』（一〇九四年）には、上記三十部の他に、先の『智証大師請来目録』所載の「妙法蓮華経玄談一巻」「妙法蓮華経科文二巻」が見える。更に吉蔵の撰述書として、「妙法蓮華経世音経賛一巻」「浄飯王経疏一巻」「入楞伽経義心一巻」「中観論略疏一巻」「三論略章三巻」「龍樹提婆伝疏一巻」「八科章一巻」の七部が記載されているが、これらもやはり現存せず逸書だと思われる。このうち、「中観論略疏」は、先の「中論玄」と同様に現存『三論玄義』と関わるものであろうか、あるいは「中論疏」を簡略にしたものかも知れないが、いずれにしても推測の域を出ない。また「三論略章」については、やはり平井俊榮氏が、続蔵所収の一巻本は要義を簡潔に纏めているが、その原本となった三巻本が吉蔵の真撰かどうか疑問が残ると指摘する[6]。

ところで、高麗・義天『新編諸宗教蔵総録』（一〇九〇年）には、「吉蔵述」として、「大涅槃経疏十四巻」「大涅槃経遊意二巻 或一巻」「法華経疏十二巻」「法華経玄論十巻」「法華経遊意一巻」「維摩経疏十二巻 或六巻」「仁王経疏三巻」「法華論疏二巻」の八部が記載されている。先の日本の二つの経録に記載されていた『仁王経』以外の般若経及び『中』『百』『十二門』の三つの論などの注釈が見受けられないのは、高麗での経論の流行、仏教受容の動向を反映したものであろうか。

さて、吉蔵の撰述として伝えられ現存している著作は二十部余りにのぼるが、その撰述年代が全て逐一確定されているわけではない。だが、本章の冒頭で触れたかれの生涯の三つの時期それぞれにどの著作が著されたかは、既に平井俊榮氏と廖明活氏の研究によってあらまし明らかにされている。[7] より詳しい平井氏の考証に拠って各時期の著作をそれぞれ一括して挙げると、次の如くである。

○会稽時代の著作：『金剛般若経疏』『大品経義疏』『大品経遊意』『二諦義』『法華玄論』『法華義疏』『涅槃経疏（逸書）』
○揚州時代の著作：『三論玄義』『勝鬘宝窟』『華厳経遊意』
○長安時代の著作：『浄名玄論』『維摩経略疏』『維摩経義疏』『中観論疏』『百論疏』『十二門論疏』『涅槃経遊意』『法華遊意』『法華統略』『法華論疏』『大乗玄論』

なお平井氏は、現存『無量寿経義疏』『観無量寿経義疏』『仁王経疏』の三つの著作については撰述時期が不詳であるとし、『弥勒経遊意』は偽撰の疑いがあると指摘する。[8] そして、会稽時代の代表作として『二諦義』『法華玄論』を、揚州時代の代表作として『三論玄義』『勝鬘宝窟』を、長安時代の代表作として『浄名玄論』『中観論疏』を挙げる。また廖明活氏は、吉蔵思想の基本的な入門書として『二諦義』『大乗玄論』、三論に関わる著述として『三論玄義』『中観論疏』、南北朝以来流行していた経典・学説に関わる著述として『法華玄論』『浄名玄論』『涅槃経遊意』『勝鬘宝窟』がそれぞれ重要であると指摘する。

会稽時代に『金剛経』『大品経』などの般若経に関わる注釈書が著され、長安時代に『維摩経』に関わる一連の注釈書が著されていることは、それぞれの時期の関心の所在を示していると言えようか。また会稽時代に二部、長安時代に三部、合わせて五部もの『法華経』関係の注釈書が著されていることは、『法華経』について吉蔵が深い関心を持ち研鑽を重ねていたことを示していると考えられる。

そしてまた、会稽時代に『涅槃経疏』が、揚州時代に『勝鬘宝窟』が著されていることから、この時期に特に仏性や如来蔵についての研究が進められ、更に揚州時代に『三論玄義』が、長安時代に『中論』『百論』『十二門論』の注釈書がそれぞれ著されていることから、この時期に三論についての研究が特に深められたと思われる。揚州時代は、わずか二年足らずの短い期間ではあるのだが、吉蔵思想の展開を考察する上で、やはり見逃すことのできない重要な時期であったと言えるのではないか。

（1） 例えば『大唐内典録』には、吉蔵とほぼ同時代に活躍した天台智顗（五三八～五九七）の著作として、「円頓止観」など十九部が記載されているのだが（大正蔵五五巻・三三二頁上）、吉蔵の著作は記載されていない。なお、本節で取り上げた経録類は全て大正蔵五五巻に収録されている。

（2） 奈良時代（主に正倉院古文書による）に日本で知られていた吉蔵の著作と、それらが現存するか否かについては、石田茂作『奈良朝現在一切経疏目録』（東洋文庫、一九三〇年刊、但し筆者が見たのは一九八二年復刻原本）を参照。

(3)「華厳経遊意」は、円超『華厳宗章疏幷因明録』(九一四年)にも、「華厳遊意一巻 吉蔵述」と記載されている。

(4) 平井俊榮「吉蔵著『大般涅槃経疏』逸文の研究」(『南都仏教』第二七・二九号、一九七二年)。

(5) 平井俊榮『中国般若思想史研究』三七三頁。

(6) 平井前掲書四〇三頁。

(7) 平井前掲書第二篇第一章「吉蔵の著作」、廖明活『嘉祥吉蔵学説』第一章第二節「吉蔵著作」。

(8) 平井前掲『大乗仏典』解説では、「金光明経疏 一巻」「仁王般若経疏 六巻」「観無量寿経義疏 一巻」の三部を、長安時代の著作とする。また吉蔵の真撰が疑われている著作として、「無量寿経義疏 一巻」「大品経遊意 一巻」「弥勒経遊意 一巻」「大乗玄論 五巻」を挙げる。但し『大乗玄論』を、『三論玄義』『二諦義』と共に、吉蔵思想の綱要書と位置づける。

第二章　吉蔵思想の枠組――『大乗玄論』の検討を通して

はじめに

『大乗玄論』について、平井俊榮氏は、その巻二「八不義」が慧均の『四論玄義』「八不義」と極めて類似しており、吉蔵自身の執筆と認めることがなお問題視されているとしながらも、そのことによって『大乗玄論』そのものが吉蔵の撰述に関わるものではないとの確証を得るには至っていないと述べ、吉蔵の代表的論書でありその思想を最も良く表明するものの一つであることには異論が無いとして、一応吉蔵の著作と認める立場を取り、[1]またその成立時期について、吉蔵の長安時代の代表作『中観論疏』以後のものと指摘する。[2]廖明活氏は、平井氏の主張を踏まえ、『二諦義』と共に『大乗玄論』を吉蔵思想の最も基本的な入門書と見なしている。[3]ここでは両氏の主張に従い、『大乗玄論』を、その全てが吉蔵自身の手に成るものかどうかはともかく、少なくとも吉蔵思想の大綱を最も良く示している著作と認められるものとした上で、考察を進める。

現行大正蔵四五巻所収の『大乗玄論』全五巻の構成は以下の如くである。

巻一　二諦義
巻二　八不義
巻三　仏性義　一乗義　涅槃義
巻四　二智義
巻五　教迹義　論迹義

平井氏は、日本の珍海（一〇九一〜一一五二）の注釈を参照しつつ、この現行大正蔵本の構成が必ずしも決定的なものでないとし、その思想の構造から見て、「二智義」は「八不義」もしくは「二諦義」の後に来るのが妥当であろうと述べる。そして、吉蔵思想の主要な内容は「二諦義」と「仏性義」に尽きるが、それがまた枠組としては「二諦」の所説の中に包含されていくとした上で、思想の主な枠組として「二諦義」「二智義」「仏性義」の三つを特に取り上げ考察している。(4)また廖明活氏は、平井氏の見解を踏まえ、「二諦」「八不中道」「仏性」の三つの事柄についての吉蔵の議論を分析している。(5)

『大乗玄論』が吉蔵思想の大綱を示しているとする前提に立つならば、かれの思想の枠組を把握するに当り、その所論を検討することがやはり有効な方法となってこよう。平井氏と廖氏の見解は、吉蔵の諸著作を広汎に検討した上で提示されたものと考えられるのだが、こと『大乗玄論』の中身そのものについては、両者とも纏まった綿密な検討をしていないのである。そこで本章では、『大乗玄論』の各項目の内容を丁寧に分析し、吉蔵思想の枠組とその基調とを考察することにしたい。

なお、第二章の以下の論述で、大正蔵の巻数を示さず頁数と段のみを記した引用は、全て『大乗玄論』（大正蔵四五巻所収）からのものである。

（1）平井俊榮『中国般若思想史研究』三五六～三五七頁。なお、奥野光賢「『大乗玄論』に関する諸問題――「一乗義」を中心として」（*Critical Review for Buddhist Studies* 2009 05号）は、『大乗玄論』一乗義と吉蔵の他の著作との対応関係を考察し、一乗義がそれら先行する著作の多くの文脈に依拠して成立していることを確認・指摘して、『大乗玄論』が吉蔵の著作であることに疑問を投げかけている。注目すべき見解ではあるが、奥野氏自身、同書が吉蔵の真撰でないとまでは断じていない。
（2）平井前掲書三六八頁。
（3）廖明活『嘉祥吉蔵学説』一〇頁。
（4）平井前掲書五五六～五五九頁。
（5）廖前掲書第三章「吉蔵的二諦観」、第四章「吉蔵論八不中道」、第五章「吉蔵的仏性観」。

第一節　二諦

「二諦」とは、『中論』巻四・観四諦品で「諸仏依二諦、為衆生説法。一以世俗諦、二第一義諦」（大正蔵三〇巻・三二頁下）と説かれる、世俗諦（世諦、俗諦）と第一義諦（真諦）、つまり世俗で認められる真理と世俗を超え出た真実の真理である。世俗の次元では、さまざまな現象が「有る」と認められるので、「有」が世俗での真理、それに対して世俗を超え出た次元では、さまざまな現象が「無い」と認められるので、「無」が真実の真理だと、ひとまずは規定できる。吉蔵は、かれ以前の「二諦」の解釈を批判した上で[1]、二諦とは、思うに、言教、すなわち言葉に表わされた教によって真理へと通じる手立て、相待的な関係にあるかりそめの名称であり、そこに静まりかえった霊妙な真実が現われている、中道を窮めた窮極の呼び名である。

二諦者、蓋是言教之通詮、相待之仮称、虚寂之妙実、窮中道之極号。(一五頁上)

というように、「二諦」は言葉によるかりそめの教えなのだと言う。

このように二諦が言葉による教えだというのであれば、当然教化の対象である衆生に対して説き明かされるわけだが、言葉は真理そのものではなく、真理の限定された一面しか表わしえないものである。そうした限定的な言葉による教えを、さまざまな素質を持つ衆生に対して説き、等しく窮極の真理を悟らせるためにはどうすれば良いか。吉蔵はそこで、次のような「於」「教」の二諦という概念を導入する。

於諦とは、色などの諸々の現象は有でも無でもないのだが、それが凡夫には有だと捉えられるのを俗諦と名づけ、聖人には空だと捉えられるのを真諦と名づける。……教諦とは、諸仏菩薩が、色といった現象が有でも無でもないと了解し、衆生を教化するために有や無と説き明かすのを、二諦の教とする。この有や無に因って不有不無だと悟らせようとするから、有や無は教なのである。

於諦者、色等未曾有無、而於凡是有名俗諦、約聖是空名真諦。……教諦者、諸仏菩薩、了色未曾有無、為化衆生故、説有無、為二諦教。欲令因此有無、悟不有無、故有無是教。(一三頁中)

「於諦」とは、有でも無でもないこの世のあらゆる現象が、凡夫に於いては有だと、また聖人に於いては空(無)だと了解される、衆生の素質の違いによる受け取り方の違いである。そして「教諦」とは、諸仏・菩薩が、有でも無でもない現象の真実の姿を、それぞれの衆生の素質の違いに応じ、有だと理解する凡夫に対しては有と、また無だと理解する聖人に対しては空（無）と説き示し、かくて有や無に限定されない現象の真実の姿を悟らせるものである。この「於諦」と「教諦」の働きにより、有が凡夫に対し、また空（無）が聖人に対し、それぞれ教えとして作用する。

ところで、こうした衆生の理解の仕方の違いである「於諦」には、正誤・得失の差が認められる。

凡夫の於は失であり、如来の於は得であり、聖人の於は得と失との両面がある。

凡夫於為失、如来於為得、聖人於亦得亦失。（一五頁中）

凡夫の理解は的外れであり、諸仏・菩薩の理解は的を射ている。また二乗・大乗といった優れた聖人の理解は、あらゆる現象が本来実体を持たず空であることを了解している点で正しい理解だと言えるが、諸仏の教えである「教諦」と比較するならばそれら聖人もなお間違った理解をしている。

一往凡夫に対して聖人が得であるとするわけだが、もしも教諦に向き合うならば、いずれも失である。色といった現象は有や無に限定されないが、有や無といった理解をしているので、失なのだ。

一往対凡夫、明聖為得、若望教諦、皆是失也。以色未曾有無、而作有無解、故為失。（二三頁中）

なぜならば、聖人も諸仏の教えを受け取ることにより、やはり凡夫と同様に有もしくは無のどちらか一方に偏った理解をしていると考えられるからである。

さて、凡夫に於いて真実だと認識される有と、聖人に於いて真実だと認識される無とは、それぞれ偏り誤った認識であるにもかかわらず、何故に諸仏の「教諦」としての意味を持ちうるのか。吉蔵は二諦における言葉や概念の意味をどのように規定しているか。この点についても吉蔵は、「於」と「教」との二諦という観点から解説する。

あらゆる現象は、常に二つの於諦の有無であり、また常に因縁の有無である。もしも二つの縁について見れば、二つの於諦の有無なのだが、諸仏菩薩は、この現象は因縁の有無だと了解している。しかしながら、於と教とは、二つの於・二つの教なのではない。もしも因縁の有無であって通常の有や無でなければ、このような有無は不有不無でありうるので、教と名づける。……今、因縁の有無と言うのは、つまりは方便の説なのである。諸仏菩薩は、衆生を教化しようとするからこうした有無を説く。この有無を教とするのである。

一切法、常是二於諦有無、亦恒是因縁有無。若於二縁、即是二於諦有無、諸仏菩薩、了此色即因縁有無。然於与教、未曾二於二教。若因縁有無、未曾有無、如此有無、能不有不無、故名為教。……今言因縁有無、此是方便説耳。聖為教化衆生故、説是有無。叙此有無為教也。（二三頁中）

諸仏・菩薩は、この世界のあらゆる現象が、実は有でも無でもなく、因縁によってあるものだと了解している。その有でも無でもない現象の真実の姿を、凡夫と聖人の素質の違いに応じ、有もしくは空（無）と説き示す。そのことによって初めて、有と空（無）との二諦が、有でも無でもないことを表わす教えとして意味を持つ。

有はそれ自体として有なのではなく、無に由るから有なのである。無はそれ自体として無なのではなく、有に由るから無なのである。この有は、無に由って有なのだから、有はつまり「無の有」なのである。

有不自有、由無故有。無不自無、由有故無。是有由無故有、有是無有。（二三頁下）

この因縁の有無とは、有は有としての実体を持たず、無は無としての実体を持たず、有は無との関係から、また無は有との関係から、それぞれ仮に規定される有ないしは無である。そしてこうした有や無を悟って、初めて正しい悟りの智慧を獲得することができるのである。

このように諸仏・菩薩は、因縁によって成り立っているこの世のあらゆる現象を、有でもなく無でもないと捉えた上で、仮に有ないしは無という言葉で説き明かすのだが、現象の真実の姿がこのように有でも無でもないと捉えられるということは、実際には如何なることを意味しているのか。

『中論』巻四・観四諦品では、「因縁」「無」「仮」について、「衆因縁生法、我説即是無。亦為是仮名、亦是中道義」（大正蔵三〇巻・三三頁中）と説かれる。吉蔵はこの偈について、「衆因縁生法」は仮の有で俗諦であり、「我説即是無」は仮の無で真諦を表わすと解釈する。偈では、これはまた「中道義」であると言われる。仮に有ないしは無（空）と説かれる、因縁によって成り立っている諸々の現象が、有でも無（空）でもない真実の姿として捉えられるということは、まさしくこの「中道」を意味するに他ならないと考えられる。それならば、「中道」とはどういうことか。「八不義」の記述を見よう。

「因縁所生」と言うのは、因縁の生じる所の生滅する現象である。この生じる所の生滅は、既に因縁によって生じたものだから、生じる実体が無く、滅する実体が無く、ただ空なる生・空なる滅である。所生すなわち生じる対象が空なので、能生すなわちこの生滅を生じる主体である因縁もやはり空である。能生・所生いずれも無なので、「我説即是無」と言うのである。

言因縁所生者、是因縁所生之生滅法。此所生之生滅、既従因縁而生、故無可為生、無可為滅、只是空生空滅。所

生既空、能生此生滅之因縁亦空。能生所生既並無、故言我説即是無也。（巻二・八不義、三一頁上）

この世のあらゆる現象は、因縁によって生じるものであるから、それ自体として生じたり滅したりする実体が有るわけではない。いわば空なる生・空なる滅であり、またこの生滅する現象を生み出す因縁自体もやはり空であり、何ら実体を持たない。このように、生じる原因である因縁と、生じた結果であるあらゆる現象とが、いずれも実体を持たない空なるものであるから、「我説即是無」と言われるのだ、と述べる。

「亦是仮名」とは、第三句である。仮であるから能生の因縁が有り、仮であるから所生の生滅が有る。仮の生は生と名づけず、仮の滅は滅と名づけない。仮の生滅は生滅と名づけないから、この第三句は、不生不滅の中道である。だから「亦是中道義」と言うのである。

亦是仮名者、即是第三句。以仮故有能生之因縁、以仮故有所生之生滅。仮生不名生、仮滅不名滅也。以仮生滅不名生滅故、即是第三句、不生不滅中道。故云亦是中道義也。（巻二・八不義、三一頁上）

続いて、既に見たように、この世界に現われる現象の生滅は、そのものとしての実体を持たないことから、空なる生・空なる滅だと言うことができるのだが、実体を持たないとは言っても、衆生の目から見て現実に生滅という現象が消えて無くなるわけではない。それは実体を持たないから仮の生・仮の滅と見なされるのであり、そのように「仮」という形で、生じる原因である因縁と、生じた結果であるあらゆる現象とが、共に成立していると言えるのである。

このように、実体を持つことを一旦否定した上で、因縁によって成り立っているものとしてあらゆる現象を再度捉え直すのが、「中道の義」である。従って吉蔵においては、中道は現象の認識の仕方に深く関わる事柄であり、あらゆる現象を因縁の姿において捉えることがすなわち中道だとされていたと言える。

以上のように見てくると、吉蔵の主張する二諦において、有や無（空）といった言葉・概念の持つ意味が明らかになってこよう。すなわち、有も無も仮の名称だとされるわけだが、そこには二つの意味が含まれている。第一に、不有不無の中道の立場から、不有を仮に有と説き、また不無を仮に無と説く。あるいは、不有不無を仮に有無と説く。あるいは、不有不無を仮に有、ないしは仮に無と説く。またあるいは、不有と不無とのそれぞれを仮に有無と説く。かく中道の真実なるに対して、有・無・有無は仮だとされる。第二に、従ってまた、仮である有と無とは、いずれも何ら固定的な実体を表わす概念ではなくて因縁の関係にあるから、有と聞いて不有だと理解し、無と聞いて不無だと理解する。あるいは、有無と聞いて不有不無だと理解する。あるいは、有と聞き無と聞いて、それぞれ不有不無だと理解する。またあるいは、有無と聞いて不有、ないしは不無だと理解する、という具合に、有・無・有無いずれもが中道を理解する手掛りとなる。かく有や無、あるいは有無が仮であると規定され、そこで有という概念・認識が有でない（不有）という概念・認識へ、無という概念・認識が無でない（不無）という概念・認識へ、また有無という概念・認識が有でも無でもない（不有不無）という概念・認識へと、自在無碍に転換していくとする点に、言葉による教えとしての真と俗との二諦が成立する基盤がある。こうした中道と仮の言説との論理、すなわち「中仮」の論理が、吉蔵思想の基調を形作っていると考えられるのである。

さて吉蔵は、こうした「中仮」の論理を踏まえ、また他の諸学派の説く二諦に対する批判を重層的に組み立てて、次のような四つの重層的な（四重の）二諦を主張する。

㈠ 有を世諦とし、空を真諦とする。

㈡ 有と空とをいずれも世諦とし、非空非有を初めて真諦と名づける。

㈢ 空有を二とし非空有を不二とし、二と不二とをいずれも世諦とし、非二非不二を真諦と名づける。

㈣ 以上の三種の二諦はいずれも教門、すなわち教の入口であり、この三つを説くのは、三ならざること（不三）を悟らせるためである。とらわれの無い無所依得であって、初めて真理と名づける。

他但以有為世諦、空為真諦。今明。若有若空、皆是世諦、非空非有、始名真諦。三者、空有為二、非空有為不二、二与不二、皆是世諦、非二非不二、名為真諦。四者、此三種二諦、皆是教門、説此三門、為令悟不三。無所依得、始名為理。（一五頁下）

それぞれ、㈠は外道・凡夫の現象の実体についての執着、㈡は二乗の偏った見解に対する執着、㈢・㈣はとらわれた大乗の中道についての執着に対する教えとして作用する。[2] またそうした教えを受けることにより、㈠の外道・凡夫から㈡の二乗へ、更に㈢・㈣の大乗へと、衆生の素質が変化し、悟得が次第に深まっていく構造にもなっていると考えられる。[3]

先にも触れたように、中道は、衆生の現象についての正しい認識のありかたに関わる性格を持っており、窮極的には、言葉による思慮を超越した、何物にもとらわれない境涯だと言える。そしてそのために、中道を言葉で表現することは非常に難しく、多種多様な衆生の素質に対応しつつそれを説き明かそうとするために、当然のことながら二諦も複雑な構造を取らざるをえない。この四重の二諦は、吉蔵が長安に居た時期に著した著作に限って見られ、かれの二諦論の最も完成された形を示すものと言うことができる。[4]

従ってまた中道は、言葉によって表わされる二諦をも実は超越していると考えられる。吉蔵は次のように、真と俗との二諦とはまた異なるただ一つの真理を主張する。

この真と俗とは、如来の二種の教門である。能表、すなわち表わすもの・こととして名づければ、二諦が有るわけだが、もしも所表、すなわち表わされるもの・ことについて名づければ、ただ一諦なのである。

此真俗、是如来二種教門。能表為名、則有二諦、若従所表為名、則唯一諦。（一六頁中）

すなわち、二諦によって表わされる真理はただ一つなのであり、

ただ一実諦なのだが、方便によって二と説き示す。

唯一実諦、方便説二。（一九頁中）

というように、二諦はこのただ一つの真理の作用としての方便仮設なのだと言う[5]。この「一実諦」は、言葉による思慮を超越した中道のことだと、ひとまずは考えられよう。

さて、この唯一であり窮極の真理である中道は、既に見たように現象が因縁によって成り立っていると捉えることなのだが、それは経論では、衆生のさまざまな惑いを打ち破る「八不」として説かれている。そこで次に、「八不」に関する見解を考察し、「八不」と二諦との関係がどのように捉えられているかを更に探っていくことにしよう。

（1）　吉蔵は、三論の相承を受け、「約教の二諦」、すなわち言葉による教えとしての二諦を主張する。またその主張を踏まえつつ、かれ以前の二諦論、特に梁代成実学派の二諦の見解を、「約理の二諦」、すなわち固定的に定まった真理としての二諦と見なし、厳しく批判するのである。これらのことについては、平井前掲書第二篇第二章第三節「約教二諦の根本構造」及び第四章第一節「二諦相即論」で、詳しく考察されている。

（2）『大乗玄論』のこの少し後の部分に次のようにある。「問。何故作此四重二諦耶。答。対毘曇事理二諦、明第一重空有二諦。二者、対成論師空有二諦、汝空有二諦、是我俗諦、非空非有、方是真諦、故有第二重二諦也。三者、対大乗師依他分別二為俗諦、依他無生、分別無相、不二真実性為真諦、今明、若二若不二、皆是我家俗諦、非二非不二、方是真諦、故有第三重二諦。四者、大乗師復言、三性是俗、三無性非安立諦為真諦、故今明、汝依他分別二、真実不二、是安立諦、非二非不二、三無性、非安立諦、皆是我俗諦、言忘慮絶、方是真諦」（一五頁下）。

（3）『法華玄論』巻四では、これを三重の二諦としてその意味をも含めて述べている（大正蔵三四巻・三九六頁上～下）。

（4）長安時代の著作である『中観論疏』に四重の二諦の主張が見える（巻二末、大正蔵四二巻・二八頁上～下）。

（5）平井前掲書は、吉蔵において三諦説は明確な形を取らず、それは天台学の成立に至って完成されたものとする（六一〇頁など）。同様に、村中祐生氏は、三諦説は真理と教えとを合わせて問題とする場合にのみ意味を持ったのであり、積極的に三諦を追求するものではなく、二諦の内に三諦を解消する思想は、吉蔵において当然であったと評価する（「嘉祥大師の於・教二諦について」『印度学仏教学研究』第八巻第一号、一九六〇年）。吉蔵の主張と天台の主張との関わりは別途検討したいが、有から無へ、無から非有非無へ、非有非無から非二非不二へという具合に、固着し偏った認識を絶えず否定し乗り超えていこうとする吉蔵の考え方は、やはり二諦説に必然的に帰着するものであったと思われる。

第二節　八不

「八不」とは、『中論』巻一・観因縁品冒頭の偈で「不生亦不滅、不常亦不断、不一亦不異、不来亦不出、能説是因縁、善滅諸戯論。我稽首礼仏、諸説中第一」（大正蔵三〇巻・一頁中～下）と説かれる、八つの否定である。つまり、生じることと滅すること、常に続いていることと断ち切られていること、同一であることと異なっていること、来ることと出ることという相い反する事態を、それぞれについて双方とも否定することにより、あらゆる現象が因縁によって成り立っていることを明らかにするものである。それではこの「八不」は一体どのような意味・内容を持っているか。

吉蔵は、かれ以前の八不についての解釈を偏った小乗の立場に拠るものと批判した上で、正しい大乗の解釈に拠れば、

八不は三種の中道を備えており、つまりそれは二諦である。

八不具三種中道、即是二諦也。(二五頁下)

というように、八不は、世俗の次元での中道(世諦中道)と、世俗を超え出た次元での中道(真諦中道)と、その二つの次元を合わせて説き明かす中道(真俗合中道)という、三つの中道を備えており、そしてこの三つの中道は、真と俗との二諦が明らかにするのだと言う。ここで八不の中の「不生不滅」についてこの三つの中道を見ると、以下の通りである。最初に世諦の中道について。

有の有とすべきものは無く、空との関係から有である。生の生とすべきものは無く、また滅の滅とすべきものは無い。ただ世諦の立場から、仮に名づけて生滅と説くのである。仮に生じる生は固定的な生でなく、仮に滅する滅は固定的な滅でない。生が固定的な生でないから、滅の外に生は無いし、滅が固定的な滅でないから、生の外に滅は無い。滅の外に生が無いから、滅との関係から生なのであり、生の外に滅が無いから、生との関係から滅なのである。滅との関係から生なので、生はそれだけでは存在しないし、生との関係から滅なので、滅はそれだけでは成り立たない。この生滅は、皆な因縁の仮名である。因縁の生は生であっても起こらないから、不生に他

ならず、因縁の滅は滅であっても失われないから、不滅に他ならない。従って不生不滅を、世諦の中道と名づける。

無有可有、以空故有。無生可生、亦無滅可滅。但以世諦故、仮名説生滅。仮生生非定生、仮滅滅非定滅。生非定生、滅外無生、滅非定滅、生外無滅。滅外無生、由滅故生、生外無滅、由生故滅。由滅故生、生不独存、由生故滅、滅不孤立。此之生滅、皆是因縁仮名。因縁生、生而不起、所以不生、因縁滅、滅而不失、所以不滅。故不生不滅、名為世諦中道也。（二七頁下）

あらゆる現象は、因縁によって成り立っている。従って、現象が生じると言い滅すると言うけれども、生じたり滅したりする何らかの実体が有るわけではない。それらは仮に生じたり滅したりしていると認識・表現されるのだが、その真実のありさまとしては生じも滅しもしていないのである。この仮の生・仮の滅から導かれる不生・不滅を、世諦すなわち世俗の次元での中道とする。次いで真諦の中道について。

世諦に生滅が有るのに対応させるから、真諦を不生不滅と名づける。従って、「空の有」を世諦の仮の生・仮の滅とし、「有の空」を真諦の仮の不生・仮の不滅とする。この不生不滅は、実体を持つ不生不滅ではなく、世諦の仮の生滅に対し、真諦の仮の不生不滅を明らかにするのである。世諦の仮の生滅は既に生滅でないから、真諦の仮の不生不滅もやはり不生不滅でない。そこで非不生非不滅を、真諦の中道とする。

対世諦有生滅、故名真諦不生不滅。所以空有為世諦仮生仮滅、有空為真諦仮不生仮不滅。此不生不滅、非自不生不滅、待世諦仮生滅、明真諦仮不生滅。世諦仮生滅、既非生滅、真諦仮不生滅、亦非不生滅。故非不生非不滅、為真諦中道也。（二七頁下）

生滅と説かれる世諦との相待的な関係から、真諦では不生不滅と説かれるが、これも世諦との因縁の関係から仮に不生不滅と説かれるに他ならない。この仮の不生不滅から導かれる非不生非不滅を、真諦すなわち世俗を超え出た次元での中道とする。更に真と俗とを合わせて明らかにする中道について。

次に二諦を合わせた中道を明らかにすると、有を世諦とすると、生が有り滅が有り、空を真諦とすると、不生不滅である。この不生不滅は、生滅との関係にある不生不滅であり、またこの生滅は、不生不滅との関係にある生滅である。不生不滅に対する生滅なので、実は生滅でないし、生滅に対する不生不滅なので、実は不生不滅でない。従って生滅でも不生不滅でもない。これが真俗二諦合明の中道である。

次明二諦合中道者、有為世諦、有生有滅、空為真諦、不生不滅。此不生滅、即是生滅不生滅、此生滅、即是不生滅生滅。不生滅生滅、是則非生滅、生滅不生滅、是即非不生滅。故非生滅非不生滅。是二諦合明中道也。（二七頁下）

世諦と真諦との両者に即し、生滅と不生不滅との因縁の関係から非生滅非不生滅と悟る。これを二諦を合わせて明らかにする中道とする。そしてまた更に、衆生の持つ多様な惑いに遺漏無く応じる形で、「不常不断」「不一不異」「不来不出」の六つの否定についても、「不生不滅」と同じように三つの中道が説かれるのだと述べる。(1)

中道という真理は、それ自体言葉を超越しているのだが、それが衆生に向かって説き明かされる場合には、言葉による教えに頼らざるをえない。それは『中論』で八不という否定として説示されているわけだが、素質の劣った衆生は、例えば「不生不滅」について、生じないということは滅するということだとか、滅しないということは生じるということだとかいうように誤解したり、あるいは「不生不滅」ということ自体が真理であるとしてそれに執着したりする恐れがある。そこで、仮の生滅を説く俗諦と仮の不生不滅を説く真諦という、言葉によるかりそめの教えである二諦による解釈を通して、初めて衆生は、「生」は実は「不生」を表わし、「滅」は実は「不滅」を表わし、また「不生不滅」は実は「非不生非不滅」を表わしているのだと理解し、真実の中道を悟ることができるのである。

そしてまた吉蔵は、仮の生滅を世諦とし、仮の不生不滅を真諦とする意味を次のように説明する。

問い。なぜ世諦は仮の生・仮の滅で、真諦は仮の不生・仮の不滅なのか。答え。二つの必然性からである。一つは、世諦は実体を打ち破って空であることを明らかにするので、仮の生・仮の滅である。真諦は仮であることを打ち破って因縁が空であることを明らかにするので、仮の不生・仮の不滅である。……二つには、仮の生・仮の滅は、不生不滅の中道のこと、仮の不生・仮の不滅は、非不生非不滅の中道のこと、つまりこれが表わしている意味だ。ただ横に両つ並べると、因縁の関係となる。そこで二つの執着を無くすのである。

問。何故世諦仮生仮滅、真諦仮不生仮不滅耶。答。有二種勢。一者、世諦破性明性空、即是仮生仮滅。真諦破仮明因縁空、故即是仮不生仮不滅也。……二者、仮生仮滅、自是不生不滅中、仮不生仮不滅、自是非不生非不滅中、即是表義。但横両相望、自是因縁義。則遣二執也。(二八頁下)

世諦は、固定的な実体を持つことを打ち破って、現象が本来空であることを明らかにし、真諦は、更に仮であることを打ち破って、因縁自体が空であることを明らかにする意味を持つ。そこで、世諦の仮の生滅と真諦の仮の不生不滅との両者により、固定的な実体を持つことに対するとらわれと、仮であることに対するとらわれとを、二つとも解消することができる。このように見てくると、八不についての三つの中道は、それぞれ異なる衆生の素質に対応して違った対処をするものであると同時に、世諦の中道から真諦の中道へ、更に真俗合わせて明らかにする中道へと、衆生の素質が次第に変化し、悟得が深化していく構造になっていると考えられよう。そして、実体が有ることと仮であることについてのとらわれが両方とも無くなり中道が実現された時点で、八不はまさしくあらゆる現象が因縁により成り立っているという真実のありさまを表わすものとなるのだと言える。

このように見てくると、八不は、言葉を超え出た中道という真理と言葉によるかりそめの教えとしての二諦とを媒介し、かくて二諦を成立させる基盤となっていると考えられる。[2] そこで吉蔵は、八不は真理としての不生不滅と教えとしての不生不滅とを二つながらに備えていると言う（三〇頁中）。前節の末尾で見たように二諦を唯一の真理の方便仮設と規定するのは、こうした八不との関係を踏まえてのことであり、従ってそこで言われる「一実諦」としての中道がまさしくこの八不に示されていることを、改めて確認できるのである。

さて、このような真理としての中道を衆生が如何に実現していくかについては、「仏性」に関わる所論の中で論じられている。そこでその中身について、次に検討することにしたい。

（1）『中観論疏』巻二本の次の記述を参照。「問。既説不生不滅便足、何故復説六事。答。利根者聞初即悟、不須更説。所以然者、以世諦無性実生滅、即病無不破、了因縁仮名生滅、即正無不顕。故不須更説六事。但為鈍根未悟、宜転勢演之。又根性不同、受悟非一。自有聞不生不滅不悟、聴不常不断便了。故更趣異縁、宜開別教」（大正蔵四二巻・二三頁中〜下）。

（2）『中観論疏』巻二本に見られる次の八不の規定を参照。「波若方便為十方三世諸仏法身之父母也。以衆聖託二慧而生、二慧由二諦而発、二諦因八不而正。即知、八不為衆教之宗帰、群聖之原本」（大正蔵四二巻・二〇頁中）。

第三節　仏性・一乗・涅槃

巻三では、「仏性」「一乗」「涅槃」の三つの事柄が論じられている。この三つが同一の巻に収められているのは、それらがいずれも中道ということに主に関わる事柄だからだと考えられる。順次検討していこう。

三―一　仏性

『涅槃経』（南本）巻二五・師子吼菩薩品之一では、「善男子。仏性者、有因、有因因、有果、有果果。有因者、即十二因縁。因因者、即是智慧。有果者、即是阿耨多羅三藐三菩提。果果者、即是無上大般涅槃。……善男子。是因非果、如仏性。是果非因、如大涅槃。是因是果、如十二因縁所生之法。非因非果、名為仏性。非因果故、常恒無変」（大正蔵一二巻・七六八頁中）と、修道の基づくものとその結果という因果の関係に即し、四つの仏性が説かれている。この経文を解説して、吉蔵は次のように述べる。

因とは、境界因のことで、十二因縁を言う。因因とは、縁因のことで、十二因縁が生み出す観照する智慧を言う。……果とは、三菩提のことで、因に由って得るので、果と名づける。果果とは、大般涅槃のことで、菩提の智慧に由るから、涅槃を説くことができるので、果果とする。菩提は智慧であり、涅槃は煩悩を断ち切ること。智慧を説くから、また別に煩悩を断ち切る、と説くのだ。

所言因者、即是境界因、謂十二因縁也。所言因因者、即是縁因、謂十二因縁所生観智也。……所言果者、即三菩提、由因而得、故名為果。所言果果者、即是大般涅槃、由菩提故、得説涅槃、以為果果。菩提即是智、涅槃即是

断。由智故、説断也。（三七頁下）

経文にある「因」とは、現象を捉える智慧を生み出すもとになる十二因縁である。すなわち、根本の無知（無明）によってさまざまな精神作用を生み出すもと（行）が齎され、そこから精神の働き（識）、精神と肉体の働き（名色）、さまざまな感覚器官の働き（六処）が生じ、そこで感覚器官と対象とが接触して（触）苦や楽などを感じ（受）、そして愛着（愛）や執着（取）に纏いつかれた苦しみに満ちた生存（有）が齎され、更にその生存が生み出されては（生）老い死に（老死）を繰り返していって果てが無いという、衆生の苦悩を齎す十二の因果関係のことである。「因因」とは、その十二の因果関係を正しく認識する智慧の働きである。「果」とは、その智慧によって獲得される悟りの境涯である。そして「果果」とは、そうした悟りが達成されることによって煩悩の断ち切られた窮極の境涯である、と言う。

従って仏性は、実は因でも果でもないのだが、しかしながら因と説き果と説く。因ならざる因であり、境界と智慧とを分けるから二つの因が有る。因と因因とのことだ。果ならざる果であり、智慧と断ち切ることとを分けるから二つの果が有る。果と果果とのことだ。正因を論じるなら、因果に限定されないではないか。だから因でも果でもなく、つまりは中道なのだ。これを正因と名づける。そこで中道を正因仏性とするのである。

所以仏性、非因非果、而説因説果。不因而因、開境智故有二因。謂因与因因也。不果而果、開智断故有二果。謂果与果果。至論正因、豈是因果。故非因非果、即是中道。名為正因。故以中道為正因仏性。（三八頁上）

そして、そうした修道の因果関係を表わす仏性について、もともと仏性は原因でも結果でもないのだが、仮に二つの原因と二つの結果とが説かれるのだとし、従ってまた、そうした因果関係を超越した、原因とも結果とも言えない中道こそが実は「正因」、すなわち悟りの本当のおおもとなのだと述べる。因・因因・果・果果の四つに因でも果でもない中道という「正因」を加えて仏性を五つに分けるこうした捉え方は、吉蔵の長安時代の著作に限って見られるものである。(1)

このように吉蔵は、経典で説かれる四つの仏性以外に、中道を「正因」として提示し強調するのだが、それは何故か。

吉蔵は、自身の仏性解釈の拠り所が『涅槃経』師子吼菩薩品であることを明らかにした後に、同品の「善男子。仏性者、名第一義空。第一義空、名為智慧。所言空者、不見空与不空」(大正蔵一二巻・七六七頁下)及び「復次善男子。衆生起見、凡有二種。一者常見、二者断見。如是二見、不名中道。無常無断、乃名中道」(大正蔵一二巻・七六八頁中)という経文を次のように解説する。

> これはつまり、一往第一義空を仏性とするのである。また「第一義空、名為智慧」と言う。従来の意味と異なっているではないか。ここでは境界を智慧と説き、智慧を境界と説いている。また「所言空者、不見空与不空」と説く。これに対応して言うならば、次のように言おう、「言う所の智とは、智と不智とを見ず」と。つまり空を見ないので空を除き、不空を見ないので不空を除き、智を除きまた不智を除く。偏った二辺を離れるのを、聖なる中道と名づける。また「如是二見、不名中道、無常無断、乃名中道」と説く。これは中道を仏性としているに他ならないではないか。そこで、不空を除くので常住という偏った見方を離れ、また空を除くので断滅という偏った見方を離れる。智と不智とを見ないのも、意味は同様である。そこで中道を仏性とするのだ。……だから、ここで明らかにしよう。第一義空を、仏性と名づける。空と不空とを見ず、智と不智とを見ず、常住も無く断滅も無い、これを中道と名づける。いまこれを中道仏性とするのである。

斯則一往第一義空以為仏性。又言、第一義空、名為智慧。豈不異由来義耶。今只説境為智、説智為境。復云、所言空者、不見空与不空。対此為言、亦応云、所言智者、不見智与不智。即不見空除空、不見不空除不空、除智又除不智。遠離二辺、名聖中道。又言、如是二見、不名中道、無常無断、乃名中道。此豈非以中道為仏性耶。是以除不空則離常辺、又除於空即離断辺。不見智与不智、義亦如是。故以中道為仏性。……是故今明。第一義空、名為仏性。不見空与不空、不見智与不智、無常無断、名為中道。只以此為中道仏性也。(三七頁中)

経文に「仏性者、名第一義空」と説かれ、また「第一義空」が智慧だと説かれていることから、現象について空であることと空でないこととにとらわれないと同時に、智慧そのものについても智であることと智でないこととにとらわれないのが中道である。そして、こうしたとらわれない態度を実現することがつまりは、現象が常住であるとか断ち切られてあるとかいった偏った見解を無くすことだから、この中道が仏性なのだと述べる。つまり吉蔵は、認識対象である現象の空である・空でないというありさまと、認識主体の智である・智でないという状態とのいずれにもとらわれないことを、中道であり仏性であると捉える。そして、因に始まり、因因から果へ、更に果果へと次第する先に見た四つの仏性は、そうした中道が実現し深化していく過程を表わすものに他ならないと見ることができる。そしてまた、このようなありかたが悟りの核心であることから、中道を「正因」と主張したと考えられるのである。

さて、『涅槃経』では随所で繰り返し「一切衆生、悉有仏性」と説かれている。かくあらゆる衆生にもとより仏性が有るとしても、それは本来あるがままに備えているものなのか、それとも教えを受け修道した結果獲得するものなのか。そこで衆生において仏性がどのように「有る」かが問題となってくるわけだが、それでは吉蔵はこの仏性の「本有」「始有」の問題をどう捉えているか。

吉蔵は、「本有」「始有」ということについて、経典にどちらも説かれており、かれ以前の諸師の見解にもその両方があると述べた上で、そのどちらか一方に執着して他方を謗るようなら、経典の本当の意味に通じることができず、仏の教えを妨げることになると言う。それでは、「本有」「始有」についてはどのように理解すべきなのか。

今わが学派が代々相伝してきた仏性の教を明らかにしよう。仏性は有でも無でもなく、本有でも始有でもなく、また将来現われるべきものでも現在既に現われているものでもない。

今一家相伝明仏性義。非有非無、非本非始、亦非当現。（三九頁中）

吉蔵は、自身が代々受け継いできた教えに拠れば、仏性は実は「本有」でも「始有」でもないのだと表明した上で、にもかかわらず経典で「本有」とか「始有」とかと説かれる理由を、仏の方便という観点から次のように述べる。

仏性を論じるに際しては、道理として実は本有でも始有でもない。ただ如来が、方便により、衆生の無常の病を打ち破ろうとするために、あらゆる衆生の仏性は本来自ずから有ると説いたのである。この因縁によって、仏道を成就できるのだ。ただ衆生は、方便が無いために、仏性はその実質として現に現われており、それは常住であり逸楽なのだ、と説かれるのに執着してしまう。そこで如来は、仏性が現に現われているとする衆生の病を打ち破るために、本有であることを隠して始有であると明らかにしたのである。実際に仏性を論じるならば、ただ本有でも始有でもないだけでなく、また非本非始でもない。本有とか始有とかいう見解を打ち破るために、仮に非本非始と言うのだ。もしも本有とか始有とか言われるのが実は本有でも始有でもないと悟ることができ、是と非とが平等だと見極められれば、そこで初めて正因仏性と名づけることができる。衆生はこれに因って、深く仏道に通じる。もしもこのようでなければ、仏性とは言えない。

至論仏性、理実非本始。但如来方便、為破衆生無常病故、説言一切衆生仏性、本来自有。以是因縁、得成仏道。但衆生無方便、故執言仏性性現相常楽。是故如来、為破衆生現相病故、隠本明始。至論仏性、不但非是本始、亦非是非本非始。為破本始故、仮言非本非始。若能得悟本始非本始、是非平等、始可得名正因仏性。衆生因是、深保成仏道。若不如是、非仏性也。（三九頁下）

仏性自体は「本」でも「始」でもなくまた「非本非始」でもなく、「本」「始」についての執着を破るために仮に「非本非始」と説くのである。だから、もしも「本」「始」と言われるのが実は「本」「始」ではないと悟り、それについての是非を超越し解消できれば、そこで初めて「正因」と名づけることができる。先に見た中道を「正因」とする立場がここにも窺えると言えよう。そして、こうした中道というとらわれないありかたは、

まさに言葉による理解を超え出たところを悟らなければならない。かくてこの悟心を正因とするのである。こうした観心については、言葉によって述べることができないのだ。

当有以超然悟言解之旨。点此悟心、以為正因。付此観心、非言可述。（三九頁上）

というように、まさしく言語を超越した「悟心」「観心」という心のありかたに他ならないと言うことができる。(2)

ところでまた、中道がこのように心のありかたに深く関わる事柄であり、そしてそれが衆生の「正因」だとするならば、人間以外の心を持たないものには仏性が無いと言えそうであるが、果たしてそうなのだろうか。この問題について吉蔵は、理内・理外という観点から詳しく論じている。以下に見ていこう。(3)

まず理内と理外との違いについて、吉蔵は、かれ以前に理内の凡夫・理外の凡夫という言い方と、内道・外道とい

う言い方とがあったことを指摘し、自身の言う理内・理外について次のように述べる。

またもしもあらゆる現象に生滅が有ると言うならば、これは皆な理外であり、全て外道の見解である。もしもあらゆる現象に生滅が無いと言うならば、皆な理内であり、正しい仏の教の見解だ。

又若言一切諸法有生滅者、皆是理外、悉属外道。若一切諸法無生滅者、皆是理内、則属内道。（四〇頁中）

巻一・二諦義の記述も併せて見よう。

もしも理外の凡夫・聖人であれば、いずれも誤りとらわれた有所得の行いであり、どちらも凡夫に他ならない。理内は、凡夫であろうと聖人であろうと、全て聖なるものと名づける。

若理外凡聖、皆是顛倒有所得行、倶是凡夫。理内若凡若聖、皆名為聖。（巻一・二諦義、一六頁中）

もしも心が理外にあるなら、もとより理外と言う。心が理内にあれば、もとより理内と言うのだ。

若心行理外、故云理外。心行理内、故云理内。（巻一・二諦義、二四頁上）

誤って心がとらわれた状態（有所得）であれば、それは理外の凡夫・外道の行いであり、逆に心がとらわれていなければ、それは理内の聖人の行いであるとする。つまり理内・理外とは、修道者の心がとらわれているか否かに関わる事柄なのだと考えられる。それでは、そこでは仏性の有無はどのように捉えられるか。まず、理外の仏性の有無について。

理外にはもともと衆生が無いので、理外の衆生に仏性が有るかどうかなどと尋ねようがないではないか。それは炎の中の水を尋ねるようなもの、もともと存在しないわけである。その上どうして炎の中の水がどこから来たのかなどと尋ねられようか。従って、理外には既に衆生が無く、また仏性も無い。五つの眼力でもってしても見通しえないところである。……そこで、我にも人にも、この世の生存に、仏性は無い。凡夫に仏性が無いだけではなく、阿羅漢にもやはり仏性は無い。このことから、草木に仏性が無いだけではなく、衆生にもやはり仏性は無いのである。

理外本自無有衆生、那得問言理外衆生有仏性不。故如問炎中之水、本自不曾有。何得更問炎中之水、従何処来。是故理外既無衆生、亦無仏性。五眼之所不見。……是故我与人、乃至今人、無有仏性。不但凡夫無仏性、乃至阿羅漢、亦無仏性。以是義故、不但草木無仏性、衆生亦無仏性也。(四〇頁中)

心のとらわれた理外の立場では、全ての事柄が惑いに他ならないから、そこに悟りの主体となるべき衆生の存在は認められない。そこから悟りへと至りうる道筋は全く閉ざされており、仏性の有る無しなど云々すべくも無い。従って、心の無い草木は勿論のこと、愚かな凡夫にも、優れた阿羅漢にも、仏性は無いとしなければならない。これに対して、理内の仏性の有無について。

理内のあらゆる現象は、現象と認識主体との間に区別が無く不二である。不二であるから、衆生に仏性が有れば、草木にも仏性が有ることになる。このことから、衆生に仏性が有るだけではなく、草木にもやはり仏性が有るのだ。もしも諸々の現象に区別が無く平等だと悟るならば、現象と認識主体とが二であり区別が有ると捉えないので、道理として実に仏と成るとか成らないとかという違いが無い。つまり仏と成らないものが無いから、仮に仏と成ると言う。このことから、衆生が仏と成る時には、あらゆる草木も、やはり仏と成りうるのである。

理内一切諸法、依正不二。以依正不二故、衆生有仏性、則草木有仏性。以此義故、不但衆生有仏性、草木亦有仏性也。若悟諸法平等、不見依正二相、故理実無有成不成相。無不成、故仮言成仏。以此義故、若衆生成仏時、一切草木、亦得成仏。（四〇頁下）

心のとらわれていない理内の立場では、認識の対象である諸々の現象と認識の主体である衆生との間に、何らの区別も認められない（依正不二）。従って、主体である衆生にも、対象である草木にも、仏性が有ると言える。

このように見てくると、心のとらわれている状態ととらわれていない状態とを全く異質なものとして截然と分けた上で、前者の惑いの中では仏性が認められず、逆に後者の悟りの中では仏性が認められるとしているようにも思える。しかしながら、事柄は実はそう一筋縄にはいかない。すなわち吉蔵は、理内の仏性の有無について、別の解釈としてまた次のようにも言う。

ここで明らかにしよう。衆生に心の惑いが有るから、覚悟という道理が有りうる。草木には心が無いから、惑わない。そこで覚悟ということなど有りようがない。喩えてみれば夢見ている時と覚めている時との違いのようなもの、夢見なければ覚めるということは無いわけだ。このことから、衆生に仏性が有るから仏と成り、草木には仏性が無いから仏と成らない、と言うのだ。

明衆生有心迷、故得有覚悟之理。草木無心、故不迷。寧得有覚悟之義。喩如夢覚、不夢則不覚。以是義故、云衆生有仏性故成仏、草木無仏性故不成仏也。（四〇頁下）

衆生には惑う心の働きが有るから悟ることができるのであるが、草木には惑う心が無いから悟るということも無い。従って、衆生には仏性が有り、草木には仏性が無いとすべきである。つまり、先に見たように、あらゆる現象には何も実体が無く差別が無いとする理内の立場では、もとより衆生にも草木にも仏性が有ると言える。だがそれも一応の判断に過ぎず、心が何物にもとらわれないからには、衆生と草木との間に差別が無いということにさえとらわれないので、かくて心が有る衆生と心が無い草木とはやはりあるがままに異なるものだと言うのであろう。そしてまた、こうしたとらわれない心で捉えるならば、先の理内と理外との違いさえも一応のもので、絶対的な区別ではない。

般若経で「是くの如く無量の衆生を滅度せしむるも、実に衆生の滅度を得る者無し」と説く。華厳経でもやはり「平等なる真の法界は、一切の衆生が入るも、真実入る所無し」と説く。「一切の衆生が入る」と言うわけだから、理外の衆生が入るのだと解るはずだ。しかしながら「実に入る所無し」と言うのは、これはつまり理内に入るのだから、そこには衆生が無い。だから「実に入る所無し」と言うのだ。このことから、理外に衆生が有るから入ることができると解る。「是くの如く滅度せしむるも実に度する者無し」とは、つまり理内に至ると、実は滅度を得られる衆生が無いと解釈できる。理内に既に衆生が無いので、やはり仏性も無いと解るはずだ。理外に済度しなければならない衆生が有るから、理外の衆生に仏性が有ると言うのである。

如般若経云、如是滅度無量衆生、実無衆生得滅度者。華厳亦云、平等真法界、一切衆生入、真実無所入。既言一切衆生入、当知、是理外衆生入。而実無所入者、此入理内、無復衆生。故言実無所入。是知、理外有衆生、故得入也。如是滅度実無度者、亦作此釈、此至理内、実無衆生得滅度者。当知、理内既無衆生、亦無仏性。理外有衆生可度、故言理外衆生有仏性也。（四一頁上）

そこで、差別の無い真実の世界へ参入していくことができるから、理外の衆生には仏性が有り、また悟りの主体である衆生が実体を持つものとして存在すると認められないから、理内の衆生には仏性が無いとも言える。

観心の立場から見てみると、草木と衆生と、区別が無いではないか。有ならばどちらも有だし、無ならばどちらも無だし、有であったり無であったり、有でもなく無でもない。この四句は、いずれも悉く観心によるのである。仏性について見ると、有でも無でもなく、理内でも理外でもない。このことから、もしも有無内外は平等であって区別が無いと悟ることができれば、初めて正因仏性と名づけられるのだ。

至於観心望之、草木衆生、豈復有異。有則倶有、無則倶無、亦有亦無、非有非無。此之四句、皆悉並聴観心也。至於仏性、非有非無、非理内非理外。是故、若得悟有無内外平等無二、始可名為正因仏性也。（四一頁上〜中）

つまり結局のところ、草木と衆生の違いは勿論、仏性の有と無や、理内と理外の区別にもとらわれず、あらゆるもの・ことに実は対立差別が無いと捉え、そして更に対立差別が無いことにさえもとらわれない「観心」という心のありかたこそ、悟りのおおもとである「正因仏性」だと言うのである。

三―二　一乗

「一乗」とは、衆生を乗せて悟りへと赴かせる教えのことを言う。『法華経』の中心テーマの一つであるこの「一乗」について、吉蔵は、一乗は、仏性のおもと、さまざまな経典の奥深い蔵、三つに分かれたものをもとに戻す霊妙な手立て、一つのものに帰着させる良薬である。

一乗者、乃是仏性之大宗、衆経之密蔵、反三之妙術、帰一之良薬。（四二頁中）

というように、仏性の大いなる宗旨であり、さまざまな経典の秘められた教えであって、三つに分かれた三乗を唯一のものに立ち返らせる働きをするのだと述べる。それではかれは「一乗」をどのように捉えているか。

まず、一乗の意味についての解釈を見よう。

名称を解釈すると、ただ一つの理が有って、ただ一人の人に教え、ただ一つの原因を行い、ただ一つの果報を獲得する。そこで一と名づける。

釈名者、唯有一理、唯教一人、唯行一因、唯感一果。故名為一。（四二頁中）

一乗の「一」とは、ただ一つの真理を、ただ一種類の衆生に対して教え、そこでその衆生がただ一つの原因を修め、ただ一つの果報を獲得する、ということである。

乗とは、運び出すという意味である。それには三つの意味が有る。一には、理によって人を運び、原因から果報に至らせる。大品般若経に「是の乗、三界より出で、薩波若中に到らしめ住せしむ」と説くようなこと。二には、功徳によって人を運ぶ。法華経に「是くの如き乗を得、諸子らをして喜戯快楽せしむ」と説くようなこと。三には、自己によって他者を運ぶ。涅槃経に「涅槃の船に乗り、生死の海に入り、群生を済度す」と説くようなこ

乗者、運出為義。運出有三種。一者、以理運人、従因至果。如大品云、是乗従三界出、到薩波若中住。二者、以徳運人。如法華云、得如是乗、令諸子等喜戯快楽。三者、以自運他。如涅槃云、乗涅槃船、入生死海、済度群生矣。（四二頁中）

とだ。

また一乗の「乗」とは、衆生を惑いの世界から運び出すという意味である。そしてそれには、真理によって衆生を悟りの智慧へと導くことと、優れた功徳によって衆生を惑いの無い喜びへと導くことと、自身の修道を通して他者を救済することという、三つの働きが有ると言う。つまり、自身だけが唯一無二の真理を理解して理想的な境涯にたどり着けば良しとするのではなく、その境涯によりつつ衆生を救済し悟りへと導く働きを現わすのが、一乗に他ならないと言うのである。

さてそれでは、一乗は一体何をその実質としているのか。

一乗は、正法の中道をその実質とする。……問い。乗は何を実質とするのか。答え。経論でさまざまに説いているが、纏めると三種有る。理と修行と果報である。ここでは正法を実質と見なす。

一乗体者、正法中道為体。……問。乗以何為体。答。経論雖種種説、不過三種。謂理行果。今以正法為体。（四二頁中〜下）

一乗の中身について、諸々の経論ではさまざまに説かれているが、実は一乗は、仏の説く正しい教えである中道を実質としている。

乗には三種有る。理乗はすなわち中道仏性である。行乗はすなわち縁因仏性である。果乗はすなわち果仏性である。因因性と境界性とは正因に属する。果果性は果性に属する。そこで五つの仏性を分けないのだ。

乗有三種。理乗即是中道仏性。行乗即是縁因仏性。果乗即是果仏性。因因性境界性属正因。果果性属果性。故不開五性也。（四五頁上）

そして、経論で説かれる、真理という意味での乗とは、中道としての仏性、すなわち悟りの「正因」としての中道のことである。修道実践という意味での乗とは、縁因としての仏性、すなわち「因因性」としての智慧のことである。果報という意味での乗とは、果報としての仏性、すなわち「果性」としての悟りの境涯のことである。かく一乗は、因（境界）・因因・果・果果・非因非果（正因）という、先の考察で見た五つの仏性と同じ中身を持っているのだと言う。

もしも窮極のところを言うならば、中道をおおもととする。論に性乗と言うのがそれだ。もしも作用を論じるならば、さまざまな善行を実質とする。善行のうち、般若を実質とするのである。

若究竟為言、中道為宗。論云性乗。若就用為談、万善為乗体。万善之中、以般若為体。（四三頁下）

そしてまた、中道を実質としつつ、その働きとして般若の智慧や、智慧から発するさまざまな善行を現わすのが、一乗ということに他ならない。このように見てくると、中道としての仏性が衆生を悟りへと導く働きを持っていることを一乗と名づけているのだと言えよう。冒頭見たように、仏性の大いなる宗旨だとされるのも、一乗がこの中道を実質としているからであることが確認できるのである。[4]

「涅槃」とは、『涅槃経』などで説かれる、惑いや煩悩を滅し尽くした窮極の境涯のことである。それでは、こうした「涅槃」は一体何をその実質としているのか。

三―三　涅槃

ここでは中道の正法を涅槃の実質とする。

今以中道正法為涅槃体。（四六頁中）

涅槃は、中道という正しい仏の教えをその実質としている。

ここで明らかにしよう。涅槃はさまざまな言葉による分析を超越している、中道の正観である。この世のあらゆるもの・ことを永遠に免れるので正度とする。……正しい教は、とらわれた有所得を離れて仮に名づけるのであり、そこで正度と名づけるのだ。涅槃は無名だが、強いて名づけるのである。

今明。涅槃離四句、中道正観。永勉為正度。……而此正法、離有所得而仮名義、名為正度。涅槃無名、強為立名也。（四六頁中）

つまり、涅槃は本来名づけようがないものなのだが、さまざまなとらわれを永久に免れる点から、正しく渡ること（正度）と仮に名づけるのだと、吉蔵は言う。[5]

そこで衆生は、そうした涅槃についての言説をかりそめのものと理解し、心がとらわれなければ良い。先のように涅槃自体、言葉を超越したものであり、従って何らかの実体を持つものとして固定的に存在するものではないからである。

もしも生死を捨て去ってその外に別に涅槃を獲得するとするならば、それは愚人であり、生死の苦しみを離れえない。もしも生死と涅槃とに差別が無いと知るならば、そこで初めて涅槃を獲得できるのだ。……今煩悩を探し求めてみると、もともと生じてはいないし、今また滅するものも無い。もしもこのように解れば、前念を無碍道とし、後念を解脱道とするのだ。そこで惑いを断ち切ることができる。

若捨生死別取涅槃、是為愚人、不離生死。若知生死与涅槃無有差別、方得涅槃。……今求煩悩、本自不生、今亦無滅。若能如是知、前念為無礙、後念為解脱。故能断惑。(四七頁下)

そこでまた、惑いに満ちた生死の世界と涅槃の境涯との間には絶対的な区別が無いと弁え、そこで惑いを齎す煩悩について、それが本来生じたり滅したりする実体を持たないものであると悟れば、自由自在でとらわれが無くなり、惑いを解消することができる。こうした見解に、涅槃の実質を中道と見なす立場を確認できよう。

さて、このように中道を涅槃の実質と捉えるので、それは実は常住だとも言えないし無常だとも言えないわけだが、ところが衆生は、こうした常であることや無常であることにとらわれて、次のような八つの間違いに陥っていると吉蔵は言う。

八倒すなわち八つの間違いとは、前に常・楽・我・浄について間違う。外道の時に、この四つの間違い、すなわち常倒・楽倒・我倒・浄倒を起こす。仏は四つの間違いを打ち破るために、無常・苦・無我・不浄と説く。比丘は仏果について、更に後の四つの間違い、すなわち無常倒・苦倒・無我倒・不浄倒を起こす。前の間違いと後の間違いとを合わせて問題とするので、八つの間違いが有ることになる。外道は現世の生死のありさまについて分別し、常・楽・我・浄が有るとする。そこで仏は初めに四諦を説き、四つの間違いを打ち破る。現世の生死にはただ苦・無常・無我・不浄が有るだけで、常・楽・我・浄など無いと説くのだ。比丘はこれを聞き、ただ現世の生死が苦・無常・無我・不浄であるだけでなく、仏果もやはり苦・無常・無我・不浄なのだとし、後の四つの間違いを起こす。従って涅槃経で「但だ生死は苦・無常・無我・不浄なり、仏果は是れ常・楽・我・浄なり」と説く。そうした仏果が苦・無常・無我・不浄だとする見解を打ち破るために、八つの修行・八つの間違いが説かれるのだ。もしも外凡夫が八つの間違いを起こすならば、それは見諦煩悩である。もしも学ぶ者が八つの間違いを起こすならば、それは修道煩悩である。もしも羅漢が八つの間違いを起こすならば、それは界外煩悩である。

八倒者、前倒常楽我浄。外道時起四倒、謂常倒楽倒我倒浄倒。仏破四倒、故説無常苦無我不浄。比丘仏果上、更起苦無常無我不浄、更起後四倒、謂無常倒苦倒無我倒不浄倒。前倒後倒合論、故有八倒。外道起生死計、有常楽我浄。仏初説四諦、破四倒。説生死中但有苦無常無我不浄、無有常楽我浄。比丘聞此、非但生死苦無常無我不浄、仏果亦苦無常無我不浄、起後四倒。故涅槃云、但生死苦無常無我不浄、仏果是常楽我浄。破其仏果苦無常無我不浄、故有八修八倒。若外凡夫起八倒者、是見諦煩悩。若学人起八倒者、是修道煩悩。若羅漢起八倒者、是界外煩悩。（四八頁上）

無常・苦・無我・不浄と言うも常・楽・我・浄と言うも、衆生の惑いに対応して説かれた仏の教えとしての言説なのだが、逆に衆生はその言説にとらわれて誤解を生じてしまう。そこでこうした八つの言説についての誤解が、劣った立場にある凡夫にとっての真理についての煩悩となり、仏の道を志す者にとっての修道実践上の煩悩となり、また優れた境涯にある阿羅漢にとっての三界を超え出た次元での煩悩となる。

八つの間違いの実質は、三つの間違いに他ならない。一は心の間違い、二は想の間違い、三は見の間違いである。すなわち、あらゆる心が分析区別する、これが心の間違いである。あらゆる心が考え思い描く、これが想の間違いである。あらゆる心が判断決定する、これを見の間違いと名づける。

八倒体者、謂三倒是也。一心倒、二想倒、三見倒。謂一切心了別、是心倒。一切心想像、皆是想倒。一切心決了、名見倒。（四八頁上）

そしてまた、それらの八つの誤解は、心の三つの働きがもとになって生じてくる。そこで衆生は、常と説かれ無常と説かれるのが涅槃の実質である中道を表わすかりそめの言説だと理解し、それに対して心がとらわれなければ良い。またそうした仏のかりそめの言説には、次のように、衆生の惑いを伏せて一時的に起こらないようにしたり、断ち切って永久に起こらないようにしたりする働きがあるのだと言う。空（無）と有とについて見よう。

ここで明らかにしよう。とらわれた有所得の人は、空と有とについていずれも断ち切らない。とらわれない無所得の人は、空と有とについていずれも断ち切っている。それについて中で伏せて仮で断ち切るやり方が有る。固定的な有無を探し求めても得られないから、非有非無と名づけるようなもの。ただ固定的な有無を伏せるが、なお未だ断ち切らない。次に仮の有・仮の無であると明らかにして、そこで固定的な有無が初めて断ち切られる。既に仮の有・仮の無だと知れば、畢竟固定的な実体を持つ有無が無いと解る。そこで「仮で断ち切る」と名づける。次に仮で伏せて中で断ち切ると言うのは、固定的な有無に対して仮の有無を説いて、固定的な有無を伏せる。そこで「仮で伏せる」と言う。仮の有は有でなく、仮の無は無でないと悟るのを、中道とする。前の固定的な有無についての惑いは断ち切られる、そこで「仮で伏せて中で断ち切る」と名づける。また仮で伏せて仮で断ち切ったり、中で伏せて中で断ち切ったりすることができる。仮の有無だと知れば、固定的な有無は永遠に断ち切られるような場合を、「仮で断ち切る」と名づける。また仮の有無だと知ってただ固定的な実体が有ることを伏せる場合も有るのだ。

今明。有所得人、空有俱不断。無所得、空有俱断。自有中伏仮断。如求性有無不可得、故名非有非無。但伏性有無、猶未断也。次明仮有仮無、即性有無始断。既識仮有仮無、知畢竟無有定性有無。故名仮断。次云仮伏中断者、対性有無、説仮有無、以伏性有無。故云仮伏。悟仮有不有、仮無不無、為中道。前性有無惑断、故名仮伏中断。亦得仮伏仮断、中伏中断。如識仮有無、即性有無永断、名為仮断。自有識仮有無、但伏性也。(四八頁下)

心のとらわれていない無所得の衆生は、空であることと有であることいずれについても執着が断ち切られているのだが、そうした執着を無くすことについて、「中伏仮断」とか「仮伏中断」とか「仮伏仮断」とか「中伏中断」とか、さまざまなやり方がある。かくさまざまな手立てにより、衆生は惑いを無くしてとらわれの無い状態を実現していくと言うのである。

以上、「仏性」「一乗」「涅槃」のそれぞれについて検討してきた。本節の冒頭で指摘しておいたように、吉蔵は、この三つの事柄がいずれも中道を論じていると見なす。そして、中道を悟りのおもととする「仏性」を軸に、その中道が衆生を悟りへと導く働きを備えている点を「一乗」とし、また衆生の持つあらゆるとらわれから解放されている点を「涅槃」と規定している。つまり、この三つを収める巻三では、「仏性」を中心として、衆生が如何に中道に関わりそれを実現していくかという問題が取り上げられていると見ることができるのである。

さて先に見たことだが、中道を実現し涅槃の境涯にある衆生は、煩悩が何も実体を持たず、従って生死と涅槃に区別が無いと理解している。そのように理解する智慧の働きについては、「二智」の中で論じられている。そこで次に、「二智」の内容を検討することにしよう。

(1) 長安時代の著作である『中観論疏』に、仏性を五つに分けて中道を「正性」とする見解が見える(巻五末、大正蔵四二巻・八五頁上)。

(2) 末光愛正「吉蔵の「唯悟為宗」について」(『駒沢大学仏教学部論集』第一五号、一九八四年)は、『中観論疏』『十二門論疏』『金剛般若経疏』『法華玄論』を材料に、吉蔵の主張する「悟」がとらわれない心の状態であり中道であることと、またそれが定相の無い般若実相に基づき全ての執着を打ち破ることであり、体用相即に基づいて相い反する二説を肯定する内容を持っていたことを指摘する。

(3) このいわゆる草木成仏の問題については、中嶋隆藏「吉蔵の草木成仏思想」(金谷治編『中国における人間性の探求』所収、創文社、一九八三年)が、唐代の思想への影響をも含めて詳しく論じているので参照。

(4) 丸山孝雄『法華教学研究序説——吉蔵における受容と展開』(平楽寺書店、一九七八年)は、吉蔵は基本的には一乗を三乗の中に含めていたのだが、仏身を論じていく中で三乗以外に一乗を説くことを認めざるをえず、そして最終的には一乗にもこだわらない無所得中道を主張していたと指摘する(第一部第四章「『法華義疏』における一実二権説と一実三権説」及び第五章「『法華遊意』における三中一と三外一」)。また一乗と三乗の問題については、末光愛正「吉蔵の頓漸説と三車四車説」(『曹洞宗研究員研究生研究紀要』第一六号、一九八四年)参照。

(5) 中道を涅槃の実質と見なす吉蔵の見解については、務台孝尚「吉蔵の涅槃解釈について」(『駒沢大学仏教学部論集』第一六号、一九八五年)が、『大乗玄論』及び『中観論疏』を材料とし、涅槃が中道正法だとされ、四句・百非を超越したいわゆる諸法実相と捉えられていること、また悟りと言葉が不二一体だとされ、そこで空仮相即の立場から涅槃の名称が解釈されていることを指摘する。

第四節　二智

「二智」とは、『維摩経』巻中・仏道品で「智度菩薩母、方便以為父。一切衆導師、無不由是生」（大正蔵一四巻・五四九頁下）と説かれる智度と方便、すなわち波若波羅蜜と漚和波羅蜜である。まずはこの二つの智慧が一体何によって発生し、何に対して働き掛けるものなのか、吉蔵の主張を見よう。

いったい、智慧はそれだけで生じるものでなく、必ず対境によって発するので、対境を智慧の本とする。また対境はそれだけで成り立つものでなく、智慧によって名づけられるので、智慧を対境の本とする。従って、対境でなければ智慧を発することが無く、智慧でなければ対境を照らし出すことが無い。対境でなければ智慧を発することが無いから、対境を能発とし、智慧を所発とする。智慧でなければ対境を照らし出すことが無いから、智慧を能照とし、対境を所照とする。対境は能発であると同時に智慧の所照なので、対境の能は智慧の所である。智慧は能照であると同時に対境の所発なので、智慧の能は対境の所である。所照である対境が智慧を発することができるから、対境の所は智慧の能なのだ。所発である智慧が対境を照らし出すことができるから、智慧の所は対境の能なのだ。対境が先で智慧が後だと言えないし、また智慧が先で対境が後でもなく、また同時なのでもない。かくて因縁の対境・智慧と名づけられるに他ならない。

夫智不孤生、必由境発、故境為智本。境非独立、因智受名、故智為境本。是以非境無以発智、非智無以照境。非境無以発智、故境為能発、智為所発。非智無以照境、故智為能照、境為所照。境為能発、為智所照、即境能為智所。智為能照、為境所発、則智能為境所。境之所照能発於智、故境所為智能。智之所発能照於境、故智所為境能。不得言境前智後、亦非智前境後、亦非一時。唯得名為因縁境智也。（五五頁中）

智慧はそれだけで忽然と生じるのではなく、必ずそれが働き掛ける対象を待って生じるものであるから、そうした対象となる事柄は智慧を生み出すもとである。しかしまた、その対象は智慧が働き掛けることで初めてそうした事柄として成り立ちえているわけだから、智慧は対象を成り立たせるもとである。かく対象である事柄と智慧とは、互いに主体でもあり客体でもあるという、相待的な因縁の関係にある。

如来は常に二諦に依って教を説くから、二諦を教と名づけ、二つの智慧を生み出すことができるから、二諦を対境と名づける。

如来常依二諦説法、故二諦名教。能生二智、故二諦名境。（五五頁中）

そして、真と俗との二諦の教えがもとになって二つの智慧を生み出すことから、二諦と二智とが対象と智慧という因縁の関係にあると見なすことができる。

さて、吉蔵はその著作の中で、二つの智慧をそれぞれ複数の言葉を用いて表現しているのだが、その中でも波若と方便という呼称を最も多く使っている(1)。そこで波若と方便とをめぐる吉蔵の見解を窺い、二智の内容を検討していくことにしよう。

波若は照らし出す働きを顕らかにし、巧みさを隠した呼び名である。方便は巧みさを顕らかにし、照らし出す働きを隠した呼び名である。そのわけは、波若は実相という対境によって名づけ、また現象の実質に対処するから、照らし出す働きを顕らかにして巧みさを隠す。方便は世俗という対境を照らし出すことから名づけるのではなく、ただその巧みな働きを取り上げるので、巧みさを顕らかにして照らし出す働きを無くすのだ。

波若顕其照名、隠其巧称。方便顕其巧称、隠其照名。所以然者、波若従実相境立名、又当其体、故顕照隠巧。方便不従照俗境立名、但取巧用、故顕巧没照。（五三頁下）

波若と言い方便と言うのは、現象の真実の姿を巧みに明らかにする一つの智慧の働きを二つの方向から名づけたものであり、それぞれ別々の智慧ではないのだが、吉蔵は、その両者が本体と作用の関係にあると述べ、その理由を、

問い。波若はどうして本体で、方便はどうしてその作用なのか。答え。実相を本とする。波若は実相を照らし出すから、波若もやはり本であるので、本体と言える。諸々の現象を末とする。方便はそれらの現象を照らし出すので、方便は作用なのである。

問。波若何故為体、方便何故為用。答。実相為本。波若照実相、故波若亦為本、所以為体。諸法為末。方便照諸法、故方便為用。（五四頁上）

という具合に、波若は根本である現象の真実の姿を明らかにするので本体であり、方便は末葉である現象のさまざまなありさまを明らかにするので作用なのだと説明する。そして、波若の持つ力と方便の持つ力とをそれぞれ整理した上で、さまざまな現象の有に関わる方便の働きにおいても実は空に関わる波若の力が作用しているし、また現象の真

実の姿である空に関わる波若の働きにおいても実は有に関わる方便の力が作用しているのだと述べる（五四頁上〜中）。つまり、波若と方便とは本体と作用の関係にあるものの、その区別はあくまでも一応のもので、二つの智慧の働きは二ならざる相即の関係にあると言うのである。

このように相即不二の関係にある波若と方便とに本質的な優劣の違いは無いわけだが、吉蔵は真と俗との二諦との関わりから、有という世俗の真理を超越して凡夫の立場を乗り超えるのは容易だから、空を明らかにする波若の力は劣っており、空という世俗を超え出た真理を更に超越して二乗の立場を乗り超えるのは困難だから、有を明らかにする方便の力は優っているとする。更に同じく二諦との関係に注目し、二智を次のような実・方便・権の三つの智慧に整理し、それらの違いと優劣とを次のように解説する。

問い。権と方便とはどのように違うのか。答え。大きく見ると違いは無く、いずれも巧みな働きのことである。あえて分けて説明すると、方便は優れており、権は劣っている。今纏めて三つの角度から明らかにしよう。一には、実相を照らし出すのを実の智慧とし、さまざまな現象を捉えるのを権とする。二には、現象を捉える静かな心の働きを実とし、外に働きを現わすのを権とする。三には、外に現われ出た働きについて、〔維摩経で説かれる〕病んでいない身を実とし、病んで居室に臥せるのを権とする。最初の実相を照らし出す働きを、実の智慧と名づける。三つに分けたうちのそれ以外は、いずれも方便に属する。従って、権という意味が劣っていると言うのは、ただ外に働きを現わし出すのを権と名づけるから、権は方便の中のまた別の作用なので、それで劣っていると言うのだ。

問。権与方便、有何異耶。答。通即無別、皆是善巧之義。別而為言、方便則長、権語則短。今総明三句。一、照実相為実慧、鑒万法為権。二、静鑒万法為実、外反動為権。三、就動用、以不疾之身為実、託疾方丈為権。初照実相、名為実慧。自餘三門、皆属方便。故権義短者、但取外示反動、名之為権、故権是方便中之別用、所以言短。

（五八頁下）

現象の真実の姿を明らかにするのが実の智慧（実慧）で、さまざまな現象を区別し見分けるのが方便である。また方便のうち、外に現われ出た色々な作用・働きが権である。そして権は方便の中の個別の働きのことなので、方便が優れており権が劣っているとする。こうした方便と権との優劣の違いは、先に見た波若と方便の優劣の違いと同様に、決して本質的な差ではなく一応の評価だとすべきであろう[2]。

この実・方便・権という三つの智慧は、教えとしての八不と二諦とに対応して説かれたものと見なすことができる。つまり、一実諦を示す八不と真と俗との二諦とに対応して実と方便とが分けられる。そして二諦について、空であることと有であることとを理解するのが実、空が仮の空であることから空を把握してもそこに安住せず、また有が仮の有であることから有に関わってもそれに執着しないのが方便だとされる。更にまた方便のうち、実に即しつつ有に関わっていき他者を救済する行を起こすのが権だとされるのだと言える。

こうした二諦と二智に関わって取り上げなければならないのが並観の問題である。

第一節の二諦についての考察の中で既に見たように、吉蔵においては、真諦の空と俗諦の有とは何ら固定的な実体を持つものではなく、それぞれ有によって成り立っている空、空によって成り立っている有だと捉えられる。そこで二諦の並観とは、そうした因縁相即の関係にあることを悟り、空であることに有を見また有であることに空を見て、かくて空にも有にもとらわれない菩薩の働きとして現われる。それでは、菩薩のどういう境涯においてこの並観が達成されるのか。そこで菩薩の階位の違いが問題となってくる。

菩薩は、初めて悟りへと向かう心を発した時から、現象が生じる実体を何も持たずその点で無生であることを学び、空と有とを並観することを習うのだが、その階位によって自ずから理解の浅深の違いがある。すなわち吉蔵は、凡夫よりも初地の菩薩の方が、初地から六地までの菩薩よりも七地の菩薩の方が、七地の菩薩よりも八地の菩薩の方が、更に八地の菩薩よりも仏の方が、それぞれ深い理解に到達していると言う（教迹義、六六頁下）。こうした菩薩の階位による理解の浅深の差は本質的なものでなく、智慧の働きの多少によって生じる違いだと考えられる。従ってまた六地から七地へ、七地から八地へ、八地から仏へと、無生の悟りを深めて階位をたどっていくことができるのである。

そしてこの菩薩の階位の違いによる智慧の働きの多い少ないは、二智の並観として論じられる。吉蔵は、先の空と有との並観の浅深に対応させつつ、次のように述べる。

㈠　初地は、地前と比べると波若と方便の働きが同等だが、七地に比べると未だ同等でない。そのわけは、初地以上では、無生を悟り、方便の働きと波若の働きとが妨げ合わない。ただ波若が少し強く、方便が弱いので、未だ同等でないと言うのである。

初地望地前即竝、形七地即未竝。所以然者、初地已来、即得無生、動寂無礙。但寂義小強、動用微弱、故云未並。（五四頁下）

㈡　六地は、波若の本体を体得しているが、未だ方便の不思議な働きを実現していないので、波若が劣っている。七地に至ると、方便の不思議な働きが現われるから、方便が勝っていると称する。

六地雖得波若之体、未得妙用、故波若則劣。至七地時、波若妙用、故称為方便勝也。（五四頁上）

六地の時には、波若の本体が強く、方便の作用が弱い。本体が強いので、静かに観じることに長けているから、空を観じても執着しない。作用が弱いので、未だ空に即しつつ有に関わっていき、なおかつ有にとらわれずにいることができない。七地に至って、本体と作用とが同等になるので、空を観じてとらわれず、また有に関わっても執着せずにいられる。そこで等定慧地と名づける。等定慧地では、波若の働きが巧みなので、従って智慧が転換すると言う。

六地之時、波若体強、方便用弱。以体強故、妙於静観、故観空不著。以用弱故、未能即空渉有、於有無滞。至於七地、即体用倶等、既能観空不染、即能渉有無著。故名等定慧地。等定慧地、即波若用巧、故云反。（五五頁上）

㈢八地以上は、二つの智慧がいずれも巧みである。もしも仏地に至るならば、二つの智慧はいずれも転換を果たす。実の智慧は転換して、薩波若と名づける。一切智のことである。方便の智慧は転換して、一切種智と名づけるのだ。

従八地已上、二慧倶巧。若至仏地、即両慧同反。実慧即反、名薩波若。謂一切智。方便慧反、名一切種智也。（五五頁上）

第一に、初地は、それ以前の段階に比べると、寂滅で空であることを明らかにする波若の働きと有であることに関わっていく方便の働きとが妨げ合うこと無く自在であるのだが、七地に比べると、波若の働きが強く方便の働きが弱いので、未だ十分には並観が達成されていない。第二に、七地は、六地に比べると、空に関わる波若の働きと有に関わる方便の働きとが等しく、従って空にも有にも執着しないので、並観が達成されている。第三に、八地以上は、波若と方便の二つの智慧の働きが共に巧みであり、そして仏地に至ると、波若はあらゆる空を知る一切智に、方便はあらゆる有を知る一切種智に、それぞれ転換するのだと述べる。このような波若と方便の二つの智慧の働き方の差が、先のような空と有との二諦の並観の差に現われてくると考えられるのである。

さて、こうした智慧の働きは、より具体的にはどのような形で現われるのか。

そのように貪欲は本来寂滅しており、その実質は清浄で、これが実相である。このように悟るのを、波若と名づける。実相という対境と波若の観じる働きとは異ならないではないか。従って対境と智慧とは不二である。貪欲は本来寂滅してはいるが、しかしながら衆生においては宛然として貪欲が有ることを明らかにするから、これを方便と名づける。本来貪欲など無いのに貪欲が有ると思い込んでいるのを傷んで、それら衆生を救いたいと思うから、この方便を大悲と名づける。貪欲には貪欲としての実体が無いと悟らせて、貪欲の無い楽しみを与えようとするので、そこでこの大悲をまた慈と名づけるのである。

然貪欲本来寂滅、自性清浄、即是実相。如斯了悟、便名波若。豈有実相之境異波若観耶。故境智不二。照貪欲雖本寂滅而於衆生宛然有貪、便名方便。傷其無貪謂貪、而欲抜之、故此方便即名大悲。欲令悟貪無貪、与無貪楽、即此大悲、復名慈也。（五六頁上〜中）

貪り欲する心の働きの、静寂で清浄な本来の姿が、実は現象の真実の姿なのであり、そのように了解するのが波若の智慧である。従って、波若とは別に真実が有るのではなく、現象の真実の姿と智慧の働きとは不二一体の関係にある。そして、本来静寂である貪りが衆生において存在すると捉えるのが方便である。またその方便を、衆生を憐れみ救おうとする点から大悲とも、衆生に貪りの無い楽しみを与えようとする点から慈とも名づける。この大悲・慈ともされる方便は、先に見た外に現われ出た作用としての権だとして良かろう。

このように、煩悩の本来清浄な姿を真実と理解しつつ、現実の衆生には煩悩が有るのだと見極め、その苦しみを除き喜びを与えて衆生を済度することこそ、理想的な仏・菩薩のありかたなのだと考えられよう。

（1）　吉蔵が二智を波若と方便で代表させていることは、平井前掲書第二篇第四章第二節「二智の構造」で指摘され、その意味が考察されている（五九五〜五九八頁、六〇一〜六〇三頁）。
（2）この方便と権の区別について、平井前掲書は法朗の解釈を承けたものだと指摘する（六〇一頁）。

第五節　教迹・論迹

巻五を占める「教迹」と「論迹」とは、巻一から巻四までとは異なり、経典で説かれている概念を論じたものではなく、経典のさまざまな所説をどのように捉えたら良いか、また経典を解釈した論書をどのように理解したら良いかという、経典・論書に向き合うに際して前提となる事柄を主に取り上げ論じている。以下、それぞれについて検討しよう。

五―一　教迹

仏が言葉で教えを説くということについて、吉蔵は次のように言う。

窮極の真理には言葉が無い。それを説明する手立てとしての言葉は、さまざまな心から生じる。ところが言葉の基づくさまざまな心のありようは千差万別だから、聖なる教をさまざまに異なったものにさせるのである。

至理無言。所以言者、言生於群心。然群基百差、致令聖教万殊。（六三頁中）

窮極的な真理はもとより言葉を超越しており、そうした実は言葉では表わしえない真理をさまざまな衆生の心のありさまに応じて説き表わすので、必然的に仏の教えもさまざまに異なってくる。それでは、一見したところ相互に異なっているかのように思えるそうしたさまざまな教えを、矛盾無く系統立てて捉えるにはどうしたら良いか。吉蔵以前には、さまざまな経典を、仏が教えを説いた時点によって五つの段階に分ける整理の仕方が広く行われていた。すなわち、第一番目に小乗の経典が説かれ、第二番目に『般若経』が説かれ、第三番目に『維摩経』が説かれ、第四番目に『法華経』が説かれ、第五番目に『涅槃経』が説かれたのだとする見方である。こうした経典の捉え方、いわゆる五時の教判を、吉蔵は正しい見解ではないと見なす。そして、自身の立場では、菩薩の教えと声聞の教えという観点から経典を捉えるので、小乗の教えは事柄と真理との二諦を説き、あらゆる大乗の教えは空と有との二諦を説いているのだとする。更に、大乗の教えの中の違いについて次のように言う。

ただあらゆる経典にはいずれも傍と正との二つの中身が有る。般若経はとらわれた有所得を広く打ち破ってとらわれの無い無依・無得を明らかにするのを正宗とし、仏性・一乗を傍義とする。法華経は広く一因一果を明らかにするのを正宗とし、無所得及び仏性を傍義とする。涅槃経は広く仏性が常住であることを明らかにして無常の惑いを斥けるのを正宗とし、一乗及び無所得を傍義とする。またあらゆる経典の衆生の素質に対する働き掛けは同じでなく、互いに重複しない。般若経で既に広く無所得の実相を明らかにしているから、法華経ではこれを明らかにせず、未だ広くは一乗の因果を説いていないから、広くこれを明らかにする。法華経で既に一乗の因果を明らかにしているから、涅槃経で広くはこれを明らかにせず、未だ広くは仏性が常住であることを明らかにしていないから、広くこれを説くのである。またただ一つの道理について、三つの方向から説き明かす。あらゆる対境を照らし出すから、般若と名づける。真実無二の極地だから、妙法と称する。常住不変であることを、涅槃と名づける。

但衆経皆有傍正二義。般若広破有所得明無依無得、為正宗、仏性一乗、為其傍義。法華広明一因一果、為其正宗、無所得及仏性、為其傍義。涅槃広明仏性常住為斥無常之病、為其正宗、一乗及無所得、為其傍義。又衆経逗縁不同、互相開避。般若已広明無所得実相、故法華不明之、未広説一乗因果、故広明之。法華已明一乗因果、故涅槃不広明之、未広明仏性常住、故広説之。又只是一道、三義説之。無境不照義、故名般若。真極無二義、称為妙法。常恒不変義、目為涅槃。（六五頁下～六六頁上）

経典には、正面切って取り上げている中身と、補助的に論じている中身とがある。すなわち、『般若経』は、とらわれの無い「無依」や何も得るものの無い「無得」といった事柄を説くと共に、「仏性」や「一乗」を暗に明らかにしている。『法華経』は、「一乗」と「涅槃」とを主に説くと共に、「無得」や「仏性」を暗に明らかにしている。『涅槃経』は、「仏性」が常住であることを主に説くと共に、「一乗」や「無得」を暗に明らかにしている。かく主要な中身と補助的な中身とが異なるので、各経典がさまざまな衆生の素質それぞれに対して働き、互いに重複することが無い。また、実はただ一つである真理を三つの方向から取り上げ、それがあらゆる現象に明らかである点を『般若経』が説き、唯一で窮極的な真理である点を『法華経』が説き、常住で不変である点を『涅槃経』が説いているのだと言う。

このように吉蔵は、かれ以前に行われていた教判を批判しつつ、言葉を超越した唯一の真理をさまざまな方向からあえて言葉によって切り取り提示したのがさまざまな経典なのだと見なし、そしてそれぞれ素質を異にする衆生の修道実践に対して如何に働き掛けうるかという観点から、それらの経典の価値や役割を捉え直しているのである。

五―二　論迹

「論迹」は、『中論』の理解の仕方を解説し、『中論』という著作の持つ意義を明らかにすることをその主な内容としている。

吉蔵はまず、師の法朗による『中論』の解説の仕方を十の場合に分けて説明するのだが、そのうち第五、第六、第八、第九の四条に注目しよう。

(五) 古今の見解を批判し、異なり誤った議論を打ち破る。なぜなら、古えから今に至るまでのほとんどの著作は、いずれも龍樹の学風を受けておらず、偏りとらわれた見解であって、窮極の正しい道理を乱すものなので、それらを広く打ち破った上で論の文章を読み進めていかねばならないからである。

(六) 僧叡や曇影といったいわゆる関河の旧師たちの「中論序」をまず読む。なぜなら、世間の人々は、小乗の数論が先に興り、三論は後から成立したものだと主張する。そこで関河に伝わっている見解は、シッカリとした相承があり、今初めて打ち立てたものではないことを示したいと思うからである。

(八) 訶梨跋摩の『成実論』や迦旃延の『阿毘曇論』に対比させる。それらが小乗のとらわれた論であり、それに対して『中論』が大乗のとらわれの無い論であることを明らかにしたいと思うからである。

(九) ある場合には、異なった見解を持つ人々を面と向かって論破した上で、論の内容に入っていく。異なる見解に固執する者に間違いを改めさせ、優れた立場を望む者に深く悟ってもらいたいと思うからである。

五者、弾碩古今、破斥異部。所以然者、自古迄今、凡諸制作、並不禀龍樹之風、皆是断常、擾於至道、故須広破、始得読文也。

六者、前読関河旧序、如影叡所作。所以然者、為即世人云、数論前興、三論後出。欲示関河相伝、師宗有在、非今始搆也。

八者、対訶梨所造旃延之作。欲明大小軀分、得無得異也。

九者、或面折異学、仍即入論。欲使執固者改迷、慕位者深悟。(以上、六八頁上)

この四つの場合は、他の間違った見解を批判し、自身が龍樹以来の相承のシッカリした立場にあることを認識した上で、論を読み進めていくべきことが言われている。邪まな見解を打ち破り正しい立場を明らかにするという「破邪顕正」の主張を、この法朗の見解に見て取ることができると言えよう。

さてそれでは、『中論』の意義はどういう点に認められるか。龍樹は一体どういう意図からこの論を著したと考えられるか。

ただ教が末代に流布した時、衆生は素質が鈍く福徳も薄いので、教を尋ねてもその趣旨を見失い、仏の意図が解らない。……そのわけは、とらわれた有所得心に依るところ得るところが有るために、真と俗とを聞くと真と俗とにとらわれてしまい、それらが真ならず俗ならざることに本づくことを知らず、そこでまた真と俗とについて真と俗との実体を探し求めてしまい、非真非俗について真と俗とを探し求めることを知らない。また真と俗とについて真と俗とを理解してしまい、非真非俗によって真と俗とを理解することを知らない。また末葉の中に末を探し求めてしまい、本体について末葉を探し求めたり、本体は末葉との関わりから成り立っていることを知らないのだ。既に真と俗とに限定されない本体を知らないから、真と俗という末葉が解らない。因果などの事柄についても、皆な同様である。……だから龍樹菩薩は、こうした本源を見失っている連中を収め、八不の教を顕わし、それら断滅や常住に偏った見解を折り挫き、広く不二の正しい理解に立ち返らせようとしたのだ。

但教流末代、鈍根薄福、尋教失旨、不知仏意。……所以然者、為有所得心有依有得、当聞真俗住真俗、不知本於不真不俗、故還就真俗以求真俗之実、不知就非真非俗以求真俗。還就真俗以解真俗、不知用非真非俗以解真俗。還就末中求末、不知就本求末、本是末本。既不識非真俗本、故不識真俗之末。因果等諸事、義例皆然。……所以

龍樹菩薩、府茲弱喪、顕八不教門、折彼断常、周還不二。（六八頁下）

時が流れて末法の時代になると、衆生は経典の趣旨を見失ってしまい、仏の教えの本当の意図が解らなくなってしまった。それはなぜかと言えば、心がとらわれた状態にあるために、真や俗と説かれるのを聞いてそこに安住してしまい、それが真でも俗でもない事柄に基づいていると知らず、そこで真や俗の実体を探し求め、真が実は真でないことを表わしまた俗が実は俗でないことを表わしていることを解らない。かくて、真でも俗でもない根本だけでなく、真であり俗である末葉についても惑っているというありさまである。だから龍樹は、そうした本当のところについて惑っている衆生を慮り、「八不」の教えを提示してかれらの偏りとらわれた見解を挫き、真や俗といった二つの事柄に限定されない真実のところに立ち返らせようとしたのである。

そこで龍樹の取った方法が、先に法朗の見解を見る中で指摘した「破邪顕正」に他ならないと考えられるのだが、それではそこで打ち破られる邪まなもの、明らかにされる正しいものとは、一体何か。

問い。もしも邪まなものを打ち破ると言うならば、明かし述べる正しいものとは何か。答え。邪まなものは無量であり、正しいものも多様である。大略言うならば、二種を出ない。とらわれた有得ととらわれの無い無得である。有得は邪まであり必ず打ち破らなければならず、無得は正しく必ず明かし述べなければならない。

問。若箇是邪而言破邪、何者是正而遵申正。答。邪既無量、正亦多途。大略為言、不出二種。謂有得与無得。有得是邪須破、無得是正須申。（六八頁下）

「破邪顕正」の対象となる邪まなもの、正しいものは多々あるのだが、大まかに言えば、邪まなものとはとらわれること（有得）であり、正しいものとはとらわれないこと（無得）である。

問い。既に有得を打ち破って無得を明らかにするというなら、やはり実体が有ると執着する性執を打ち破って仮名を明らかにするべきなのか。答え。性執は有得であり、仮名は無得である。今有得を打ち破って無得を明らかにするのであり、すなわちこれが性執を打ち破って仮名を明らかにすることだ。

問。既破有得申無得、亦応但破性執申仮名以不。答。性執是有得、仮名是無得。今破有得申無得、即是破性執申仮名也。（六八頁下）

そしてまた、とらわれることとは実体が有るとする執着であり、とらわれないこととはかりそめの名称であって、前者を打ち破り後者を明らかにするのだと言う。こうした『中論』の「破邪顕正」という方法に基づき、言葉による教えとしての二諦が主張されていると見なすことができる。従って「破邪顕正」は、吉蔵思想の重要な基調を形作っていると考えられるのである。

第六節　全体を通して——吉蔵思想の基調

ここまで、『大乗玄論』で論じられている八つの事柄の中身を詳しく見てきた。ここで、この著作全体を通して窺われる吉蔵思想の基調について、改めて検討しておこう。

六—一　中仮の論理

先に指摘しておいたことだが、言葉を超え出た中道という真理をかりそめの言葉によって如何に説き明かすかということに関わる中仮の論理が、吉蔵思想の基調を形作っている。(1) 第一節で既に見たことで繰り返しになるが、その大要は次の如くである。すなわち、有や無にとらわれない非有非無の中道の立場から、有と無とをそれぞれ仮の有、仮の無と規定する。この仮の有と仮の無とは、それぞれ非有非無を前提としているので、固定的な有無ではなくて相互に自在無碍に転換していくことが可能である。かくして、限定的な言葉である有無に、中道を表わす指標としての働きが付与される。従ってその有無はまた、有無から非有非無へ、更に非有非無から非有無非非有無（非二非不二）へと、展開していくことができるのである。

こうした中仮の論理は、『成実論』で説かれる現象についての三つの捉え方、すなわち、あらゆる現象が因縁によって成り立っているとする因成仮、現象が前後相続して存在するとする相続仮、現象が相待的に成り立っているとする相待仮という三つの仮のうち、主に相待仮を踏まえて形作られたようで、吉蔵はこの相待仮について詳しく論じている。以下に見ていこう。

『成実論』では、声聞は因成仮を用い、縁覚は相続仮を用い、菩薩は相待仮を用いて、それぞれ入道のよすがとすると説かれる。そこで吉蔵は、自身が相待仮に基づくのは菩薩の修道を明らかにしようとするからだとし、因成仮と相続仮に比べて相待仮の優れている点を三つ挙げる。

㈠ 相待仮は全てに通用する、あらゆる現象は相待的な関係にあるからである。因成と相続との二つの仮は、必ずしも仮であること全てを表わし尽くしていないのである。

㈡ 相待仮では、実体を持つ現象が無いので、病を無くしてしまえば清浄となる。因成と相続との二つの仮には、現象が実体を持つものとして存在しているので、病を無くし切れない。

㈢相待仮は自由自在である、長いことが短いことに対して有るので、短いこともまた長いことに対して有る。因成と相続との二つの仮は、意味の妨げ合うことがある。ただ色・香・味・触の四微によって地・水・火・風の四大を構成するだけで、四大によって四微を構成することがない。ただ前に続くことができるだけで、後に続くことができない。そこで相待仮を用いるのである。

一者、相待仮通、無非是待。因続二仮、未必尽仮。二者、相待仮、無有実法、遺病即浄。因続二仮、即有実法、遺病有餘。三者、相待仮無礙、長既待短、短還待長。因続二仮、即成義有礙。唯以四微成大、不以大成四微。唯得続前、不得続後。故用相待仮。（巻一・二諦義、一八頁下）

すなわち、かりそめのものとして成り立っているあらゆる現象をカヴァーしており、従ってそこでは全ての現象が実体を持つとされず、そして現象のあらゆる事態に自在無碍に適用することができるので、この相待仮を用いるのだとする。小乗の場合は、まず現象の実体が有るとした上で、それを打ち消すことによって現象が空であるという認識に到達するから、ただ空であることを理解するだけで空でないこと（不空）を理解できない。

今大乗の相待を観じる者は、現象の実体が有るとせず、諸々の現象は本来生じないし、今も滅することが無いとする。そこで初念を無碍道とし、後念を解脱道とするのだ。

今大乗観相待者、不立法体、諸法本来不生、今即無滅。初念為無礙道、後念為解脱道。（巻一・二諦義、一八頁下）

だが大乗は、相待仮を理解することにより、煩悩から自由になってとらわれない解脱を達成できると言うのである。

さて、この相待仮における言葉や概念、またそれらにより認識される現象の意味を、吉蔵は次のような横論と竪論という方法で説明する。俗と真とを例に見よう。

㈠**横論顕発**：俗は何を意味するのか、俗は真を意味する。真は何を意味するのか、真は俗を意味する。……俗は真を成り立たせるもとなので、真は俗を意味する。……真は俗を成り立たせるもとなので、俗は真を意味する。

㈡**竪論表理**：俗は俗でないことを表わす。俗でないことは俗を成り立たせるもとなので、俗は俗でないことを意味する。真は真でないことを表わす。真でないことは真を成り立たせるもとなので、真は真でないことを意味する。

若為是横論顕発。如俗以何為義、俗以真為義。真以何為義、真以俗為義。……俗是真家之所以故、真以俗為義。……真是俗家之所以故、俗以真為義也。二者、竪論表理。如俗表不俗。不俗是俗家之所以故、俗以不俗為義。如真表不真。不真是真家之所以故、真以不真為義。（巻五・論迹義、七五頁下）

㈠の横論では、俗は真との関わり、真は俗との関わりからそれぞれ俗や真として成り立っているので、俗は真の意味、真は俗の意味だとする。㈡の竪論では、俗は俗でないもの、真は真でないものとの関わりからそれぞれ俗や真として成り立っているので、俗は不俗の意味、真は不真の意味だとする。

横論は現象を広く捉えるもの、また対治して病に薬を与えるものだ。有と無とが互いに治療するような場合は、全て横論である。

横只是広闊之称、亦為対治薬病。如有無相治等、悉是横論。（巻二・八不義、二五頁中）

そして横論は、衆生の惑える病に対してそれを治療する薬としての働きを持つ。

もしも有を横とするならば、有でないこと（不有）を竪とする。またもしも絶ち切れていることを横とするならば、絶ち切れていないこと（不絶）を竪とする。もしも不絶を横とするならば、非絶非不絶を竪とする。……もしも言うことを横とするならば、言わないこと（不言）を竪とするのだが、横と竪とはやはり不定である。場合場合で捉えられる。もしも有と無、断と常とが互いに治療する場合を横とするならば、病が無くなって薬が除かれるから竪とするのだ。

如言有即為横、不有為竪。亦如絶為横、不絶為竪。若不絶為横、則非絶非不絶為竪。……如言為横、不言為竪、横竪亦不定。随而望之。若有無断常相治為横、病息薬除故為竪。（巻二・八不義、二五頁中）

また横論と竪論とは、横から竪へ、更に竪から横へ、また更に横から竪へ……という具合に転々と展開していく関係にあり、横論が病を治療する働きを持つのに対し、竪論は病が治った時点で薬をも取り除く働きを持つと述べる。

こうした横論・竪論とによる解釈を組み合わせ、有を仮とするのに対して無を中とし、有無を仮とするのに対して非有非無を中とし、非有非無を仮とするのに対して非有無非不有無を中とするという具合に次第に構築していくのが、吉蔵の中仮の論理だと考えられる。

また、この中仮の論理では、あらゆる言葉は皆なかりそめのものであり、一応中と仮とを分けるのだが、窮極的には中と仮とは二ならざる相即の関係にある。

作用である中と仮とはどちらも能表の教に属する。仮も中も無くなって、そこで所表の理なのだ。

用中仮皆属能表之教。無仮無中、乃是所表之理也。（巻二・八不義、二九頁上）

従って、教えとして表わされる中と仮とがいずれも無くなって初めて中道という真理が明らかになるのだと言う。以上のような相待仮に基づいた中仮の論理を、衆生の持つ素質に対応させて有や無といった言葉によって展開させたのが、吉蔵の二諦・八不の教えであると言うことができよう。

六―二　教・理の関係と破邪顕正の理念

ところで、こうした二諦・八不の教えと中道という真理とはどのような関係にあるか。理に関わって吉蔵は、随所で理外と理内とを分けてその得失の違いを述べるが、その違いは、

もしも理外の凡夫・聖人であれば、いずれも誤りとらわれた有所得の行いであり、どちらも凡夫に他ならない。理内は凡夫であろうと聖人であろうと、全て聖なるものと名づける。……理内の所行は、理外の所行でなく、理外の所行は、理内の所行でない。

若理外凡聖、皆是顛倒有所得行、倶是凡夫。理内若凡若聖、皆名為聖。……理内所行、非外所行、理外所行、非内所行。（巻一・二諦義、一六頁中）

という、とらわれた有所得の行為であるか否かという違いだとする。更にこの有所得は、

従ってもしも巧みな方便の智慧が有ってこの二諦を学ぶならば、とらわれない無所得を達成し、巧みな方便の智慧が無くて教を学ぶならば、とらわれた有所得に陥る。

所以若有巧方便慧学此二諦、成無所得、無巧方便慧学教、即成有所得。（巻一・二諦義、一五頁上）

というように、二諦の教えを学ぶ者に方便の智慧が無いことによって生じると説く。つまり、これまでの考察でもしばしば触れてきたように、中道という真理は、教えを受ける衆生の行為や智慧のありかたに深く関わる事柄だと確認できる。それでは、衆生においてこの真理の悟得は、一体どのように果たされるのか。

あらゆる教えは、さまざまな素質を持つ衆生に対して説かれるものである。

仏が中道の二つの智慧によって説くのを経と名づける、経典が教である。教は何に対して示すのか、教は衆生の素質に対して教えるのである。素質は何を受け取るのか、素質は教を受け取るに他ならない。従って、素質と教とが相応すれば、全てが悟入を果たすのだ。悟入と言うのは、教が真俗を説き、素質は不真不俗と悟る。教が因果を説き、素質は不因不果と悟る。

仏以中道二智所説名経、経即是教。教何所示、教則教縁。縁何所禀、縁只禀教。故縁教相応、無不悟入。言悟入者、教辨真俗、縁悟不真不俗。教説因果、縁悟不因不果。（巻五・論迹義、六八頁中）

そこで、教えと素質とがピッタリと見合った結果、衆生は真俗・因果といった教えによって真でも俗でもなくまた因でも果でもない真理を悟る。

教は理への入口であるから、教によって理に到達する。感応の因縁であり、暗に符合するようなもの。鳴り響けば有り、からりとして無くなる。つまり仏が教を説くのは、衆生の素質のためにするということだ。

教是理門、故因教達理。感応因縁、冥若扶契。響然而有、豁爾而無。此即仏説教為縁之意也。（巻五・論迹義、六八頁中〜下）

そして、教えによって真理に到達するのは感応の因縁だと言う。つまり吉蔵において、真理の悟得は、仏の教えと衆生の素質との関係に即して捉えられる。この両者が互いに働き掛け合う中で、衆生は、真俗・因果の教えが不真不俗・不因不果の真理を表わすと把握し、また不真不俗・不因不果の真理が真俗・因果の教えとして説かれると理解し、かくしてとらわれない自在無碍なる修道・境涯を実現できるのだと言える。(2)

さて、こうした教えと素質との関係に着目すると、先に第五節で吉蔵思想の基調だと指摘しておいた「破邪顕正」の意味も、自ずと明らかになると言えよう。

道は邪までもなく正しくもない。道を体得することのできる素質が、邪までもなく正しくもないと悟るのである。ただ以前は惑い今は悟っているから、以前の惑い偏っているのを邪まと名づけ、今悟っているのを正しいと呼ぶのである。

道非邪正。能体道之縁、亦悟非邪正。但以向迷今悟、詺向迷僻為邪、呼今悟為正。（巻五・論迹義、六九頁中）

以前惑って断や常といった偏った見解を持っていたから、この邪まな見解を打ち破らなければならない。今断でも常でもないと悟ることができる、これを顕正の義と名づける。

向迷成断常、所以須破此邪。今得悟不断不常、名為顕正義。（巻五・論迹義、六九頁中）

道そのものに邪なものと正しいものとが有るわけではない。ただ衆生の側が、以前に惑って断ち切られてあるとか常住であるとかいう偏った見解に陥っていたから、その邪まな認識を打ち破るべきだとするのであり、今は常住でも断ち切られてもいないと悟っているから、それを正しい認識を実現したとするのである。

只令悟断常者不断常。豈得離迷有悟、離断常別有不断常耶。（巻五・論迹義、六九頁中～下）

ただ断や常が不断不常だと悟らせるのだ。惑いを離れて悟りが有り、断常を離れて別に不断不常が有るとすべきではない。

従って、断常がすなわち断でも常でもないと悟らせるのであり、惑いを離れて他に悟りがあるわけではない。ここに「破邪」がすなわち「顕正」だとする意味がある。

仏は衆生の素質に応じて真と俗との両つの教を説いたのだ。そのこころは中実の道を顕わそうとするからである。ただ素質が二つの教に惑って中実を悟らず、断や常といった病に罹ってしまう。今そうした素質の邪まな執着を打ち破る。それがつまり仏が正しい教を述べるということだ。

仏赴縁説真俗両教。意為顕中実之道。但縁迷二教、不悟中実、成断常病。今破縁邪執。申仏正教也。（巻五・論迹義、七〇頁上）

経典や論書は、ただ誤った虚妄な見解を打ち破るのであり、その外に更に述べることが有るのではない。本より病に由るから教が有る。病が既に取り除かれれば、教という薬もやはり無くなるのだ。

若経若論、唯破顛倒虚妄、更無所申。本由病故有教。在病既除、教薬亦尽。（巻五・論迹義、六九頁下～七〇頁上）

つまり、衆生が惑った状態にあるからその惑いを打ち破る教えが説かれるのであり、惑える病が取り除かれれば薬としての教えも必要無くなる。この点に「破邪顕正」と主張しなければならない理由があると言えるのである。

（1） 平井前掲書は、二であるものと二ならざるものとが相即していることを概念化した「理教」「中仮」「体用」が吉蔵において同義語として用いられていたと指摘し、かれ以前の仏教思想の流れを踏まえれば吉蔵は「理教」概念でそれらを代表させていたとすべきだと述べる（四一九～四二三頁など）。また中仮の論理については、伊藤隆寿「三論教学における初章中仮義」上・中・下（『駒沢大学仏教学部研究紀要』第三二～三四号、一九七四～七六年）で詳細な分析がなされている。この伊藤氏の論文は慧均の『大乗四論玄義』を中心に取り上げ論じており、従ってそこで分析した中仮の論理が吉蔵の見解と一致するかどうかについてはやはり慎重な態度を取っている。だが、『大乗玄論』をはじめとした諸著作の論理の展開の仕方から見て、吉蔵においても慧均と同様に中仮の論理がその思想の基調をなしていると考えて良かろうと思う。

（2） 吉蔵当時の理教概念の持った意味については、吉津宜英「隋唐新仏教の展開その一——教と理との相関」（『駒沢大学大学院仏教学研究会年報』第五号、一九七一年）が参考になる。

おわりに

『大乗玄論』執筆の意図や全体の構成について、吉蔵自身纏まった発言を残しているわけではない。従ってそれらについては、実際にその中身を検討することを通して推測する他は無い。最後に、『大乗玄論』全体の意図と構成とを考察し、本章の纏めとしたい。

まず、それぞれの項目が、特定の経典・論書の所説を主に念頭に置いた上で、その主要なテーマを解説する意図のもとに執筆されていることを指摘できる。すなわち、「二諦」と「八不」は『中論』を、「仏性」は『涅槃経』を、「一乗」は『法華経』を、「涅槃」は『涅槃経』を、「二智」は『維摩経』を、「教迹」は『般若経』『法華経』『涅槃経』を、そして「論迹」は再び『中論』を主な対象として取り上げ論じている。かくて全体として大乗の諸経典の中身を広く網羅しつつ、それらを『中論』によって総合しようとしていると見なすことができる。「論迹」を検討する中で既に見たことだが、吉蔵が三論の中でも『中論』を最も重視し、それをさまざまな教えの根本に据えていたことが、『大乗玄論』の構成からも窺えよう。

ところで、本章の冒頭で少し触れたが、平井俊榮氏は、『大乗玄論』で論じられている八つの事柄の順序次第について、日本の珍海の解釈を紹介している。それに拠れば、巻一から巻三までは、「二諦」の教えを受け、「八不」の中道を悟り、その中道を「仏性」すなわち出発点として、「一乗」の正しい修道を行い、窮極的な「涅槃」の境涯に至るという、衆生の悟りへの道筋を示している。また巻四から巻五までは、窮極の境涯に立脚しつつ、「二智」の智慧の働きにより、「教迹」である経典を説き、また「論迹」である論書を著すことによって経典の内容をより明らかにするという、諸仏・菩薩の説法・教化のありかたを表わしている、と言う(1)。

この珍海の解釈を手引きとしつつ、本章の検討結果を改めて分析整理してみると、『大乗玄論』全体は、大きく三つの部分に分けて捉えるのが良いように思われる。すなわち、巻一と巻二では、それぞれの素質に合わせて説かれた「二諦」の教えにより、衆生が「八不」に示されたとらわれの無い中道を悟ることを述べている。巻三では、そうした中道というとらわれない境涯が悟りのおおもととしての「仏性」であり、それが衆生を悟りへと導く「一乗」の働きによって、何物にもとらわれない窮極的な「涅槃」として実現していく過程を明らかにしている。巻四と巻五では、窮極の境涯を実現した諸仏・菩薩が、とらわれの無い「二智」を備えて煩悩の実態を見極め、衆生の素質に合わせて「教迹」「論迹」といった教えを提示することを論じている。そして、教えの提示を論じる巻五の「教迹」「論迹」から教えの受容を述べる巻一の「二諦」へと、問題が再び投げ返されていると推測される。言葉や思慮を超え出た中道というとらわれないありかたを基盤として、先に挙げたさまざまな大乗経典の所説が、有機的に結びつけられ構成されていると見ることができる。そしてまた、そうした構成の成立を論理的に支えるのが「中仮」であり、その論理を教えと衆生の素質との関係から捉えたのが「破邪顕正」だと考えられるのである。

このことから、吉蔵思想の枠組を、平井氏のように「二諦義」「二智義」「仏性義」としたり、また廖氏のように「二諦」「八不中道」「仏性」としたりする捉え方は、必ずしも的確に的を射てはいないように思われる。そのようにいくつかの主要な概念によって捉えるよりも、やはり『大乗玄論』の中身により、以下の三つの事柄に要約するのがより適切であると考えられるのである。すなわち、第一に、言葉による教えと衆生の素質とが如何に見合い、そこでとらわれの無い中道が如何に悟得されるかという、「二諦」と「八不」に関わる、教えと素質についての問題である。第二に、そうした中道というとらわれないありかたが如何に実現していくかという、「仏性」を中心とした、中道の実現についての問題である。第三に、とらわれの無い正しい智慧が如何に獲得され、そこで煩悩が如何に解消されていくかという、「二智」を軸とした、智慧と煩悩についての問題である。吉蔵思想は、この三つの問題を課題として担っていたと言えるわけである。

ところでまた、第一節で見た四重の二諦の主張、第三節で見た中道を「正因」とする五つの仏性の捉え方は、本文中でも指摘・注意しておいたように、いずれも吉蔵の長安時代の著作に限って見受けられるものである。これも本章の冒頭で触れたように、『大乗玄論』はその全てを吉蔵の執筆と断定しかねる著作ではあるのだが、先に指摘したような意図のもと、少なくともかれの長安時代の著作の所論を踏まえて纏められたものであることは確実だと言えよう。

従ってこの『大乗玄論』は、会稽時代・揚州時代を経過して長安時代へと至る、吉蔵思想の一つの到達点を示していると見て良いのではないか。

（1）平井前掲書五五六頁。

第三章　吉蔵思想の展開

はじめに

第一章で触れたように、吉蔵の生涯の著述活動は、会稽時代、揚州時代、長安時代の三つの時期に大きく分けることができる。本章では、かれの著述として伝えられ現存する二十部余りの著作のうち、各時代を代表する著作を主な材料としまた成立時期の明らかな他の著作をも併せ取り上げて、吉蔵思想の展開のありさまを検討する。第二章でかれの思想が担っていた課題として指摘した「教えと素質」「中道の実現」「智慧と煩悩」という三つの問題に焦点を当てて考察し、吉蔵思想の目指していたものをより明確に浮かび上がらせることを目論むものである。

第一節　会稽時代の思想

会稽時代の思想については、この時期の代表作である『二諦義』（大正蔵四五巻）と『法華玄論』（大正蔵三四巻）を中心に、『涅槃経疏（逸文）』[1]と『法華義疏』（大正蔵三四巻）を併せて検討する。
なお、第三章の以下の論述では、各節の冒頭に掲げた吉蔵の著作から引用する場合、大正蔵・続蔵の巻数を示さず、それぞれ著作名、頁数と段のみを記す。

一―一　教えと素質

まずは、二諦についての所論を中心に、教えと素質の問題を検討しよう。

吉蔵は、かれ以前の人々が二諦を二つの異なる真理、すなわち俗諦を俗世間での通俗的な真理、真諦を俗世間を超え出た絶対的な真理と解釈してきたことを批判する。そして、師の法朗と僧詮の見解を踏まえ、以下のように、二諦とは真理そのものではなく、真理についての言葉による教えなのだと述べる。

摂嶺興皇（法朗）以来、わが学派の誰もが二諦は教だと明らかにしてきた。だから山中師（僧詮）の手本の二諦疏では「二諦なる者は、乃ち是れ中道を表わすの妙教、文言を窮むるの極説なり」と言う。道は有や無に限定されないが、有や無によって道を顕らかにする。理は一や二に限定されないが、一や二に因って理を明らかにする。そこで二諦は教だと解るのだ。

摂嶺興皇已来、竝明二諦是教。所以山中師手本二諦疏云、二諦者、乃是表中道之妙教、窮文言之極説。道非有無、寄有無以顕道。理非一二、因一二以明理。故知、二諦是教也。（『二諦義』巻上、八六頁中）

ここで明らかにしよう。二諦は理そのものではなく、方便の教門である。……実は二諦自体無いのだが、方便によって二と説き、不二を悟らせるから、二諦は教門なのである。

今明。二諦非理、乃是方便教門。……実無二諦、方便説二、令悟不二、故二諦是教門也。（同右、八八頁下）

中道という真理は、一つであるとか二つであるなどと限定して言い表わせるものでなく、従って二諦も実は真理そのものではないのだが、方便によって二諦を説き、二ならざることを悟らせるのだとする。この二諦によって説かれる中道をめぐる問題については後に詳しく検討することとし、二諦についての所論を更に追っていこう。

世の中のさまざまな現象の真実の姿は、有るとも言えず無いとも言えず（非有非無）、何も確たる実体を持たない。だが現実の世界においては、それぞれの素質に応じ、凡夫には有なる姿が真実として、聖人には無なる姿が真実として捉えられている。そこで諸仏・菩薩は、そうした衆生の捉え方の違いに沿って教えを説く。このことを踏まえて吉蔵は、二諦を次のような於諦と教諦とに分ける。

二種類の二諦が有る。一は於諦、二は教諦である。……諸々の現象の実質は実体を持たず空なのだが、世間は誤って有だと言う。世間の人々に於いてはこの有を真実とし、諦と名づける。諸々の賢聖は誤った有の実質が空だと正しく知っている。聖人に於いてはこの空を真実とし、諦と名づける。これが二つの於諦であり、諸仏がこれに依って説くのを、教諦と名づける。

有両種二諦。一於諦、二教諦。……諸法性空、世間顚倒謂有。於世人為実、名之為諦。諸賢聖真知顚倒性空。於聖人是実、名之為諦。此即二於諦、諸仏依此而説、名為教諦也。（『二諦義』巻上、八六頁下）

於諦とは、さまざまな現象の有でもなく無でもない真実の姿が、衆生に於いて有あるいは無（空）と固定的に捉えられること、つまり衆生の素質の違いに応じた偏った捉え方である。また教諦とは、そうした衆生の偏り誤った捉え方の違いに応じ、有や無といった言葉で説く諸仏・菩薩の教えである。そこで、「所依は是れ於諦なり、説法は是れ教諦なり」(『二諦義』巻上、七九頁上)と述べる。そしてこの所依の於諦には得失の違いがあり、凡夫に於いて真実と捉えられる有は失、すなわち的外れであり、聖人に於いて真実と捉えられる無(空)は得、すなわち的を射ているのだと言う。

諸々の現象は凡夫に於いては有だとされるが、この有は失である。諸々の賢聖は現象が空だと正しく知っており、この空は得である。そうした空や有を示し、得と失とを解らせ、有を捨て空を学び、凡夫の立場を改めて聖人の立場に至らせるのである。

諸法於凡是有、此有為失。諸賢聖真知諸法空、此空為得。示其空有、令識得失、令其捨有学空、改凡成聖也。(『二諦義』巻中、九三頁下)

こうした得失を認めるのは、ひとまず凡夫の失と聖人の得との違いを示し、有を真実と見る立場を捨てて空を真実と見る立場に凡夫を進ませ、真実の悟りへ参入させるきっかけを作ろうとするからである。諸仏・菩薩はそこで、衆生の理解するところに応じて仮に有や無という言葉で説く。

それでは、どうして諸仏・菩薩は、現象の真実の姿が有でもなく無でもない(非有非無)のだとズバリ説き明かさないのか。それは、直接に「非有非無」だと説いても、愚かな凡夫は理解できないからである。そこで已む無く仮に有だとか無(空)だとかと説き、有でも無でもない真実の姿を悟らせる(『二諦義』巻上、九〇頁上)。

有と説き無と説き、また非有非無と説くのは、いずれも教であり、理ではない。一往理と教とを区別すると、教には言説が有るが、理自体は不可説である。理が既に不可説であれば、どうして悟ることができようか。理を悟ることのできる手立てとしては、必ず言説を仮りなければならない。そのために、有無と説き非有非無と説くのは、いずれも教であり、皆な理を悟らせるものなのだ。

説有説無、説非有非無、竝是教、非是理。一往開理教者、教有言説、理不可説。理既不可説、云何得悟。所以得悟理者、必仮言説。為是故、説有無説非有無、竝是教、皆令悟理也。（『二諦義』巻上、九〇頁中）

つまり、さまざまな現象の真実の姿は実は言葉で説くことができないのだが、それを悟らせるためには言葉の力を借りなければならない。そこで仮に有・無と説き、時には非有非無と説き示し、それによって衆生に言葉では表わしえない真理を悟らせるのである。

さて、こうした説法の拠り所（所依）である於諦について、先に見たように凡夫の有が失で聖人の無（空）が得だとするのだが、これも一応の評価に過ぎず、的を射ている聖人の見解でさえ、諸仏・菩薩の説法（教諦）と比較すると実は的外れ以外の何物でもない。吉蔵は言う。

於諦が失だと言うのは、有は凡夫に於いて実体の有る有であり、空は聖人に於いて実体の有る空である。この空と有とは、凡夫と聖人とに於いてそれぞれ真実だとされるから、失とするのである。教諦が得だと言うのは、如来の真実まことの言葉は、凡夫の有に依って有と説くので、有は有に固着せず、有は有ならざるものを表わす。聖人の無に依って無と説くので、無は無に固着せず、無は無ならざるものを表わす。これはつまり、有無の二は非有非無の不二を表わすのである。

言於諦失者、有於凡是実有、空於聖是実空。此空有、於凡聖各実、是故為失也。言教諦得者、如来誠諦之言、依

凡有説有、有不住有、有表不有。依聖無説無、無不住無、無表不無。此則有無二表非有非無不二。（『二諦義』巻上、七八頁下）

有と見るのも無（空）と見るのも、凡夫・聖人に於いて真実絶対と固定的に捉えられたものであれば、有無によって非有非無を表わす諸仏・菩薩の立場から見ればいずれも偏った理解である。このように、諸仏・菩薩が有と説き無（空）と説くのを聞き、その有や無に執着して絶対の真実だと信じ切ってしまうことは、諸仏・菩薩の教えを受けているにもかかわらず再び真理について誤った見解を持つことであり、次に見る「稟教成於」という事態である。

ここで明らかにしよう。於諦が皆な失であるとは、所依の於諦が全て失なのではなく、教を受け入れた後に於と成る場合、その於諦は皆な失なのである。なぜならば、如来が有と説くのは不有を表わそうとするからであり、無と説くのは不無を表わそうとするからであり、二と説くのは不二を表わそうとするからである。先の於と成る場合は、有だと聞いて有という理解をし、無だと聞いて無という理解をする。有だと聞いて有という理解をするので、有は凡夫に於いて真実だとされ、これを俗諦と名づける。無だと聞いて無という理解をするので、無は聖人に於いて真実だとされ、これを第一義諦と名づける。この二諦は皆な失なのだ。……次のように解釈しよう。如来が有と説くのは不有を表わそうとするからであり、無と説くのは不無を表わそうとするからであり、二と説くのは不二を解らせようとするからである。譬えれば指を挙げて月を解らせようとするようなもの。しかしながら衆生は、有だと聞いて有にとらわれ、無だと聞いて無にとらわれる。指に目を奪われて月を忘れ、教にとらわれて理を忘れてしまう。失に他ならないではないか。

今明。於諦皆失者、非是所依於諦皆失、乃是稟教成於、此於諦皆失。何者、如来説有為表不有、説無為表不無、説二為表不二。彼聞有作有解、聞無作無解。聞有作有解、有於凡実、名俗諦。聞無作無解、無於聖実、名第一義諦。此之二諦皆失。……解云。如来説有為表不有、説無為表不無、説二令識不二。挙指令得月。而衆生聞有住有、聞無住無。守指忘月、住教遺理。豈非是失耶。（『二諦義』巻上、七九頁上〜中）

吉蔵において、二諦は真理そのものではなくて言葉による教えだと規定されるから、諸仏・菩薩が有や無（空）と説くのは、あくまでも言語や思慮を超え出た真理を衆生に悟らせるための方便であり、その有や無（空）にとらわれてしまっては元の黙阿弥である。諸仏・菩薩の目的は、まさしく衆生に有でもなく無でもない中道の真理を悟らせることだからである。

以上見てきたことから、衆生の素質の違いに応じてなされる諸仏・菩薩の説法のありさまは、次の三つの段階に纏めることができる。

㈠ 世諦を説き第一義諦を説いて、衆生に第一義諦を悟らせる。……これはつまり凡夫と聖人の得と失との二諦を区別し、衆生に第一義諦を悟らせる。凡夫・世人は誤って有と言い、聖人は誤った有の実質が実は空だと知っていることを明らかにして、有という見方を捨てて空という見方をし、凡夫の立場を改めて聖人の立場を悟り、失から得へと向かわせる。衆生が凡夫の立場を改めて聖人の立場を成就するのは、第一義を悟るからである。

一者、説世諦説第一義諦、令衆生悟第一義諦。……此則開凡聖得失二諦、令衆生悟第一義諦。明凡夫世人顛倒謂有、聖人真知顛倒性空、令捨有入空、改凡悟聖、挙失従得。衆生改凡成聖者、悟第一義故也。（『二諦義』巻上、八二頁中）

第一番目は、先に見たように、有にとらわれた凡夫に対して空であると示すことにより、悟りに至るためのきっかけを作る段階である。

(二) 二諦を説き、有と無との二つの偏った見方を離れさせる。……有と無という二つの見方にとらわれた衆生のために、菩薩は二諦によって教を説くのである。……有を借りて無という見方から脱却させるのは、世諦によって無に偏った見方を打ち破るのである。無を借りて有という見方から脱却させるのは、第一義によって有に偏った見方を打ち破るのである。かくて二諦を説いて有・無二つの見方を打ち破るのだ。

二者、説二諦、令離有無二見。……為著有無二見衆生故、菩薩住二諦説法也。……借有以出無、住世諦破無見。借無以出有、住第一義破有見。故説二諦破二見也。(『二諦義』巻上、八二頁中)

第二番目は、諸仏・菩薩の有や無という教えを受けた結果、かえってそれに執着し偏った見解に陥っている衆生に対し、その偏見を打ち破る段階である。

(三) 有や無と説き、非有非無を悟らせ、二と説き、不二を悟らせる。……これは理についての教のことである。

三者、説有無、令悟非有非無、説二、悟不二也。……此即理教義也。(『二諦義』巻上、八二頁中)

第三番目は、諸仏・菩薩が有や無と説くのは非有非無を示すための方便であると明らかにして、衆生に中道の真理を悟らせる段階である。

いったい、言葉はもともと限定的なものであり、現実の世界における衆生の誤った認識は、そうした言葉の性格を十分に弁えないことから生じる。従ってまた、言葉は真理を直截に指し示すには不十分なものだと言えるのだが、吉蔵はそこにかりそめのもの、方便という意味を確認することにより、本来限定的なものに過ぎない言葉に対して真理を表わす手段としての働きを与えるのである。

ところで、現実世界における衆生の誤りは極めて根深く、またそれに拠って生じる惑いはまことに各人各様である。その千差万別な衆生の素質のありさまはどのようであるか。すなわち、有無の二諦を衆生は如何に見失っているのか。吉蔵は次のように述べる。

問い。誰が二諦を見失っているか。解説しよう。大まかに言うと、二種類の人が二諦を見失っている。一には、二諦を学ばずに二諦を見失う。二には、二諦を学んでいながら二諦を見失う。

問。何人失二諦耶。解云。大而為言、有両種人失二諦。一者、不学二諦失二諦。二者、学二諦失二諦。(『二諦義』巻上、八三頁中)

第一に、諸仏・菩薩の教えを学ばないままに二諦を見失っている外道・凡夫がいる。第二に、諸仏・菩薩の教えを受けていながら二諦を見失っている人々がいる。後者はまた、大乗の素質を持ち二諦を学んでいながら惑っている衆生と、小乗の素質を持ち二諦を学んでいながらそれが解らないために惑っている衆生とに分かれる。更に細かく分けると次のようになる。

○大乗で二諦を学んでいながら二諦を見失っている者

▽二諦を学んで実体を持つ二諦と理解する者………有と聞いて有にとらわれ、無と聞いて無にとらわれる

▽二諦を学んで一諦と理解する者……………………→二諦を学んで一つの空諦と理解する
→二諦を学んで一つの有諦と理解する
(以上、『二諦義』巻上、八三頁下〜八四頁上)

◯小乗で二諦が解らずに二諦を見失っている者
▽実体を持つ有と捉えて二諦を見失っている者………数論・毘曇の人
▽邪まな空の見解に陥って二諦を見失っている者……成論の人
(以上、『二諦義』巻上、八四頁下〜八五頁上)

このようなさまざまな素質に対応しつつ、他の学派の二諦の解釈に対する批判の意味をも含んでいるのが、僧詮・法朗以来相承してきた三種(三重)の二諦だと吉蔵は言う。

そこで山門(僧詮)・興皇(法朗)の説を相承し、三種の二諦を明らかにする。第一に、有と説くを世諦とし、無を真諦とする。第二に、有と説き無と説く、この二はいずれも世諦であり、非有非無不二と説くのを真諦とする。……第三の二諦義は、この二諦は、有無は二で、非有無は不二である。二と説き不二と説くのを世諦とし、非二非不二と説くのを真諦とする。

所以山門相承、興皇祖述、明三種二諦。第一明、説有為世諦、於無為真諦。第二明、説有説無、二竝世諦、説非有非無不二為真諦。……第三節二諦義、此二諦者、有無二、非有無不二。説二説不二為世諦、説非二非不二為真諦。(『二諦義』巻上、九〇頁下)

この三種は、ただ一つの素質に対するものでもありうるし、また三つの素質に対するものでもありうる。初めは凡夫のためのもの。……第二重は二乗の人を打ち破るためのもの。……第三重はとらわれた菩薩を打ち破るためのもの。……これはつまり五乗を三つの素質に纏め、それに対して三種の二諦を区別する。この三つの素質に対して働き、皆なに一乗一道を悟らせる。もしもこの三種を悟るならば、窮極だと言えるのだ。

此之三種、只得為一縁、亦得為三縁者。初節為凡夫。……第二重為破二乗人。……第三重為破有得菩薩。……此即摂五乗為三縁、開三種二諦。赴此三縁、皆令悟一乗一道。若悟此三、即究竟。（『二諦義』巻上、九一頁上〜中）

この三種の二諦は、さまざまな衆生の素質に広く対応し、それぞれに真理を悟らせるものである。また同時に、ある特定の素質を持つ衆生に対し、段階的に示して次第に悟りへと導いていく働きをも持っている（漸捨[2]）。このようにある素質を持つ衆生が、順序次第を踏んで真実の悟りへ至りうるためには、素質が変化しうるということが前提とされなければならないと考えられる。だが会稽時代の著作では、凡夫・二乗・菩薩といった素質のさまざまなありさまについて、後の時代ほどには立ち入った分析がなされておらず、従ってまた、何故に素質が変化しうるのかについて、なお十分には意識されていないように思われる。

さて、吉蔵の二諦論では、二諦は、無には有、有には無（空）という相い反する見解を提示することにより、衆生に非有非無の真理を悟らせるというものであり、有は実は有ならざること、無は実は無ならざることを示す働きをする。そこで、二諦の教えを受け取る側の衆生に要求されるのは、二諦をかりそめの方便だと理解し、有あるいは無（空）と説かれるのを聞いてもそれに執着せず、有において無（空）を見、また無（空）において有を見て、有と無（空）いずれからも自由であること、すなわち二諦を並観することである。なぜなら、有と言い無（空）と言ってもそれは仮の言説であり、従って二諦として説かれる有と無（空）とはそれぞれに何ら定まった実体を持たず、両者は実は相即するものだからである。吉蔵は法朗の所論を引いて言う。

大師（法朗）はかつて次のように言われた。仮に名づけて有と説き、仮に名づけて空と説く。仮に名づけて有と説くのを世諦とし、仮に名づけて空と説くのを真諦とする。既に仮の有と名づけるので、非有に即して有とする。既に仮の空と名づけるので、非空に即して空とする。非有を有とするから、空に異なる有ではない。非空を空とするから、有に異なる空ではない。空に異なる有ではないから、有を空の有と名づける。有に異なる空ではないから、空を有の空と名づける。有を空の有と名づけるから、空の有はすなわち有の空である。空を有の空と名づけるから、有の空はすなわち空の有である。師が相即を解釈したのは、一つにはこのような意味だ。

大師旧云。仮名説有、仮名説空。仮名説有為世諦、仮名説空為真諦。既名仮有、即非有為有。既名仮空、即非空為空。非有為有、非異空之有。非空為空、非異有之空。非異空之有、有名空有。非異有之空、空名有空。有名空有、故空有即有空。空名有空、故有空即空有也。師釈相即義、方言如此。（『二諦義』巻下、一〇五頁下）

そしてこのように二諦を並観するためには、次のように方便と自覚した上で二諦を学ぶことが必要だと説く。

ただ一つの二諦なのだが、方便が有って学ぶと仮と理解し、方便が無くて学ぶと実体を持つと捉える。方便が有るから得とし、方便が無いから失とする。二諦自体は決して実体が有るのでも仮のものでもなく、また得でも失でもない。実体が有るとか仮のものだとか、得だとか失だとかの違いは、受け取る側の衆生の素質の区別から生じるのである。

只是一二諦、有方便学即成仮、無方便学即成性。有方便故為得、無方便故為失。二諦未曾性仮得失。性仮得失、

出自両縁也。（『二諦義』巻上、八八頁下）

方便と自覚する、すなわち有方便とは、有と説かれ無（空）と説かれるのを聞いてもそれに執着せず、真理を悟る手段としてのかりそめの言説と捉える態度を言う。こうした態度で二諦の相即を捉えることが求められるわけである。

この有方便の立場に拠って二諦を理解し、さまざまな現象が全て因縁関係の上に成立していると認識する。そして、「有所得の断常の衆生は、有所得の法を行ず」（『二諦義』巻下、一一〇頁下）という、断ち切られてあるとか常住であるとかという偏った見解にとらわれた衆生の認識を、「無所得の諸仏菩薩は、常に無所得の法を行ず」（『二諦義』巻下、一一〇頁下）という、とらわれの無い諸仏・菩薩の正しい認識へと転換していく。「無所得」が吉蔵思想の根本とされる所以である。(3)

一―二　中道の実現

第二章の枠組の中で検討したように、吉蔵は、中道が実現・深化する過程を主に表わすものとして、仏性を捉えている。ところで従来の研究に、吉蔵の仏性思想の特徴が中道を「正性」とする五種の仏性説であり、またそうした仏性説は『大乗玄論』と長安時代の著作に限って見られるとする見解が有る。(4)だがこれも従来の研究で指摘されているように、(5)仏性を五つに分ける捉え方自体は、次のように会稽時代の著作に既に見受けられるものである。

大涅槃経では、五種の仏性を明らかにしている。思うに、これは諸仏の奥深い蔵、あらゆる教の窮極のおおもとであり、因縁の内に隠されているものだ。そのわけは、十二因縁が不生不滅であること、これが境界仏性である。十二因縁に本来生滅が無いことから、正しい観照を発生する、これが観智仏性である。この観照が明了となるのを、菩提果仏性と名づける。正しい観照が既に彰らかとなり、生死の患いが永遠に無くなる、これが大涅槃果果仏性である。そして十二因縁は、本来寂滅しているから、対境でも智慧でもなく、また因果でもなく、どう名づければ良いか解らないので、強いて正性と名づける。正性は、五つの仏性の根本である。しかしながらこの五つの仏性は、別々の実質が有るのではない。十二因縁という一つのものが、展開して五つになるのだ。

大涅槃経、明五種仏性。蓋是諸仏之秘蔵、万流之宗極、蘊在因縁之内。所以然者、十二因縁不生不滅、謂境界仏性。由十二因縁本無生滅、発生正観、即観智仏性。斯観明了、名菩提果仏性。正観既彰、生死患累畢竟永尽、即大涅槃果果仏性。然十二因縁、本性寂滅、未曾境智、亦非因果、不知以何目之、強名正性。正性者、五性之本也。然此五性、更無別体。但因縁一法、転而為五。(『三論名教抄』巻三所引『涅槃経疏』、大正蔵七〇巻・七一四頁下)

すなわち境界仏性、観智仏性、菩提果仏性、大涅槃果果仏性という四つの仏性は、境界が原因で観智を生じ、また観智が原因で菩提や涅槃を生じる関係にあり、更にそうした因果関係は、本来何の実体も持たず寂滅である十二因縁がもとになって生成展開していくものだから、この十二因縁が悟りのおおもとである「正性」なのだと言う。

この注釈は内容から見て、『涅槃経』(南本)巻二五・師子吼菩薩品之一の「善男子。是観十二因縁智慧、即是阿耨多羅三藐三菩提種子。以是義故、十二因縁、名為仏性」(大正蔵一二巻・七六八頁中)、及び「善男子。仏性者、有因、有因因、有果、有果果。有因者、即十二因縁。因因者、即是智慧。有果者、即是阿耨多羅三藐三菩提。果果者、即是無上大般涅槃」(大正蔵一二巻・七六八頁中)の二つの経文に関わるものであろう。『涅槃経』本文では因・因因・果・果果の四種しか説かれていないにもかかわらずそれに「正性」を加えて五種とする点、そして寂滅である十二因縁を「正性」と規定する点に、経文とはまた異なる見解を認めることができる。

それでは、何故に十二因縁を「正性」とするのか。十二因縁とはそもそも衆生の惑いや輪廻の連環を表わすものだから、それが本来生じも滅しもせず寂滅であるとは到底言えず、従ってそれを悟りのおおもとなどと規定するのは全くの的外れではないのか。そこで、同じ師子吼菩薩品の「復次善男子。生死本際、凡有二種。一者無明、二者有愛。是二中間、則有生老病死之苦、是名中道。如是中道、能破生死、故名為中。以是義故、中道之法、名為仏性」(大正蔵一二巻・七六八頁上)という経文の注釈を見よう。

生死は無明と愛とを出ない。この二つが有るから、生死が有る。だから無明と愛との二つを生死の根本とする。ここでこの生死の根本を見極め、この二つを明らかにしてみよう。無明は現在の生死の根本で、愛は未来の生死の根本である。「是の二中間に生老病死有り」と説くのは、無明の間に現在の生老死が有り、愛の間に未来の生老死が有るということだ。それで「二中間に生老死有り」と説くのだ。「是れ中道と名づく」と説くのは、過去の二つの原因(＝無明・行)が滅するから常住ではなく、現在の五つの果報(＝識・名色・六入・触・受)が続くから断ち切られてはいない。常住でなく断ち切られていないから、中道なのである。また現在の三つの原因(＝愛・取・有)が滅するから常住ではなく、未来の二つの果報(＝生・老死)が続くから断ち切られてはいない。常住でなく断ち切られていないから、中道と名づける。

生死不出無明与愛。有此二種、故即有生死。故二種為生死本。今欲窮此生死之本、欲明此二種。無明即是現在生死之本、愛即是未来生死之本。言是二中間有生老病死者、無明中間有現在生老死、愛中間有未来生老死。故云、二中間有生老死。言是名中道者、過去前二因滅故不常、現在五果続故不断。不常不断、故即是中道。亦是現在三因滅故不常、未来二果続故不断。不常不断、即名為中道。(『中論疏記』巻三本所引『涅槃経疏』、大正蔵六五巻・七五頁中〜下)

十二因縁は、過去の無明・行が原因で現在の識・名色・六入・触・受が齎され、現在の愛・取・有が原因で未来の生・老死が齎されるという、過去・現在・未来にわたっての衆生の生存の苦しみの連なりを表わす。この十二因縁について、過去の原因は現在まで続いてはいない（不常）がその結果として現在の生存は続いており（不断）、現在生み出されている原因は未来まで残されるのではない（不常）がその結果として苦しみに満ちた未来の生が齎される（不断）と捉えられる。このように常住でもなく断ち切られてもおらず従って中道だと認識できることから、十二因縁を仏性と規定するのだと言えよう。この注釈には、中道を「正性」と規定する吉蔵の仏性説の特徴が既に胚胎していると見ることができる。だが中道そのものが「正性」だと、ズバリ明言されてはいない。

ところで、そのように十二因縁を中道と認識できる素質は衆生に備わっているのか。『涅槃経』で「一切衆生、悉有仏性」と説かれるからには、そうした素質があらゆる衆生に保障されているとすべきではないのか。次の所論を見よう。

衆生に本来仏の知見が有り、これを因と名づける。仏が一乗の教を説くのに仮りて、衆生に本来知見が有るということを顕らかにするから、これを縁と名づける。因と縁とが備わるから、開くと名づける。もしも衆生に仏の知見が無いならば、教門が有っても、開きようが無い。知見が有っても、仏の教が無いならば、何によって開きえようか。

衆生本有仏知見、名之為因。外仮仏説一乗教、顕衆生本有知見之義、故名縁。因縁具足、故名為開。若衆生無仏知見、雖有教門、何所開耶。雖有知見、無仏教者、何由得開。（『法華玄論』巻五、四〇四頁中）

衆生には悟りの直接の原因である仏の智慧が本来備わっており、仏の教説が手助けしてその智慧が開発される。

仏性は霊妙な智慧のことなので、牆壁瓦石などとは異なっている。必ず修習して初めて得ることができるのであり、修めなければ得られないのだ。

仏性是霊智之法、異於牆壁瓦石等。要須修習方得、不修不得也。（『三論名教抄』巻三所引『涅槃経疏』、大正蔵七〇巻・七一四頁中）

それで、仏性を獲得・実現するには修道が必要不可欠だと述べる。つまり、衆生には事物を正しく認識する素質が本来備わっているのだが、それは教えを受け入れ修道することによってこそ開発されると言う。

そこで吉蔵は、教説に向き合いそれを受け入れる衆生の「有方便」「無方便」という事態に注目する。『涅槃経』巻三〇・師子吼菩薩品之六の「世尊。若一切衆生有仏性者、即当定得阿耨多羅三藐三菩提、何須修習八聖道耶。……善男子。如恒河辺有七種人。……善男子。生死大河、亦復如是、有七種人。……善男子。是恒河辺如是諸人、悉具手足而不能渡。一切衆生亦復如是」（大正蔵一二巻・七九九頁下～八〇一頁上）の注釈では次のように説く。

明らかにしよう。河の中に七種類の人がいて、いずれも生死の苦しみを逃れることを求めている。ただ方便が有ったり方便が無かったりという違いが有るから、逃れられる者と逃れられない者とがいる。師子吼菩薩が先に「若し衆生悉く仏性有らば、修習を須いず、自然にして菩提を得ん」と言っている。ここで次のように答えよう。恒河の岸辺の七種類の人のようなもの。皆な手足を備え、大河を渡ろうとするのだが、きっと、浮くことを習った者は渡ることができ、(6) 浮くことを習わなかった者は渡ることができないはずだ。衆生もまた同様である。仏性が有っても、きっと、道を修めれば菩提を得ることができるが、修めなければ得ることができないはずなのだ。

明此河中有七種人、竝欲求離生死。但有方便無方便、故有得離不得離。師子吼菩薩前難云、若衆生悉有仏性者、不須修習、自然得菩提。今答云、如恒河辺七種人。皆具手足、欲度大河、要須習浮者得度、不習浮者不得度。今衆生亦爾。雖有仏性、要須修道得菩提、不修不得也。（『中論疏記』巻五本所引『涅槃経疏』、大正蔵六五巻・一二〇頁中～下）

泳ぐのに習熟した者は大河を渡り切ることができるが、習熟していない者は熟達者と同じく手足が備わっているにもかかわらず泳ぎ切ることができない。それと同様に、たとい誰もが仏性を備えているとしても、仏の教えに触れ修習するという手立て（方便）が無ければ菩提の智慧を獲得し生死の苦悩を離れることができないのだと言う。この記述を見る限り、「有方便」「無方便」とは、仏の教えを受け入れるか否か、またそれを実践するかしないかという、衆生の修道実践の態度を言うに過ぎないように思われる。だがそうした単なる身の処し方に止まるものではなく、実はやはり衆生の心のありかたに深く関わる事態なのである。既に見た資料も有るが、次の記述によって確認しよう。

如来が有無の二諦を説くのは、不二の道を表わそうとするからである。方便が有る者は、二を聞いて不二を悟り、理を知りまた教を悟る。これを教諦と名づける。方便が無い者は、二を聞いて二にとらわれ、理を知らずまた教に惑う。これを於諦と名づける。

如来説有無二諦、為表不二之道。有方便者、聞二悟不二、識理悟教。名教諦。無方便者、聞二住二、不識理迷教。名於諦。（『二諦義』巻上、七九頁中）

ただ一つの二諦なのだが、方便が有って学ぶと仮と理解し、方便が無くて学ぶと実体を持つと捉える。方便が有るから得とし、方便が無いから失とする。二諦自体は決して実体が有るのでも仮のものでもなく、また得でも失でもない。実体が有るとか仮のものだとか、得だとか失だとかの違いは、受け取る側の衆生の素質の区別から生じるのである。

只是一二諦、有方便学即成仮、無方便学即成性。有方便故為得、無方便故為失。二諦未曾性仮得失。性仮得失、出自両縁也。（『二諦義』巻上、八八頁下）

方便の有る者は、二諦がかりそめの教えだと悟り、二ならざる中道の真理を捉えることができる。だが方便の無い者は、二諦がかりそめの教えだと理解できず、有と聞けば有と思いまた無と聞けば無と信じ、その有無に安住してしまって、かくて惑いの世界に陥ってしまう。すなわち「有方便」「無方便」とは、仏の教説を受け入れるに際しての衆生の心のありかたであることが確認できる。

そしてまた、こうした心のありかたが苦悩を生み出すのである。吉蔵は、さまざまな経典の所説の得失を論じる中で、次のように言う。

心に安住する所が有ると、情に頼る所が有るようになる。情に頼る所が有ることを、得る所が有ると名づける。得る所が有る者は、縛られる所が有る。縛られる所が有るのは、思うに、多くの患いの府蔵、あらゆる苦しみの林苑である。

心有所安、則情有所寄。情有所寄、則名有所得。有所得者、則有所縛。有所縛者、蓋是衆累之府蔵、万苦之林苑。（『法華玄論』巻二、三八一頁中〜下）

すなわち、心がある教説に安住した状態を「有所得」「有所縛」と捉え、その心のとらわれがあらゆる患いや苦しみの巣窟だと主張する。かれが「無所得」を強調するのも、この「有所得」という教説に対する心のとらわれに注目するからだと言えるではないか。

一―三　智慧と煩悩

さて、先に見た十二因縁によって生じる観智仏性としての智慧は、経典で実と権との二つの智慧として説かれている。この真実のありさまを明らかにする実智（実慧）と真実に拠りつつ巧みな働きを行う権智（方便慧）について、説かれる内容が経典ごとにハッキリと分かれるとする見解が有るのだが、それは正しい捉え方でないと吉蔵は批判する。すなわち、「有る人」の発言を引用し、現象を空と捉えるのを実智とし有と捉えるのを権智とするのが『般若経』の二智、内面の静かな働きを実智とし外へ動き出た働きを権智とするのが『維摩経』の二智、一乗を明らかにするのを実智とし三乗を明らかにするのを権智とするのが『法華経』の二智、仏性が常住だと捉えるのを実智とし無常だと捉えるのを権智とするのが『涅槃経』の二智だとする見解を紹介する。そして、空・有の二智と動・静の二智とは、それぞれ『般若経』『維摩経』だけではなくて諸々の経典に共通して説かれており、また三乗・一乗の二智は、『法華経』だけではなくて『般若経』にも説かれているので、この見解は正しいものとは言えないと批判するのである。それでは吉蔵自身、二智をどのように捉えているか。

吉蔵は、四つの二智のうち、空・有の二智と動・静の二智との違いについて、次のように言う。

問い。先に空と有とについて二つの智慧を分け、次いで動と静とによって権智と実智とを明らかにしているわけだが、どちらも多くの経典を通貫するものだとすると、どういう違いが有るのか。答え。菩薩のありかたについて、二種類の二智を論じるのである。空を観じ有を照らすということは、これは多く自行である。……もしも動と静とについて明らかにするならば、自行と化他とを備えている。……

問。前明空有分二智、後以動静明権実、皆通貫衆経、有何異耶。答。約菩薩一人義、論両種二慧。取其鑒空照有義、多是自行。……若明動静義、則具自行化他。……（『法華玄論』巻四、三九四頁下）

『般若経』で詳しく説かれる空・有の二智は、菩薩自らの修道実践を明らかにし、『維摩経』で詳しく説かれる動・静の二智は、自身の修道と共に他者を救済する菩薩の化他の実践を明らかにしている。そして、『法華経』では四つの二智が三乗・一乗、空・有、動・静、常・無常の順に説かれているとして、その関係を次のように説明する。まず前の三つの二智について。

問い。この三種類の二智には、どういう順序次第が有るのか。答え。初めの二智は、信を生じさせる。次の二智は、解を生じさせる。信と解とは自行である。第三の二智は、化他を明らかにしている。必ずこの三つを備えて、二乗の人は、初めて菩薩と成るのだ。また初めの二智を信とし、次の二智を解とし、第三の二智は行である。あらゆる菩薩は、必ずまず信心が有り、次に解が有り、その後に行が有る。ここで五十二位についてこのことを明らかにしよう。前は十信であり、次は十住である。十住は十解である。解が有るから十行を起こす。行と解とが成就し、自然と菩薩道に趣く。これが迴向と名づけられる。迴向してのち心が無生であることに順っていくと、真実の悟りにたどり着くから、十地と名づける。三種類の二智をこの位に当てはめると、初めの二智を信とする、十信である。次の二智を解とする、十住である。第三の二智は、十行である。解と行とが成就すると、菩薩道に向かうことができる、そこで十迴向が有る。迴向して心が無生であることに順う、だから十地に登るのである。

問。此三種二慧、有何次第。答。初二慧、令生信。次二慧、令生解。信解是自行。第三、明化他。要具此三、二乗之人、方成菩薩也。又初二慧為信、次二慧為解、第三二慧即是行。一切菩薩、要先有信心、次有解、後有行。今寄五十二位明之。前十信、次十住。十住即是十解。以解故起十行。行解成就、任運趣菩薩道。可名迴向。迴向既順無生流、則登平真悟、故名十地。以三種二智配此位者、初二智為信、即是十信。次二智為解、即是十住。第三二智、即是十行。解行既成、則能向菩薩道、是故有十迴向。迴向既順無生流、故登十地。（『法華玄論』巻四、三九五頁下～三九六頁上）

三乗・一乗の二智は信心、空・有の二智は理解、動・静の二智は実践である。二乗は、この三つを備えて初めて菩薩と成ることができる。また菩薩は、この三つを備えれば自ずと十迴向に進み行き、更に現象には生じたり滅したりする実体が無い（無生）と捉える十地へと境涯を深めていくことができる。次いで常・無常の二智について。

問い。どうして先の三種類の二智の後に、常と無常との二智を弁じるのか。答え。先の三種類の二智は、菩薩の解と行のこと、つまり因のことである。十信に始まり、終には等覚に至る。次の常と無常との二智は、果位のこと、つまり妙覚地を言う。

問。何故次前三種二智後、辨常無常二智耶。答。前三種二智、謂菩薩解行、即是因義。始于十信、終至等覚。後常無常二智、即是果位、称妙覚地。（『法華玄論』巻四、三九六頁上）

先の三つの二智が菩薩の理解と実践であり、つまり十信から等覚に至るまでの悟りの原因としての境涯を表わすのに対し、最後の常・無常の二智は、悟りの果報としての妙覚地を表わす。そしてまた、『法華経』のこの四種の二智が明らかになれば、経典ごとに異なる二智が説かれるとする見解は、自ずと成り立たなくなるのだと述べる。つまり、経典の説く内容の違いではなく、二乗や菩薩の修道の過程に即して二智を捉えようとしていると、ひとまず確認できよう。

さて吉蔵は、こうした捉え方に立って空・有の二智を特に詳しく論じる。その所論に拠ってかれの主張する二智の意味内容を更に見ていこう。

吉蔵は、空と有という二つの対象を間違いなく捉えるのを実智とし、空を捉えてそれに安住せずまた有に関わりながらそれにとらわれないのを方便とする「有る人」の発言を肯定的に引き、『般若経』に拠ってその経証を挙げた上で、次のように言う。

問い。もしも二つの照らし出す働きを実とし、二つの巧みさを権とするならば、照らし出す働きには巧みさが無いだろうし、巧みさには照らし出す働きが無いはずではないか。答え。二つの照らし出す働きと二つの巧みさとは、別々に実質が有るのではない。照らし出すといっても巧みであるから、方便と名づける。巧みだといっても照らし出すので、実と名づける。

問。若以二照為実、両巧為権、二照応無両巧、両巧応無二照。答。二照両巧、更無別体。雖照而巧、故名方便。雖巧而照、目之為実。(『法華玄論』巻四、三九五頁上)

すなわち、実智と方便とはその実質を別にするのではなく、

問い。本来二諦という対境によって二智を発生する。ここで二つの対境を照らすのを実智とするならば、二諦と

いう対境は、いずれも実智を発するはずではないか。答え。正にその通り。二諦が巧みな照らし出す働きを発するのを、実智と名づけ、照らし出す巧みさを発するのを、方便と名づけるのだ。

問。本以二諦境発生二慧。今照二境為実慧、則二諦境、応倶発実慧耶。答。正如此也。二諦発其巧照、義名実慧、発其照巧、義名方便也。（『法華玄論』巻四、三九五頁上）

というように、二諦の教えを対象とする時、例えば真諦としての空を捉えるのを実智とし俗諦としての有に関わるのを方便とするのではなくて、二諦という対象は二つながら実智を発生しかつ方便を発生するのであり、そこでその巧みな「照」を実智と名づけ、照らす「巧」を方便と名づけるのだとする。またこの方便について、空と捉えながらその悟りに安住しないのを方便とし、有に関わりながらそれにとらわれないようにさせるのを実智と見なす「有る人」の発言を引いて、次のように述べる。

問い。方便は空によりつつそれを証さないようにさせるので、既に巧みであり、実智は有を導き出しつつそれに執着しないようにさせるので、やはり巧みである。つまり二智はいずれも方便と名づけられるし、またいずれも実と名づけられよう。答え。どちらもその通り。だが有に執着しないのは容易で、空を証さないのは困難だ。方便は空を証さないようにさせることができるから、巧みという名称を与えるのだ。

問。方便資空令不証、既是巧者、実慧導有令不著、亦是巧。則二慧倶名方便、亦並名実矣。答。通皆例。然但不著有則易、不証空則難。方便能令不証空、故与其巧名。（『法華玄論』巻四、三九五頁中）

方便と実智との両方を方便と名づけることもできるし、また両方を実智と名づけることもできるのだが、より実現困難な空にとらわれない働きの方を特に方便と名づける。そしてまた、時に方便とは別に権と説くことがあるが、そうした方便と権との違いについて、次のように言う。

問い。権と方便とはどう異なるのか。答え。纏めれば同一である。ただ権宜はある時点での名称で、三乗を説く場合。方便は上手な巧みさなので、一乗と三乗とに通じる。巧みに一乗を説くのを、やはり方便と名づけるようなものだから、方便という名称は、一乗と三乗とに通じるのである。問い。権にもやはり二種類有るだろう。一は実の権で、菩薩のさまざまな巧みさのようなもの。二は方便の権で、三乗を説くような場合である。答え。その通り。問い。方便と権とに二種類有るとすれば、実にもやはり二種類有るのだろうか。答え。やはり二種類有る。一は権の実で、昔三乗を説いて実とする場合は、仮にこの権の実を説くに他ならない。二は権にも実にも限定されない場合で、今の教で仏乗が実だと明らかにするような場合である。

問。権与方便何異耶。答。通猶一耳。但権宜当一時之目、拠三乗義。方便是善巧、通於一三。如巧説一乗、亦名方便、故方便名、通於一三也。問。権亦応有二。一者実権、如菩薩権巧。二者方便権、如説三乗。答。例也。問。方便与権既有二種、実亦有二不。答。亦有二種。一者権実、昔説三乗為実者、権作此実耳。二者非権実者、今教明仏乗実也。(『法華玄論』巻四、三九四頁中)

真実の仏乗を一乗とか三乗とかと説くのをどちらも方便とした上で、更に方便として説かれた一乗を仮に三乗と説くのを権とするというように、方便と権とは方便の中での分け方の違いであり、そこで権にも実の権と方便の権との二種が有る。そしてまたそうした方便と権との違いに応じ、実についても方便の実(権にも実にも限定されない場合)と権の実との二種に分かれる。つまり、実や方便や権は中身が一定しているわけではなく、ある場面での智慧の働きの一面を実と捉え別の一面を方便と捉える、またある場面での方便の働きの一面を権と捉えるという相待的な関係にあり、かくてさまざまな局面で実と方便と権を捉えることができるのである。先に見たように、諸々の経典でさまざまな内容の二智が説かれるのも、権や実といった概念の持つこうした性格によるのだと言えよう(7)。

ところで、先の引用にも既に窺われることだが、方便や権は、真実である事柄を仮に言葉で一乗や三乗、あるいは五乗などと説くことである。

教はさまざまに異なっているが、最終的にはただ一つの道を表わす。所表の道が唯一無二だから、能表の教もやはり一つである。ただ五乗それぞれの素質に随うから、五乗の教が異なってくるのだ。衆生の素質に随って五を説くのだから、五乗は皆な権である。五乗が既に権なのだから、五ならざることを実とする。五つの病を対破するから、五ならざることを実とするのだ。そして五は既に実でないから、五ならざることもやはり権である。従って名言に関わる全ては、いずれも窮極ではない。ただ衆生を順序立てて誘おうとするから、五と五ならざることとを区別する。窮極的な道は寂寥なわけだから、五とか五ならざることとかという区別は有りえないのだ。

教雖万差、終表一道。所表之道無二、能表之教亦一。但随五種根情、故有五乗教異。既随物説五、則五乗皆権。五乗既権、則以不五為実。以対破五病故、以不五為実也。然五既不実、則不五亦権。故凡渉名言、皆非究竟。但為漸誘衆生故、開五不五。至道寂寥、何五不五耶。(『法華玄論』巻七、四一七頁下〜四一八頁上)

従って、一応五乗が権で五ならざることが実なわけだが、五と相待的な関係にある五ならざることも実は仮のものである。

ただ間違った情が深く、にわかに正しいことに進むことができないから、方便によって誘い、次第を踏んで悟らせる。だからまず五戒十善を説き、三途の悪を止めさせる。次に三乗の聖を説き、三界の凡夫の立場を捨てさせる。そしてまた大雑把な三乗の見解を息めさせようとするから、霊妙な一乗を明らかにする。これらは皆な対治悉檀であり、……軽微な間違いによって重大な間違いを取り除くものだ。……善を説いて悪を止めさせるのであり、善を残すわけではない。また一乗を説いて三乗を取り除くわけで、一乗を残すわけでは決してないのだ。もしも三乗と一乗とを共に捨て、権と実とがいずれも取り除かれるならば、心に依る所が無くなり、これを信解と名づける。

但倒情既重、不可頓階、故方便誘引、漸令開悟。故前説五戒十善、以止三途之悪。次説三乗之聖、令捨三界之凡。乃至欲息三乗之麁、故明一乗為妙。如此皆是対治悉檀、……用軽倒除重倒耳。……説善止悪、非留於善。乃至説一除三、寧存於一。若能三一両捨、権実並除、心無所依、乃名信解。（『法華義疏』巻七・信解品、五四三頁上～中）

すなわち、衆生の惑いが深くにわかには真実を悟りえないので、五戒・十善から三乗、更には一乗という具合に次第して説き明かす。だがそれらはいずれも方便であり、衆生の素質に対応し、程度の軽い間違いを仮に用いて深く重い間違いを取り除こうとするものである。従ってそれらにとらわれず、悪と善、三乗と一乗、権と実とをいずれも除き去ってこそ、本当の信心であり理解だと言える。

そこで、衆生は教えをかりそめの方便だと承知して受け取ることにより、さまざまな患いや惑いを断ち切っていくわけだが、そうした患いである煩悩がどのようなものであり、またそれがどのようにして解消されると吉蔵は考えているか。

先に見た空・有の二智に関わって、吉蔵は人天界の衆生と二乗の状態を次のように述べる。

人天界では愛を起こし、二乗は見を起こす。愛と見とが正しい観照を妨げるから、一乗を信じない。また人天界では生死の楽しみに執着し、二乗は涅槃の楽しみに執着する。いずれも小さな楽しみに安住して、仏の楽しみを受けるに堪えないから、必ず止めなければならない。また人天界では有に滞り、二乗は空にとらわれる。二つのうちのどちらか一方に固着した見方が心に在るので、中道の教を受けるのに堪えられない。従ってこれを止めるのである。

人天起愛、二乗起見。愛見障隔正観、故不信一乗。又人天著生死楽、二乗著涅槃楽。皆是保於小楽、不堪受仏楽、故須止也。又人天滞有、二乗著空。二見在心、不堪受中道法。是故止也。（『法華義疏』巻三・方便品、四九一頁上）

渇愛を起こす人天界の衆生は、現世の楽しみに執着し有であることにとらわれている。偏見を起こす二乗は、涅槃の楽しみに執着し空であることにとらわれている。かくて両者いずれも仏の真の楽しみを享受できず、また中道の教えを理解できない。そしてこうしたとらわれる事態に関わって、

凡夫は生死に執着するので、生死が凡夫の煩悩である。二乗は涅槃に滞るので、涅槃が二乗の煩悩である。菩薩は仏道に執着するので、仏道が大乗の煩悩である。

凡夫著生死、生死是凡夫煩悩。二乗滞涅槃、涅槃是二乗煩悩。菩薩著仏道、仏道是大乗煩悩。（『法華玄論』巻三、三八六頁中）

というように、それぞれとらわれの対象であることから、生死、涅槃、仏道がそれぞれ煩悩だとする。

無始以来、この現世の生に至るまで、一つ一つの根において、六種類の煩悩を生じる。一は、好色を見て貪りを生じる。二は、悪色を見て瞋りを起こす。三は、不好不悪色を見て痴かさを起こす。四は、色を見て断常などの偏った見解を起こし、諸見の外道と成る。五は、有無を見て二乗地に堕落する。六は、色を見てとらわれた有所得心を起こし、煩悩の障りを形成する。この六種類の煩悩を起こすから、結業を起こし、生老病死の憂悲苦悩を離れることができず、菩提心を妨げ、菩薩道を妨げ、更に仏果を妨げる。一つの根についてそのようなので、他の五つの根もやはり同様である。

無始已来、至此生内、於一一根、生六種煩悩。一、見好色生貪。二、見悪色起瞋。三、見不好不悪色起痴。四、見色起断常等、成諸見外道。五、見有無堕二乗地。六、見色作有所得心、成煩悩障。以起此六種煩悩故、起結業、不得離生老病死憂悲苦悩、障菩提心、障菩薩道、及障仏果。一根既爾、五根亦然。(『法華義疏』巻一二・普賢菩薩勧発品、六三二頁中)

更に、貪り・瞋り・痴かさという三毒、断常・有無という偏った見解、「有所得」というとらわれた見解がいずれもやはり煩悩なのだと述べる。つまり吉蔵は、衆生が追い求める生死・涅槃・仏道といった対象だけではなく、心の邪まな働き、また対象との関わりから生じる偏りとらわれた見解全てを煩悩と見なす。

そこで、

大乗の人は、煩悩が本来生じないし今もやはり滅することが無いと知っている。生滅が無いと観じるから、大涅槃と名づけるのである。

大乗人、知煩悩本自不生、今亦無滅。以無生滅観故、名大涅槃也。(『法華玄論』巻二、三七五頁下)

という具合に、煩悩には生じたり滅したりする何らの実体も無いと知ることが大乗の真の涅槃である。

そのように諸々の現象は本来寂滅しているので、未だ曾て生死と涅槃との区別が無いし、また未だ曾て衆生と諸仏との区別が無い。ただ誤った妄情が有るから、衆生が有るのだ。

然諸法本性寂滅、未曾生死之与涅槃、亦未曾有衆生及与諸仏。但於顛倒妄情、故有衆生。(『法華義疏』巻六・譬喩品、五三二頁下)

また、あらゆる現象が本来静寂であることから、生死と涅槃、衆生と諸仏といった区別は本来無いのだが、誤った分別から衆生が有ると認識されるのだと弁える。

如来は既に三つの世界が三ならざるものだと知っているから、三界がすなわち法身である。また三ならざる世界がつまりは三界なわけだから、法身は衆生において三界と成るのだ。仏は三界が三ならざるものだと知っているから、漚和(方便)の波若と名づける。そして三ならざる三界だと知っているから、波若の漚和(方便)が有る。かくて如来は二つの智慧を備えているわけだ。

如来既知三不三、故三界即法身。亦知不三三、法身於衆生即成三界也。仏知三不三、故名漚和波若。即知不三三、故有波若漚和。是以如来具足二慧。(『法華義疏』巻一〇・寿量品、六〇六頁上)

すなわち、欲界・色界・無色界という衆生の三つの惑いの世界について、その三つの世界が実は三ならざる仏の法身であり、また法身が衆生において三つの惑いの世界として成立していると知るのが、二つの智慧を備えた真実の境涯に他ならないのである。

一—四　まとめ——会稽時代の思想

第二章で指摘した吉蔵思想の枠組に即し、会稽時代の著作の中身を検討してきた。ここでひとまず『大乗玄論』の中身と比較し、この時代の思想を纏めておこう。

教えと素質に関わる於諦と教諦の主張、中道の実現に関わる五つの仏性の捉え方、智慧と煩悩に関わる実・方便・権の見解が、会稽時代の著作に既に見受けられ、それらを見る限り『大乗玄論』の思想と会稽時代のそれとの間には、さほど大きな隔たりが無いように思える。だが仔細に検討してみると、やはり見逃せない違いが認められそうである。

本文中でも注意しておいたが、凡夫から二乗へ、二乗から菩薩へと、衆生の素質が変化することについて、会稽時代の著作で言及されているのだが、それぞれの素質のありさまがどのようでありまた何故にそれが変化しうるのかについては、必ずしも十分な形では論じられていない。そのことはまた、真諦の中道、俗諦の中道、真諦と俗諦とを合わせた中道という、衆生の悟りの深化を論理的に明らかにする三つの中道についての言及が、この時代の著作に見られないことに窺える。そうした三つの中道が主張されるためには、かりそめの言説と衆生の素質との関わりについて、更なる思惟の深まりが必要であったと言えよう。

またこの時代、五つの仏性のうち十二因縁が悟りのおおもととしての「正性」だと捉えられており、中道を「正性」とする『大乗玄論』の見解と明らかに異なっている。そして恐らくはそれが原因だと考えられるのだが、理内と理外における仏性の有無についての分析が、明確にはなされていない。

また更に、会稽時代の著作では、方便が教えを説く働きと教えを受ける態度との二つの方向から説かれているもの、どちらかといえば教えを受ける側の「有方便」「無方便」という心のありかたに重点が置かれ、そこで多種多様な衆生の煩悩の有ることが論じられている。その点で、菩薩の十地の階位における波若と方便の二つの智慧のありようの違いを主に問題とする『大乗玄論』の見解と、方便についての重点の置き方が異なっているように思われる。

こうした見解の違いは、会稽時代と『大乗玄論』の中道観の浅深の違いを反映しているのではないかと思われるのだが、ともかくも節を改めて、更に揚州時代の思想を検討していくことにしよう。

（1）『涅槃経疏』逸文の引用は、平井俊榮「吉蔵著『大般涅槃経疏』逸文の研究」（『南都仏教』第二七・二九号、一九七二年）に拠った。

（2）長安時代の著作『中観論疏』に見られる四重の二諦は、この三重の二諦に「言忘慮絶」の段階を加えたものである。

（3）『二諦義』には、「無所得」「無依」「無得」という表現が意外にも余り見えず、「有方便」という表現が多い。勿論「有方便」は「無所得」の言い換えであるから、『二諦義』で「無所得」が全く注目されていないわけではない。だがやはり、真理を表わす手段としての二諦を中心テーマとし、そこで二諦の教えを受ける衆生の態度を重視して論じている点に、『二諦義』の特色があるとすべきであろう。

（4）平井俊榮『中国般若思想史研究』第二篇第四章第三節「仏性義の問題点」、廖明活『嘉祥吉蔵学説』第五章第四節「吉蔵的中道仏性説」、第五節「吉蔵論五種仏性」を参照。

（5）平井前掲書六二一～六二二頁参照。

（6）この句の原文は「要須浮者得度」。「習」字は意により補った。

（7）『法華玄論』で空・有の二智を論じた後に、「今略示諸異。経自有但就空分二慧、如観空為実慧、知空亦復空、故不証空、名方便慧。自有但就有中分二慧、如浄名経、以身不疾為実、身疾為方便、又云、観身苦空無我為実、処生死化物為方便也。自有空有分二慧、如前釈。自有福慧分二慧、以慧為実、以福為権。自有就自他分二慧、自行為実、化他為権。

自有大乗為実、小乗為権。皆可随文用之、各有旨也」（巻四、三九五頁下）とさまざまな二智の主張を容認するのは、やはりこうした実と方便の相待的な関係を踏まえるからだと思われる。

第二節　揚州時代の思想

揚州時代の思想については、この時期の代表作である『三論玄義』（大正蔵四五巻）と『勝鬘宝窟』（大正蔵三七巻）を材料に検討する。

二—一　教えと素質

『三論玄義』は、『中論』『百論』『十二門論』の三つの論が仏教の核心であると見なし、その要点を解り易く説き明かすことを眼目とした書物である。全体は大きく「破邪」と「顕正」との二つの部分から成る。前半の「破邪」では、外道・毘曇・成実・大乗という順に、仏教以外の教えから仏教の教えへ、小乗の教えから大乗の教えへ、また大乗の中の浅薄な教えから深遠な教えへと次第を追い、それぞれの主張について間違っている点をいちいち挙げて論破する。後半の「顕正」では、前半の「破邪」を承け、三論がどういったことを目指す論書なのかを解説する。こうした体裁を取るのは、

いったい衆生に応じた教化の仕方は自在であり、その薫じ誘うやり方は同一でない。聖なる心を考えてみると、患いを無くすことに主眼がある。教の中身を纏めてみると、理に通じることをおおもととするのだ。

夫適化無方、陶誘非一。考聖心、以息患為主。統教意、以通理為宗。（『三論玄義』、一頁上）

というように、仏の教えは一様ではないのだが、その目的はまさしく衆生のさまざまな惑いや誤解を正し、中道という真理を悟らせる点にあるとするからだと言える。この中道は前節で見た「無所得」というとらわれの無いありかただと考えられるのだが、『三論玄義』ではそれを「無住」と表現し、そして中道との関わりを次のように述べる。

教の内容の根本は、無住を実質としての中とする。これは合わせた門である。実質の中について、二つの作用を区別する。真と俗とのことである。これは作用としての中であり、これは開いた門である。

義本者、以無住為体中。此是合門。於体中、開為両用。謂真俗。此是用中、即是開門也。（『三論玄義』、一四頁下）

とらわれの無い「無住」がやはり実質としての中道（体中）で、真と俗との二諦がそこから現われた作用としての中道（用中）である。

そこで二つの正しさを区別する。一は実質としての正しさ、二は作用としての正しさである。非真非俗を実質としての正しさと名づけ、真と俗とを作用としての正しさと名づける。そのわけは、諸々の現象の実相は、言語や思慮を超越しており、未だ曾て真でも俗でもないから、これを実質と名づける。さまざまな偏った邪まなことを超え出ていることを、正しさと呼ぶ。だから実質としての正しさと言う。作用としての正しさとは、実質が言葉の働きを超越しているので、衆生が悟るのに手立てが無いから、有や無に限定されないその実質を、強いて真や俗と説く。そこで作用と名づける。この真と俗とには、やはり偏った邪まなものが無いから、これを正しさと呼ぶ。そこで作用としての正しさと名づけるのだ。

故開二正。一者体正、二者用正。非真非俗名為体正、真之与俗目為用正。所以然者、諸法実相、言亡慮絶、未曾真俗、故名之為体。絶諸偏邪、目之為正。故言体正。所言用正者、体絶名言、物無由悟、雖非有無、強説真俗。故名為用。此真之与俗、亦不偏邪、目之為正。故名用正也。（『三論玄義』、七頁中）

そしてこの「無住」と二諦とは、いずれも中道を正しく表わしているので、実質としての正しさ（体正）と働きとしての正しさ（用正）と名づけられると言う。言葉による教えである真と俗との二諦が、中道という真理を表わす方便としての働きを持つためには、有と説かれ無（空）と説かれる背後に、有でもなく無でもない現象の真実のありさまが前提とされていなければならない。そこで、実質としての中道である「非有非無」が前提とされて初めて、有あるいは無（空）と説かれる真と俗との二諦が中道の真理を表わす働きを持ちうるわけである。

ところで、諸仏・菩薩によって真と俗との二諦として提示される教えは、衆生の素質とどのように関わっていくのか。同じく言葉を仮りて説くとしても、「仮」の意味合いは、多様な素質との接し方により、さまざまに異なってくるのではないか。吉蔵はそこで、かりそめの言説について、次の四つの意味を確認する。

あらゆる現象は、いずれも仮なわけだが、その重要な働きを纏めてみると、全部で四つ有る。一は因縁仮、二は随縁仮、三は対縁仮、四は就縁仮である。

一に因縁仮とは、空と有との二諦のような場合。有はそれ自体として有なのではなく、空に因るから有である。空はそれ自体として空なのではなく、有に因るから空である。従って空と有とは因縁仮の関係にある。

二に随縁仮とは、三乗の素質に随って三乗の教門を説くような場合。

三に対縁仮とは、常を対治するために無常と説き、無常を対治するために常と説くような場合。

四に就縁仮とは、現象が有ると執着している外道に対し、諸仏菩薩が、その有について探し求めても結局得られないことを検証して見せるような場合、就縁仮と名づける。


一切諸法、雖並是仮、領其要用、凡有四門。一因縁仮、二随縁仮、三対縁仮、四就縁仮也。

一因縁仮者、如空有二諦。有不自有、因空故有。空不自空、因有故空。故空有是因縁仮義也。

二随縁仮者、如随三乗根性説三乗教門也。

三対縁仮者、如対治常説於無常、対治無常是故説常。

四就縁仮者、外人執有諸法、諸仏菩薩、就彼推求検竟不得、名就縁仮。（『三論玄義』、一三頁上）

因縁仮とはさまざまな現象が因縁の関係にあることを明らかにするもの、随縁仮とは衆生の素質の違いに沿って説くもの、対縁仮とは衆生が執着している偏見に対して逆のことを説き、その偏見を打ち破るもの、就縁仮とは衆生が固執している偏見を分析し、それが成り立ちえないことを示して、衆生を悟りへと導くものである。この四つの仮の意味は、素質への対し方という観点から真と俗との二諦を捉え直したものだと言えよう。そしてまた、先の実質としての中道（体中）について、この四つの仮に対応させてやはり四つの意味を確認する。

四つの中とは、対偏中、尽偏中、絶待中、成仮中のことである。
対偏中とは、大乗・小乗の学人が陥っている断や常という偏った病に対し、対偏中を説くのである。
尽偏中とは、大乗・小乗の学人に断や常といった偏った病が有ると、中を成就できない。偏った病がもしも無くなれば、中と名づける。……
絶待中とは、本より偏った病に対するから、中が有る。偏った病が除き去られてしまえば、中もやはり成り立たない。中でも偏ってもいないのだが、衆生を解脱させようとするために、強いて中と名づける。これが絶待中のことである。……

成仮中とは、有や無を仮とし、非有非無を中とする。非有非無に由るから、有無と説く。このような中は、仮を成立させるためのものである。これが成仮中のことである。

所言四中者、謂対偏中、尽偏中、絶待中、成仮中也。対偏中者、対大小学人断常偏病、是故説対偏中也。尽偏中者、大小学人有於断常偏病、則不成中。偏病若尽、則名為中。……絶待中者、本対偏病、是故有中。偏病既除、中亦不立。非中非偏、為出処衆生、強名為中。謂絶待中。……成仮中者、有無為仮、非有非無為中。由非有非無故、説有無。如此之中、為成於仮。謂成仮中也。(『三論玄義』、一四頁中~下)

この四つの中の意味は、唯一である中道の真理を、やはり衆生の素質の多様なありさまに即して捉え直したものだと考えられる。従って中である点では同一であり、互いに優劣の違いは無い。また、対偏中は先の対縁仮に、尽偏中は就縁仮に、絶待中は因縁仮に、成仮中は随縁仮にそれぞれ対応していると見て良かろう。

以上のように、言葉としての教えである二諦が中道という真理を前提として成り立っていることを明らかにし、また衆生の多様な素質に即して二諦と中道とについてそれぞれ四つの意味があることを確認して、教えと素質との対応を明らかにしている点に、『三論玄義』の特徴があると言える。(1) 衆生に素質によって種々の惑いや偏見が有るから、それらに応じてさまざまに異なる教えが有る。だからそうした衆生の惑いや偏見が無くなれば、方便である教えも必要無くなる。吉蔵思想の特色の一つと指摘される「破邪顕正」という事柄も、こうした衆生の素質とかりそめの教えとの対応関係から理解すべきであろう。

そして他ならぬ『三論玄義』自体、仏教以外の見解や仏教の他の諸学派の見解の間違いを指摘し打ち破ることに多くの言葉を費やしている。その中でも特に注目されるのが、五時の教判に対する批判である。吉蔵は、仏が教えを説いた五つの時点で経典を分けるのではなく、素質と教え方の違いによって次の四つに分けるべきだとする。


ただ大乗と小乗との二つの教を立てるべきで、五時を定めるべきではない。……

一は、ただ菩薩のみを教え、声聞を教化しない。華厳経のことである。

二は、ただ声聞のみを教化し、菩薩を教えない。三蔵の教のことである。

三は、顕らかに菩薩を教え、密かに二乗を教化する。大品以上法華の前の大乗の教である。……

四は、顕らかに声聞を教え、顕らかに菩薩を教える。法華の教である。

但応立大小二教、不応制於五時。……一、但教菩薩、不化声聞。謂華厳経也。二、但化声聞、不教菩薩。謂三蔵教也。三、顕教菩薩、密化二乗。大品以上法華之前諸大乗教也。……四、顕教声聞、顕教菩薩。法華教也。（『三論玄義』、五頁中〜下）

衆生の素質を菩薩の素質と二乗の素質との二つに大別した上で、それに直接明らかに教えること（顕教）と間接的に密かに教えること（密化）という二つの教え方の違いを絡ませて、五時の教判を全面的に否定するわけではないのだが、それとはまた異なる観点から経典を捉える。(2) そしてまた、このように衆生の素質と共に「顕教」「密化」という教え方の違いに注目することにより、会稽時代の見解を一段進めて、素質のさまざまなありさまやそれが変わりうるということについて、明確に意識できるようになったと考えられるのだが、それについては、後に長安時代の著作を検討する中で確認できるであろう。

二―二　中道の実現

『勝鬘経』は、「如来蔵」を説くことを主要なテーマの一つとしており、そして「如来蔵」が仏性と密接に関わる概念であることから、吉蔵はその注釈『勝鬘宝窟』の随所で、やはり「如来蔵」と仏性との関係を説明し、そして衆生の惑い・煩悩と悟り・仏性との関係を論じている。以下に見ていこう。

如来蔵に由るから、あらゆる誤りと誤りでないこととが、成り立ちうるのである。如来蔵に由って誤りが成り立つと言うのは、衆生が仏性を見失うから、苦しみの世界を輪転する。涅槃経で「是の一味の薬、其の流処に随い、六道の味を成す」と説くようなもの。また如来蔵は、生死が成り立つもととなるから、誤りが如来蔵に由って成り立つわけだ。誤りでないことが如来蔵に由って成り立つと言うのは、もしも仏性が無ければ、大行大願を起こしても、仏と成ることができない。……本来仏性が有ることに由って、初めて大行大願を起こし、そして仏と成ることができるのだ。

由如来蔵故、一切顚倒及不顚倒、其義得成。言由如来蔵顚倒成者、衆生失仏性、故輪転苦海。如涅槃云、是一味薬、随其流処、成六道味。又如来蔵、為生死作依持建立、是故顚倒由蔵而成。言不顚倒由蔵成者、若無仏性、雖起大行大願、不得成仏。……要由本有仏性、然後起大行大願、然後成仏。(『勝鬘宝窟』巻下之本、六七頁上)

衆生は、仏性を見失うことにより、惑いの世界に陥ってしまう。そしてまた、本来仏性が有ることにより、仏と成る道筋をたどっていくことができる。だから、如来蔵こそが衆生の惑いと悟りの原因なのだと述べる。また、経中に説かれている「蔵智」と「空智」を解釈して、次のように言う。

問い。ここで蔵智と空智とを明らかにするのは、どういった中身を明らかにしようとするのか。答え。仏が如来蔵の中身を知っていることを明らかにしようとするのだ。如来蔵と名づけるわけは、能蔵と所蔵とが有るから、如来蔵と名づける。仏は、能蔵の現象が本来無生であって畢竟空であると、明瞭に知っている。……能蔵の現象の畢竟空であることを仏が明らかにするから、空如来蔵智と名づける。また仏は、所蔵の中道仏性があらゆる徳を備えていると知っているから、不空と名づける。……仏が能蔵と所蔵とを弁えていることを明らかにするから、空と不空との二智が有るのだ。

問。今明蔵智空智、欲明何義。答。欲明仏知如来蔵義。所以名如来蔵者、有能蔵所蔵、故名如来蔵。仏了了知能蔵之法、従本已来、無生畢竟空。……仏照能蔵之法畢竟空、故名空如来蔵智。仏知所蔵中道仏性具一切徳、故名不空。……以明仏照能蔵所蔵故、有空不空二智。（『勝鬘宝窟』巻下之本、七三頁中）

如来蔵は「能蔵」と「所蔵」とに分けられる。「能蔵」は収め隠す働きをする如来蔵であり、「所蔵」は収め隠される対象の中道という仏性である。仏は、収め隠す如来蔵が結局は何も実体を持たないことを、空だと認識する智慧（空智）によって知ると共に、収め隠される仏性があらゆる徳を備えていることを、収め隠されることを知る智慧（蔵智）、すなわち空でないと知る智慧（不空智）によって弁えている。かく仏は、如来蔵の意味を十全に把握しているのだと述べる。つまり如来蔵は、衆生の持つ仏性が隠されているか否かに関わる概念だと言うのである。

ところで、こうした収め隠す如来蔵と収め隠される仏性との関係についての所論は、次に見る衆生の煩悩と心との関係についての所論に置き換えることができるように思われる。

いったい煩悩が心を汚染するということを論じよう。心には二種類有る。一は善なる心、二は不善なる心である。善なる心とは、貪り瞋りの無い心である。不善なる心とは、貪り瞋りの有る心である。煩悩はこの二つの心のどちらも汚染することが無い。そのわけは、善なる心を起こす時に、不善なる心は無いので、ただ所染が有るだけで、能染が無いから、汚染しようが無い。不善なる心は貪り瞋り痴かなものだから、能染と所染とが有るはずも無い。……もしも能染と所染とが有るとすれば、一刹那中に二つの貪り瞋り痴かな心が有ることになろうが、実はそうではない。……自性清浄心は、……本来清浄だといっても、衆生において、誤って不浄と成る。そこで客塵煩悩に汚染されると名づける。客塵煩悩に汚染されるといっても、常に本来清浄なのである。従って実は汚染する所が無いのだ。このことを明らかに知るのは困難だ。

夫論煩悩染心。心不出二種。一者善心、二者不善心。善心者、無貪瞋心也。不善心者、有貪瞋心也。煩悩竝無染此二心義。所以然者、当起善心時、無不善心、但有所染、無能染、不成染義。不善心即是貪瞋痴、云何有能染所染。……若有能所染、便一刹那中有二貪瞋痴心、而実不爾。……自性清浄心、……雖本性清浄、而於衆生、成顚倒不浄。故名為客塵煩悩所染。雖為客塵煩悩所染、而常本性清浄。故実無所染。難可了知。(『勝鬘宝窟』巻下之末、八六頁中〜下)

煩悩が心を汚すという事態について考えてみると、心が善なる状態では、汚す主体である不浄な煩悩が無いから、「汚す」ということが有りえない。心が不善なる状態では、煩悩と心とがいずれも不浄なわけだから、汚す主体(能染)と汚される対象(所染)という区別が有りえない。また、ある瞬間に二つの不善なる心が有るのでもない。本来清浄な心が衆生において惑った不浄な状態にあることを「清浄心が煩悩に汚される」と表現するのであり、煩悩に汚されると言っても本来の清浄さは常に失われないので実は汚されることが無いのだ、と述べる。この記述に見える、汚す主体である煩悩と汚される対象である清浄心は、先に見た収め隠す如来蔵と収め隠される仏性にそれぞれ相当すると見て良かろう。従ってまた、先に見た仏の「空」と「不空」とを知る二つの智慧は、ここで見たような煩悩と心の関係を十全に把握する智慧のことだと考えられるのである。

さて、煩悩と心がこのように詳しく分析されるのに伴い、中道の意味が改めて捉え直されることになる。すなわち吉蔵は、師の法朗の所説を引用して次のように言う。

そこで深遠な経典や高尚な宗匠たちは、さまざまな衆生を啓発し悟らせ、心に執着する所が無いようにさせる。そのわけは、著、すなわち執着がさまざまな患いや苦しみの根本だからである。……執着が有るから、固着した分別を起こす。固着して分別するから、煩悩を生じる。煩悩によって、業を起こす。業によって、生老病死の苦しみを受ける。

故深経高匠、啓悟群生、令心無所著。所以然者、以著是累根衆苦之本。……以執著故、起決定分別。定分別故、則生煩悩。煩悩因縁、即便起業。業因縁故、則受生老病死之苦。(『勝鬘宝窟』巻上之本、五頁下)

「著」という心のとらわれる働きが原因となって固定的なとらわれた判断が生じ、またそうした判断から煩悩が生じ、煩悩から果報を齎すさまざまな仕業が生じ、更にそれらの仕業から生・老・病・死の苦しみが生じるので、経典や宗匠たちは、衆生の心からおおもとの原因であるとらわれを無くし、悟りを開かせるようにする。そしてまたこの「著」に関わって、中道について次のように述べる。

また、波若を説こうとするから、仏性を説く。波若は中道の智慧である。中道の智慧は、衆生に有や無といった偏った見解を離れさせる。生死の中に虚妄の我が無いと解らせるから、有に偏った見解を無くさせ、如来蔵が有るから、無に偏った見解を無くさせるのだ。

又欲説波若、故説仏性。波若即是中道智慧。中道智慧者、令衆生遠離有無二見。令知生死之中無虚妄我、故息其有見、有如来蔵、息於無見。(『勝鬘宝窟』巻下之本、六七頁中)

衆生に有や無といった偏見を捨てさせるのが中道の智慧で、その中道の智慧を説くために仏性を説くのだとする。ここに見える惑いの主体である「我」と悟りの原因である如来蔵が、先の煩悩と心についての所論に見える不浄な心と清浄な心にそれぞれ相当すると見なすことができよう。つまり吉蔵は、惑っている心が有るとする見解と、悟っている心が無いとする見解と、そのどちらにもとらわれないこととしてまた新たな中道の意味づけを行い、そしてその中道を実現して衆生の心をとらわれの無い「無所著」にする教説の働きを強調しているのである(3)。

二―三　智慧と煩悩

さて『勝鬘宝窟』では、やはり主に如来蔵との関わりから、実智と方便の二つの智慧を論じている。まず、『勝鬘経』で説かれる二つの智慧が、諸々の経典や論書では次の四つの内容で説かれていると、吉蔵は述べる。

この二智は、経論の中では、四つの異なる説き方がされている。一は、対境について分けるもの。真諦を明らかにするのを実智と名づけ、俗諦を明らかにするのを方便智と名づける。二は、修道の実践について分けるもの。二諦を明らかにするのを実智と名づけ、素質に随って他を利益するのを方便智と名づける。三は、実質を実智と名づけ、作用を方便智と名づけるもの。四は、修道の実現について分けるもの。修道が未だ成就しないのを方便と名づけ、修道が成就して満足するのを実智と名づける。

此二智、経論中、辨異有四。一、約境分異。所謂照真諦名実智、照俗諦名方便智。二、約行分異。照二諦名実智、随機宜利益他者名方便智。三、体名実智、用名方便智。四、約修辨異。修未成就名方便、修成満足名実智。(『勝鬘宝窟』巻中之本、二八頁下)

そして続けて、『勝鬘経』で二つの智慧が「甚深微妙」だと説かれている意味について、

実智は理を証すので、甚深と名づける。方便は巧みに説くので、微妙と称する。

実智証理、名為甚深。方便巧説、称為微妙。(『勝鬘宝窟』巻中之本、二八頁下)

と言う。つまり吉蔵は、真理を体得しまたそれを巧みに他者に説き教えることが二つの智慧だと捉えている。先に四つ挙げた二つ目の、修道の実践について説かれた内容によって智慧を解釈していると言えよう。

ところで既に指摘したように、如来蔵や仏性の内容に即し、吉蔵は空智と蔵智に分けて智慧を説明する。すなわち、収め隠す如来蔵が結局のところ何も実体を持たず空であると知るのが空智、収め隠されている中道という仏性があらゆる功徳を備えていると知るのが蔵智であり、空でないことを知る智慧という意味から蔵智を不空智とも呼ぶと言う。

問い。二乗の人は、不空智が無いのだろうか。二乗は空を知っているから、空智が有るはずだが。答え。二乗の人は、あらゆる煩悩が本来畢竟空だと知らないから、やはり空智は無い。また空如来蔵・不空如来蔵というのは、如来蔵が中道のことだと明らかにするものだ。空蔵は煩悩が畢竟空だと明らかにするから、有だとしてはならな

い。不空蔵はあらゆる功徳を備えているから、無だとしてはならない。有でも無でもなく、つまり中道なのだ。……空と不空の二つの智慧を獲得する、これがつまりは中道を体得するということだ。
問。二乗之人、可無不空智。二乗知空、応有空智。答。二乗人、亦不知一切煩悩従本已来畢竟空、是故亦無空智。又空如来蔵不空如来蔵、即是明如来蔵是中道義。空蔵明煩悩畢竟空、故不可為有。不空蔵具一切功徳、故不可為無。非有非無、即是中道。……得空不空二智、即是得於中道。（『勝鬘宝窟』巻下之本、七三頁中〜下）

そして、空智により煩悩が結局空だと明らかにするから有だと言えず、不空智により如来蔵があらゆる徳性を備えていると明らかにするから無だと言えず、かくて空と不空の二智を獲得して有でもなく無でもない中道を悟るのだと述べる。こうした空智と不空智は、先に見た実智と方便にそれぞれ相当すると見て良かろう。つまり吉蔵は、実智と方便の二つの智慧の実現を中道の悟得に直結させて捉えていると言える。

そしてまた、このように二つの智慧と中道とが直接結びつけられて理解されるのに伴い、煩悩の捉え方もやはり展開深化しているように思われる。先に既に見た資料で繰り返しになるのだが、吉蔵は師の法朗の言を引いて次のように述べる。

言葉は安住しないことを端緒とし、心はとらわれない無得を主眼とする。そこで深遠な経典や高尚な宗匠たちは、さまざまな衆生を啓発し悟らせ、心に執着する所が無いようにさせる。そのわけは、著、すなわち執着がさまざまな患いや苦しみの根本だからである。執着が有るから、三世の諸仏が、経典を説き論書を述べるわけで、いずれも衆生の心に執着する所が無いようにさせるのである。執着が有るから、固着した分別を起こす。固着して分別するから、煩悩を生じる。煩悩によって、業を起こす。業によって、生老病死の苦しみを受ける。とらわれた有所得の人は、未だ仏法を学ばない時、無始以来、現象に身を任せたまま、執着心を起こす。今ここで仏法を聞いて、更に再び執着を起こす。これはつまり執着の上に再び執着を重ねるから、執着心が凝り固まり、苦しみの原因が深まり、そこから解脱する手立ても無い。経典を弘めて人を利したり、自ら道を行じたりするのは、執着心を起こさせないようにと願うからだ。

言以不住為端、心以無得為主。故深経高匠、啓悟群生、令心無所著。所以然者、以著是累根衆苦之本。以執著故、三世諸仏、敷経演論、皆令衆生心無所著。以執著故、起決定分別。定分別故、則生煩悩。煩悩因縁、即便起業。業因縁故、則受生老病死之苦。有所得人、未学仏法、従無始来、任運於法、而起著心。今聞仏法、更復起著。是為著上而復生著、著心堅固、苦根転深、無由解脱。欲令弘経利人、及行道自行、勿起著心。(『勝鬘宝窟』巻上之本、五頁下)

「著」というとらわれる心の働きこそあらゆる患いや苦しみの根本であるから、諸仏は経典や論書を説いてそうした心のとらわれを無くさせようとする。衆生に経典を弘めるに際してもまた自ら修道実践するに際しても、その目的はとらわれる心を起こさせないようにするためなのだと言う(4)。衆生をとらえて離さないさまざまな煩悩の核心が、心のとらわれる働きをズバリ指し示す「著」という事態として明確に提示されていると見なすことができるのである。

二―四　まとめ――揚州時代の思想

揚州時代の思想について、会稽時代と比較しつつ纏めておこう。

『三論玄義』は、他のさまざまな見解に対して対決批判し、三論の主張が正しいものであることを宣言した著作である。そしてそこではそうした批判を契機として、衆生の素質についての見方が会稽時代よりも広げられ、かくて中と仮についての分析がより細かくなされていると見ることができる。本文中でも触れたが、この『三論玄義』の所論が大きな契機となり、後に見る長安時代の著作で、素質のさまざまなありさまやそれが変わりうるものであることについて、明確に意識され論じられるようになったと考えられる。

また『勝鬘宝窟』では、如来蔵や仏性についての考察を通して、煩悩と心との関係の分析が会稽時代に比べて深められ、心のありかたがより注目されていると言える。そこで、惑う心が有るとせずまた悟る心が無いとしないことが中道だとされ、また実智と方便の二つの智慧の実現と中道の悟得とが直結して捉えられると共に、煩悩の根源が心のとらわれる働きに他ならないとハッキリ指摘されているのである。

(1) 会稽時代の著作である『二諦義』でも「仮伏中断」の義を明らかにし（巻中、九五頁下）、また法朗の所説を引用して四つの仮を述べている（巻下、一〇六頁上）。だが詳しい説明は無く、衆生の素質との対応について十分に配慮しているとは言い難い。

(2) この吉蔵の経典観については、村中祐生「嘉祥大師「二蔵」義の成立考」（『南都仏教』第二二号、一九六八年）で、その起源をも含めて詳しく考察されている。

(3) 衆生が陥るさまざまなとらわれに関わって、会稽時代の著作でも随所で「著」について言及されている。だが「無所著」という表現は、会稽時代の著作には意外に見受けられない。『金剛般若経疏』で「衆生入道、要由波若。所以者何。一切凡夫、未得道者、皆由有所依著。波若正破衆生有所依著、故説無依著之法」（巻一、大正蔵三三巻・八六頁下）と、『般若経』が衆生のとらわれを破るために「無依著」の教えを説くと述べるのがほとんど唯一の例である。やはり、揚州時代に『勝鬘経』の如来蔵の研究を通して、心の惑いや悟り、中道というありかたについての考察が深められることにより、「無所著」についての見解が確固たるものになったとすべきであろう。

(4) 同じ時期の著作である『三論玄義』でも、「有依有得、為生死之本。無住無著、為経論大宗」（七頁上）と述べる。

第三節　長安時代の思想

長安時代の思想については、この時期の代表作である『中観論疏』（大正蔵四二巻）と『浄名玄論』（大正蔵三八巻）を中心に、『涅槃経遊意』（大正蔵三八巻）、『法華遊意』（大正蔵三四巻）と『法華統略』（続蔵一・四三・一）の二つの『法華経』注釈書、及び『維摩経義疏』（大正蔵三八巻）を併せて検討する。

三―一　教えと素質

これまで見てきたように、吉蔵は、方便と自覚して二諦の教えを受け入れ、有や無（空）と聞いてもそれに執着せず、有において無（空）を見また無（空）において有を見て、かくてさまざまな現象が全て因縁の関係にあると認識すべきことを主張している。

ところで第二章で既に見たことだが、そのように現象が因縁関係の上に成立していることは、仏によって八つの否定（八不）として説き明かされる。そこでこの八不に即して中道を悟ることを主張するわけだが、それではこの因縁を説き明かす八不を、どういった衆生が見失っているのか。吉蔵はそれを、次のように四つのタイプに整理する。

問い。八不についての得と失には、全部で何人のタイプが有るのか。答え。……見失っている四種類の人とは以下の通り。

一は、素質が鈍くて愛を起こす衆生である。……誤った病が有るが、病であると解らず、治療を求めることを知らない。

二は、素質が優れているが見を起こす外道である。……病であると知り、治療を求めようとするが、間違った薬を服用するので、もとの病は治らず、更に新しい病に罹る。

三は、先の愛や見を起こす衆生が、心を改めて仏の小乗の教を学ぶのだが、福徳に乏しく素質が鈍いので、結局三つの間違いに陥ってしまう。一には、言葉を理解するが中身が解らない場合。小乗のことが説かれるのを聞き、言葉としては理解するのだが、小乗が説かれるのは大乗に通じるためだと解らず、指を見守るばかりで月を見失っているので、中身を見失うと名づける。二には、言葉と中身とを共に見失う場合。……三には、小乗の教を頑なに守り、とうとう方等の教を謗るようになる場合。……

四は、前の小乗の人が、心を改めて大乗を学ぶのだが、これにもやはり三つの間違いが有る。一には、言葉を理解するが中身が解らない場合。大乗の教が説かれるのを聞いて大乗に固着した理解をし、とらわれた有所得の大乗に陥り、実は小乗も大乗も因縁の仮名であって、非大非小を表わそうとするものであることが解らないから、見失っているとする。二には、言葉と中身とを共に見失う場合。……三には、大乗の教を頑なに守り、とうとう小乗を見捨てて顧みない場合。……

問。得失八不、凡有幾人。答。……失人四者、一、鈍根起愛衆生。二、利根起見外道。三、即此愛見衆生、迴心学仏小乗之教、但薄福鈍根、遂成三失。一、得語不得意。聞説小乗名、故云得語、不知説小通大、守指忘月、故名失意。二者、語意倶失。……三者、保執小乗、遂謗方等。……四者、即此小乗人、迴心学大乗、亦有三失。一、得語不得意。聞説大作大解、成有所得大、不知是因縁仮名小大、為表非大非小、故名為失。二者、語意倶失。……三者、保執大乗、遂撥無小。……初之一失、有顛倒病、不知是病、不知救治。次之一失、知其是病、欲求救治、但服邪薬、即旧病不除、更増新病。(『中観論疏』巻二本、二一頁中〜下)

前の両者は、仏の教えに触れようとも思わなかったり、また仏以外の教えを求めたりして、自分から惑いに陥っている者である。後の両者は、仏の教えを受けてはいるが、その教えの意味が解らなかったり、またその教えに執着したりして、惑いに陥っている者である。諸仏・菩薩は、それらの衆生に対してさまざまな言葉を仮りて教えを説く。吉蔵はそうした種々の教えを、ひとまず大乗の教えと小乗の教えの二つに分ける。

しかしながら窮極的な道は未だ曾て大でも小でもない。ただ大と小との二つの素質に応じるから、大と小との二つの教を明らかにするのだ。この大小に因って非大非小を悟るのである。

然至道未曾大小。但赴大小両縁、故明大小両教。今因此大小以悟非大非小。(『中観論疏』巻一末、一四頁上)

だがそれは、衆生の素質に大と小との違いが有るからである。従って、

正しい道は未だ曾て大でも小でもない。衆生のために、大小を説くのだ。一往大と小とを並べると、小は方便で、大は真実である。もしも非大非小の道から見れば、大も小も共に方便である。

正道未曾大小。為衆生故、説於大小。一往大小相望、則小為方便、大是真実。若望道非大非小、則大小倶是方便。

(『中観論疏』巻一〇末、一六〇頁中)

と、大乗が真実の教えで小乗が方便の教えだと一応評価できるのだが、大や小に限定されない正しい道理から見れば、いずれもかりそめの方便に他ならないと言える。

さて、こうした大小二つの教えは、大乗の教えが大乗の素質の者だけに、小乗の教えが小乗の素質の者だけに働き

掛けるわけではない。

問い。龍樹はどういう人のために、大も小も共に打ち破り、また大小二つの教を述べたのか。答え。大略四つの素質に応じるためである。

一は、大乗を学んで大乗を見失っているから、大乗を打ち破って大乗の教を述べる。……

二は、小乗の素質のために大乗の教を述べる。小乗にとらわれ執着して大道を妨げているから、必ず小乗を打ち破って大乗を明らかにしなければならない。……

三は、九十六種の外道が、邪まなことに執着して正しい大乗を妨げているから、邪まなことを打ち破って正しいことを述べる。……

四は、四依〔菩薩〕が、未だ曾て大小乗内外を学んでいない素質の者のために〔述べる〕。出家したばかりの比丘・比丘尼及び在家の信士・信女に対するような場合、これらの衆生のために、直ちに大乗の教を論じ、悟りを得させる。……

次に小乗を述べる場合も、やはり四つの素質に応じるためである。

一は、小乗を学んで小乗を見失っているから、小乗を打ち破って小乗の教を述べる。……

二は、外道が小乗の教を妨げているのを打ち破るために、邪まなことを改めて正しいことを悟らせる。……

三は、大乗菩薩のために、小乗の教を述べる。菩薩であって大乗を理解しているが未だ小乗に通暁していない者が有るのだ。……

四は、未だ曾て大小内外を学んでいない人のために、直ちに小乗の教を説き、小乗の道果を悟らせるのである。

問。龍樹為何人、双破大小、双申両教。答。略為四縁。一者、為学大失大故、破大申大。……二者、為小縁而申大教。以封執小乗障隔大道故、須破小而明於大。……三者、為九十六種外道、執邪障大乗之正故、破邪申正。……四者、四依為未曾学大小乗内外之縁。如始出家二衆及在家二衆、為此衆生、直論大法、令其取悟。……次申小乗、亦為四縁。一、為学小乗失小故、破小申小。……二、為破外道障於小乗、令迴邪入正。……三、為大乗菩薩、申於小教。自有菩薩解大而未通小。……四、為未曾学大小内外之人、直為説小乗教、令其悟小乗道果也。

（『中観論疏』巻一本、八頁上〜中）

大乗の教えは、四つの素質に対して説かれる。第一に、大乗の素質を持つ菩薩で、直ちに大乗の教えを学んでいる（直往菩薩）にもかかわらず、それを見失っている者である。第二に、小乗の教えにとらわれているために、小乗から大乗の教えにたどり着く（迴小入大）ことができない者である。第三に、邪まな見解にとらわれ、正しい大乗の教えに触れることを妨げられている外道である。第四に、まだ仏の教えに触れていない、出家したばかりの比丘・比丘尼や、在家の信士・信女である。つまり、大乗の教えは、菩薩のためだけでなく、小乗・外道・凡夫といった他の素質の者に対しても説かれ、有効に働きうる。小乗の教えも同様に、小乗だけでなく、外道・大乗・凡夫といった他の素質の者に対しても働くのだと言う[1]。なぜなら、同じく大乗の教え、小乗の教えを受け入れることのできる素質を持っていたとしても、その中身はそれぞれ一様でなく、それに伴って衆生の陥っている誤りも次のようにさまざまだからである。

また纏めて判断すると、大乗を妨げるものに四種類有る。

一は、外道。最も重く深い妨げである。

二は、小乗。外道に次ぐもの。

三は、有所得の大乗。とらわれない無所得を妨げる。

四は、無知無明であって、大小ともに知らないが、昔から本来大乗の素質が有るので、菩薩はこのために大乗を説く。……

小乗にもやはり四種類の妨げが有る。

一は、外道。

二は、とらわれた有所得の小乗。

三は、大乗に偏り執着し、大乗によって小乗を排斥する。……

四は、無知無明であって、大小ともに知らない。

又総判四種障、障於大乗。一、外道。障中之重、障中之遠。二、小乗。障中之次。三、有所得大乗。障無所得。四、無明、都不識大小、而昔本有大乗根性、菩薩為之説大。……小亦有四種障。一、外道。二、有所得小。三、偏執大、以大斥小。……四、無明、都不識大小。(『中観論疏』巻一本、八頁中)

もともと大乗の素質を持っているため、すぐに大乗の教えを受け入れることのできる凡夫がいる。また、小乗の教えを受け入れた後に、初めて大乗の教えを理解できる小乗がいる。あるいはまた、もともと大乗の素質を持っていながら、小乗の教えを受けている声聞がいる(『中観論疏』巻一末、一六頁中)。諸仏・菩薩の教えに対する衆生の受け取り方の違いは、このように多岐にわたる。揚州時代の『三論玄義』で見られた、直接明らかに教えたり(顕教)間接的に人知れず教えたり(密化)という教え方の違いが、衆生の素質についての考察へと波及し、更に深く細かく分析されていると見ることができる。そして素質が凡夫から小乗へ、小乗から大乗へ、また大乗から小乗へ、そしてまた再び大乗へという具合に、時間の経過と共にさまざまに変化しうることについて、明確に意識され論じられていると言えよう。

さて、衆生の素質と真と俗との二諦、及び中道という真理との関係についての長安時代の所論には、それ以前と比べて変化展開が認められないだろうか。

既に見たことだが、吉蔵においては、因縁を説き明かす八不に即して中道という真理を悟ることが要求されていた。従って、八不がすなわち因縁を表わしており、またそれがつまりは中道のことだと捉えられていたと言える。そこで吉蔵は、中道を表わす手段としての真と俗との二諦により、八不を三つの中道として解釈する。すなわち、

中は所詮の理で、論は能詮の教である。……所詮の中は、三種の中道、すなわち世諦の中、真諦の中、非真非俗の中である。能詮の教は、この三つの中を論じる。

中是所詮之理、論是能詮之教。……所詮之中、則三種中道、世諦中、真諦中、非真非俗中。能詮之教、即論此三中。(『中観論疏』僧叡序疏、二頁上)

という、世諦としての中道と、真諦としての中道と、真諦でも俗諦でもない(二諦合わせて明らかにする)ものとしての中道とである。ここで八不のうち「不生不滅」の二つの否定を例に、吉蔵の言う三つの中道について見よう。

ところで非生非不生は中道であり、而生而不生は仮名である。仮の生・仮の不生は、二諦である。そこで無生滅の生滅を、世諦とする。生滅の無生滅を、第一義諦とする。さて仮の生は生と言えず、不生と言えない。これが世諦の中道である。仮の不生は不生と言えず、非不生と言えない。これを真諦の中道と名づける。これは二諦の各々について論じる中道である。また世諦の生滅は無生滅の生滅で、第一義諦の無生滅は生滅の無生滅である。

そして無生滅の生滅は、実体を持つ生滅でなく、生滅の無生滅は、実体を持つ無生滅ではないのだ。従って非生滅非無生滅を、二諦を合わせて明らかにする中道と名づける。

然非生非不生既是中道、而生而不生即是仮名。此仮生仮不生、即是二諦。故以無生滅生滅、以為世諦。以生滅無生滅、為第一義諦。然仮生不可言生、不可言不生。即是世諦中道。仮不生不可言不生、不可言非不生。名為真諦中道。此是二諦各論中道。然世諦生滅是無生滅生滅、第一義無生滅是生滅無生滅。然無生滅生滅、豈是生滅、生滅無生滅、豈是無生滅。故非生滅非無生滅、名二諦合明中道也。（『中観論疏』巻一本、一〇頁下～一一頁上）

中道という真理は、元来生じるとか生じないとかいう言葉では捉え切れないのだが、衆生に対しては、仮に生じるとか生じないとかいった言葉で説き明かさざるをえない。この仮の言葉が二諦の教えである。いったい、あらゆる現象は時々刻々生まれ出ては滅し去っているように見えるが、それは因縁関係の上から仮に生じたり滅したりしていると認識されるだけで、実際には生じたり滅したりする固定的な実体が有るわけではない。そこでこの仮の生・仮の滅を世諦とし、そこから導かれる不生・不滅を世諦としての中道とする。だがこれはやはり仮のことに過ぎず、世諦との相待的な関係からこの仮の不生・不滅を真諦とし、そこから導かれる非不生・非不滅を真諦としての中道とする。だがこれもやはり仮のことに過ぎず、世諦・真諦との相待的な関係を踏まえて、更に非生滅・非不生滅を二諦合わせて明らかにする中道とする。このように説かれる三つの事柄は、いずれもまさしく中道の真理を表わしているわけだから、それぞれが教えとして十分に機能しうる。また、世諦としての中道から真諦としての中道へ、更に真諦としての中道から二諦合わせて明らかにする中道へと、悟得が次第に深化していく構造になっていると考えられる(2)。

そして更に吉蔵は、こうした三つの中道を説く過程を、次の四つの段階で説明する。

㈠固定的な実体を持つ有・無を求めても得られないことから、非有非無を中道と説く。＝**仮の前の中の義**

㈡仏の教に触れていない外道が非有非無と説かれるのを聞き、真と俗との二諦の教も無いと思い込んで、断滅に偏った見解を起こすのに対処して、有と無との二諦を説き、その偏った見解を打ち破る。＝**中の後の仮の義**

㈢仮に説かれた有と無との二諦は、あくまでも因縁や中道を説き明かすためのものに過ぎず、何らかの実体を持つ有や無ではないことを明らかにする。＝**作用としての中を明らかにする**

㈣仮に説かれた有と無との二諦を転換して、二ならざる中道の真理（実質としての中）を明らかにする。＝**仮の後の中の義**

一者、求性有無不可得、故云、非有非無、名為中道。外人既聞非有非無、即謂無復真俗二諦、便起断見、是故次説而有而無以為二諦、接其断心。次欲顕而有而無、明其是中道有無、不同性有無義、故次明二諦用中、双弾両性。次欲転仮有無二、明中道不二、故明体中。……又初非性有無以為中者、此是仮前中義。次而有而無名為二諦、是中後仮義。次仮有非有仮無非無二諦合明中道者、此是仮後中義。（『中観論疏』巻一本、一一頁中～下）

こうした中と仮の意味づけは、揚州時代の著作にも四つの仮・四つの中として既に見られるものだが、長安時代の著作では、三つの中道の説明に即しつつ、中と仮の成立の事情が更に詳しく述べられていると言える。もともと中道という真理は、有や無といった概念では把握し切れない無限定なものであるにもかかわらず、衆生それぞれの素質に応じ、有あるいは無という限定されたその一面が全てであると誤って捉えられている。そこで吉蔵は、そうした衆生の限定的な中道の認識に対し、仮が中に転換し、その中がまた仮に転換し、その仮が更にまた中に転換するといった具合に、不断に転換しつつ次第に深化していく概念を導入することで、それぞれの段階での中道を表わす指標として読み替えていこうとするのである。

第二章で指摘したように、この中仮の論理は、これまで分析してきた二諦論・素質論・経典観など、吉蔵思想の全ての基調を形作っている。ところでまた長安時代の著作では、中仮ということに関わり、随所で「中仮師」と呼ばれる人々が批判されている。この「中仮師」とは一体どういう立場の人々で、吉蔵はかれらのどういった見解を批判しているか。

　また中仮師は仮を聞いて固着した仮の理解をするので、やはりこの仮を打ち破らねばならない。……本より性に対するために仮を説き、惑いを転換して悟らせるのである。それなのに性を捨て去って仮を残し、固着してこれが決定の窮極だと言う。これでは心に依る所が有るから、永遠に仏にまみえることができない。

　又中仮師聞仮作仮解、亦須破此仮。……本為対性故説仮、令其迴悟耳。而遂捨性存仮、謂決定。為是心有所依故、永不見仏。（『中観論疏』巻二本、二五頁中～下）

仮に有や無と説かれる教えは、あくまでも中道という真理を説き明かすための方便に過ぎないのだが、「中仮師」と呼ばれる人々は、かりそめのものだと説かれるのを聞いてかえってそれに執着し、一切を仮と決めつけてしまう。のみならず、仮の名称には行ったり来たりという変化が認められるが中道には無い（『中観論疏』巻四本、五四頁下）とか、窮極の涅槃は二諦を超え出たところにある（『中観論疏』巻一〇本、一五七頁下～一五八頁上）などと誤った理解をしている。[3] けれども、本来中道を説くための方便として仮の名称を立てるのであり、一応中と仮とを分けるとは言っても、両者はあくまでも相待的な関係にあるので、中も仮もいずれも無くなって、初めて中道を悟ったと言えるのである。従って、言葉による仮の教えにしがみついてもいけないし、仮の教えである二諦から全くかけ離れたところに中道の真理を求めてもいけない。二諦は衆生のさまざまな素質に応じて説かれるのであり、そうした二諦の教えが衆生の素質とピッタリと相応したところで中道が悟得される。つまり中道という真理と言葉による教えとは、実践主体である衆生の素質において、まさしく二ならざる相即の関係になければならないのである。

三―二　中道の実現

さて、こうした中道の実現する過程を主に表わす仏性についての見解は、長安時代も会稽時代や揚州時代とほぼ同様であり、一見したところ大きな変化展開が認められないように思われる。

もしも十二因縁に安住してしまうと、生死をさまよい、結果常・楽・我・浄が無いことになる。ここで論じよう。十二因縁が本来生じないし今も滅することが無いと観じるならば、生滅に偏った見解が無くなる。生滅が無くなってしまえば、常だと言える。そのように常が有れば、我・楽・浄も備わるのだ。こうした大利益が有るから、初めに因縁を観じるのだ。

若住十二因縁、迴流生死、是則無有常楽我浄。此論。観彼十二因縁本自不生、今亦無滅、即生滅便息。生滅既息、是則為常。既其有常、即具我楽浄。有斯大利、故初観因縁。（『中観論疏』巻一本、六頁下）

すなわち、十二因縁に生じたり滅したりする何らの実体も無いと見極めることが惑いを脱け出す出発点だとする。

またこれは涅槃経の五つの仏性である。衆生があるがまま本来寂滅しているのが、境界仏性である。(4) このように悟るのが、観智仏性のことである。智慧が十分に備わり深く了解するのが、菩提果仏性である。患いの全て無くなるのが、果果仏性である。既に寂滅と呼ぶからには、言葉も思慮も超越しているので、境界と智慧とか智慧と断滅とかいう区別の有りようが無いのだ。これが中道の正性である。

又是涅槃五性。衆生宛然本来寂滅、即境界仏性。如斯而悟、謂観智性。具足了達、即菩提果性。累無不寂、即果果性。既称寂滅、即言忘慮寂、寧有境智及以智断。即中道正性也。(『中観論疏』巻五末、八五頁上)

そして、仏性を五つに分け、そのうち境界・観智・菩提・涅槃の四つが因果関係にあり、そしてまた中道こそが悟りの正しいおおもと(正性)だと述べる。十二因縁を「正性」と見なす会稽時代の見解を踏まえつつ、十二因縁が本来静寂で空なるものだと捉える心のありかたに注視し、中道を「正性」と規定していると言える。だがその中身は、会稽時代と基本的に変わりが無い。

四句を超え出て百非を絶ち切ることにより、患いが全て無くなり、あらゆる徳が円満に成就する。患いが全て無くなるから、有とすることができず、あらゆる徳が円満に成就するから、無とすることができない。有でも無でもなく、これがつまり中道である。中道のありようを、涅槃と名づける。

以超四句絶百非、即是累無不寂、徳無不円。累無不寂、不可為有、徳無不円、不可為無。非有非無、則是中道。中道之法、名為涅槃。(『中観論疏』巻一〇末、一六〇頁上)

また、四つの分類の仕方(四句)やさまざまな否定(百非)に代表される、言葉による分析を全て超え出た、有や無に限定されない中道の境涯が、涅槃であると述べる。この中道の捉え方もやはり、惑っている心が「有る」としまた悟っている心が「無い」とするとらわれに注目する、揚州時代の見解を受け継いでいると見ることができる。

では、長安時代の思想には何も新しい展開が見出せないのか。ここで「正性」と規定される中道の中身を、改めて検討してみよう。
まずは、如来蔵が収め隠していることと法身が明らかに顕われていることとについての次の記述を見よう。

ここで明らかにしよう。ただ惑っているから隠と名づけ蔵と名づけるのであり、その他に別に隠れるべき実質が有るのではないのだ。ただ悟っているから顕と名づけ法身と名づけるのであり、顕われるべき実質が有るわけではないのだ。惑うから隠と名づけるので、隠には実は隠れる所が無い。悟るから顕と名づけるので、顕には実は顕われる所が無い。ただ因縁に惑うから隠とし、因縁を悟るから顕と名づける。……隠と顕とはいずれも衆生の素質による。素質が未だこのような説を受け入れられないから隠とし、今全てこれを聞き入れるので隠れない。つまり素質によるわけだから、法身自体には隠も顕も無いのだ。

今明。只迷故名隠名蔵、豈尚別有此体可隠。只悟故名顕名法身、無体可顕。迷故名隠、隠無所隠。悟故名顕、顕無所顕。只迷因縁故隠、悟因縁故名顕。……隠顕並出於縁。縁未堪如此説故為隠、今皆聞之故不隠。乃出於縁、法身更何隠顕也。(『涅槃経遊意』、二三二頁下)

衆生が因縁を正しく理解できず惑っているので如来蔵が収め隠していると呼び、また逆に因縁を正しく理解し悟っているので法身が明らかに顕われていると名づけるのであり、隠れたり顕われたりする何らかの実体が有るわけではない。衆生の素質が惑っているか悟っているかによって「隠」と「顕」とを区別するのだと言う。つまり、如来蔵が隠していているという事態は、衆生が生死の世界で惑っている状態を意味し、また法身が顕われているという事態は、衆生が生死のくびきを脱して涅槃の悟りへと到達した状態を意味する。

正しい道は区別が無く平等で、本来清浄である。涅槃に異なる生死など有ろうはずがない。ただ衆生が間違って文言に執着して実体を探し求めるから、名称を聞いてもその真実を見極められないのだ。そこで或る者は涅槃は有だと言い、或る者は無だと思い込む。……これに因って誤ってさまざまな分別をし、かくてとらわれ、生死が有るようになる。……実は滅度を得る衆生など無い。このように悟ることを、涅槃を得ると名づけるが、実は得るべき涅槃は無い。ただこの惑いと悟りとについて、凡夫とか聖人とかと説き、仮に生死と名づけ、強いて涅槃と称し、凡夫の立場を改めて聖人の立場へと至らせ、生死を捨て去って涅槃を獲得させるわけなので、そこでそれらが本来二つのものではなく、また同一でもないと悟るのだ。もしも凡夫と聖人・生死と涅槃について同一だとか異なっているとか理解するならば、正しい道を妨げることになり、言葉に拠ると名づける。今こうした同一だとか異なっているとかいう見解を打ち破るのを、道を開くと名づける。智慧について開くわけで、開くべき道が有るのではない。

正道平等、本自清浄。豈有生死異於涅槃。特由衆生虚妄執文求実、聞名仍不見其真。或云涅槃是有、或意是無。……因此謬造種種異計、便成繫縛、致有生死。……実無衆生得滅度者。如此了悟、名得涅槃、実無涅槃可得。但約此迷悟、説凡説聖、仮名生死、強称涅槃、令改凡成聖、捨生死得涅槃、既悟此本来不二、亦復不一。若於凡聖生死涅槃作一異解者、則障正道、名為拠語。今破此一異等見、名為開道。約智開、復有何道可開耶。(『涅槃経遊意』、二三〇頁中)

従ってまた、滅すべき生死の煩悩や至るべき涅槃の悟りが実体を持つものとして固定的に有るのではない。ただ衆生の心が惑っているか悟っているかという違いにより、生死と涅槃、凡夫と聖人という区別を仮に立てるに過ぎない。だからそうした区別について、両者を二でもなく一でもない関係にあると捉えてその差異にとらわれないことが、正しい道を開示することに他ならないと言う[5]。

さて、このように主張するのであれば、生死と涅槃、凡夫と聖人といった区別を生み出すもとである心の惑いと悟りとの区別、更にまた心と認識対象である外界との区別についても、やはり二でもなく一でもないと捉え、それにとらわれずに乗り超えていかねばならないとすべきではないか。

まず惑いと悟りについての所論を見よう。

問い。惑うと不二を見ないので、凡夫は聖人を見ない。悟ると二についての惑いを見ないので、聖人が凡夫に接し応じることが無い[6]。凡夫と聖人とが交わりを絶ち切り、感応が隔たってしまうのではないか。答え。思うに、これは見ないということの趣旨が解らないから、交わりが絶ち切られると非難するのである。……不二を悟るとはいっても、惑いの状態ではいつも二だと見る。だから凡夫と聖人とが交わり合い、感応が無くならないのだ。

問。迷不見不二、凡不覩於聖。悟不見迷二、即無聖応不接凡。将非凡聖絶交、感応便隔。答。蓋是未領不見之宗、故興絶交之難耳。……雖了悟不二、見於迷恒是二。故凡聖道交、感応不絶。(『浄名玄論』巻一、八五九頁下)

惑っている凡夫が相い反し対立する二者にとらわれているのに対し、悟っている聖人は本来二ならざるものだと理解して二者の区別にとらわれず、同時にまた本来二ならざるものが凡夫において対立する二者だと誤解されていることを弁えている。かくて聖人が凡夫に二ならざることを悟らせる感応の働きが現われるのだと言う。

不二を見失っているから、六道四生が有る。従って不二は生死の根本である。諸仏菩薩は、不二を体得しているから、波若が有る。不二を見失って実は二が無いのに二だと思い込んでいる衆生を見て、大悲を起こす。これが空と悲との二つの道である。空観によるから、二が曾て二ではないと体得する。大悲門によって、二が無いのに勝手に二だと思い込んでいる衆生をかわいそうに思うので、大悲が内に充ちる。そこで六道のあちこちに身を現わし、方便で誘って、不二に帰着させるのである。

以失不二故、有六道四生。是以不二為生死本也。諸仏菩薩、体悟不二、故有波若。見衆生失於不二、無二謂二、而起大悲。此則空悲二道。以空観故、則体其二不曾二。以大悲門、傷衆生無二横謂二、既大悲内充。故散身六道、方便誘引、令帰不二。（『浄名玄論』巻一、八六二頁中）

同様にまた、二ならざる真実を悟っている諸仏・菩薩は、凡夫が勝手気ままに二ならざるものを二と捉えているのを憐れみ、六道の処々に姿を現わして衆生を教化すると述べる。つまり、やはり心の惑いと悟りに執着しない態度に注目し、そして凡夫に対する聖人の感応や諸仏・菩薩の大悲に置き換えて、そうしたとらわれないありかたを表明していると見ることができよう。

次いで同じく心と外界についての所論を見よう。

もしも内側のさまざまな知覚認識の働きを無くすならば、内に心が無くなる。外側のさまざまな名称現象を無くすならば、外に形が無くなる。外に形が無ければ、認識を生み出す縁が主体の観に尽きて解消される。内に心が無ければ、主体の観が認識を生み出す縁に尽きて解消される。縁が観に尽きるから、縁が無くなる。観が縁に尽きれば、観が無くなる。観が無く縁が無いと、さまざまな患いが全て寂かになり、これを浄と名づける。無いことにとらわれることなど有ろうか。

若内息情想、無心於内。外夷名相、無数於外。無数於外、則縁尽於観。無心於内、則観尽於縁。縁尽於観、故無

縁。観尽於縁、則無観。無観無縁、則紛累都寂、乃名為浄。豈復染無。（『浄名玄論』巻二、八六七頁中）

外界を明らかに捉えようとする内なる働きと、さまざまに展開している外なる現象とが、いずれも尽きて無くなった状態が、煩悩が静まった清浄な悟りの実現である。ここで「縁は観に尽く」「観は縁に尽く」と言われているのは、勿論心の惑いが無くなり煩悩が尽き果てることなわけだが、また認識主体である心と認識対象である外界との区別が無くなった事態を指しているとして良かろう。つまり、心と外界がやはり二ならざる二という相待的な関係にあるので、その区別を乗り超えていかねばならないとするのである。かくして、中道がより一層の広がりと深まりを持って捉えられ、そこでその中道こそが「正性」だと見なされるようになったとすべきであろう。(7)

三―三　智慧と煩悩

智慧と煩悩についての見解を考察するに当り、まずはやはり心のとらわれについての所論をたどり、長安時代の煩悩の捉え方を検討せねばなるまい。

さて論じよう。生きとし生けるものがさまざまであるのは、虚懐を失うからであり、六趣がそれぞれであるのは、まことに封滞に由るのである。そこで、苦しみの世界をさまようのは、住著を本源とし、彼岸に超然としてあるのは、とらわれない無得を根本とする、と知れる。

夫論。四生擾擾、為失虚懐、六趣紛紛、寔由封滞。故知、迴流苦海、以住著為源、超然彼岸、用無得為本。（『法華遊意』、六四三頁下～六四四頁上）

とらわれない心の働き（虚懐）が失われた「封滞」や「住著」といった事態が原因となり、六道を輪廻する苦悩が齎される。

患いの根本は、とらわれることを言う。現象の姿形に執着するから煩悩を生じる。煩悩に由って業を起こす。業に由って苦しみを齎す。……そこで、とらわれた著が六道の根本であり、また三乗の区別を齎すもとだ、と知れる。

累根者、謂取著也。由取相故生煩悩。由煩悩故起業。由業故致苦。……則知、著是六道之本、亦是三乗之根。（『法華統略』巻上本・釈経題、二丁右上）

すなわち、「著」という心のとらわれこそが惑いの根本だと言う。

この「著」という心のとらわれる働きは、種々の場面で現われ、悟りへ至る道筋を妨害して惑いの世界へと衆生を誘う。吉蔵はそうした悪い事態について、やはりさまざまな形で言及している。更にその所論を追っていこう。

もしも因果といった見解が有れば、とらわれた有所得である。有所得は、麁と名づけ、妙とは名づけない。有所得は、非法と名づけ、法とは名づけない。有所得は、不浄のとらわれであり、蓮花ではない。

若有因果等見、即是有所得。有所得、名之為麁、不名為妙。有所得、名為非法、不名為法。有所得、即是不浄染著、非是蓮花。（『法華遊意』、六三七頁下）

現象のありさまについて、これこれの原因が有ってこれこれの結果が必ず生じる、そしてその関係の中で原因は原因として結果は結果として固定的に存在すると認識することは、とらわれた「有所得」の態度である。

道理はただ一つだから、あらゆる教を説くのは、いずれも一つのことを顕わすためである。道理には多くのことが無いから、多くのことを顕わさない。だとすると惑いを斥ける一往の言葉として、有や無を定めるのである。もしもかえって有や無に対して固着し決定した理解をするならば、偏った二見を免れない。

以道理唯一故、説一切教、皆為顕一。道理無多、故不顕於多。然此一往斥奪之辞、判此有無耳。若還作有無決定解者、不免二見。(『法華統略』巻上末・方便品、二八丁左下)

また、唯一の正しい道理は有あるいは無と説かれるが、そうした有や無に対して有には有としての無には無としての実体が有ると「決定」して理解すると、とらわれた見解に陥ってしまう。

如来が昔五乗を説いたのは、五ならざることを顕わそうとしたからである。既に五が無ければ、やはり五ならざることも無い。それ自体本来寂然としていて、依拠する所が無いのを、中道と名づけ、中道がつまりは妙法である。ただ教を受け取る連中が、昔五乗を説くと聞いて、結果五乗がそれぞれ異なっていると理解するから、さまざまな偏った見方に陥っている。人天乗を受け入れる者は、生死の辺に陥る。声聞縁覚乗を求める者は、涅槃の辺に陥る。三蔵教を学ぶ者は、小辺に陥る。摩訶衍を学ぶ者は、大辺に陥る。また昔五乗が異なっていると受け取り、異辺に陥る。今一乗を聞いて一乗にとらわれた理解をする者は、一辺に陥る。

如来昔説五乗、為顕不五。既無有五、亦無不五。本性寂然、無所依倚、名為中道、中道即是妙法。但禀教之徒、聞昔説五乗、遂作五乗異解、故堕在諸辺。禀人天乗者、堕在生死辺。求声聞縁覚乗者、堕在涅槃辺。学三蔵教者、

堕在小辺。学摩訶衍者、堕在大辺。乃至昔稟五乗異、堕在異辺。今聞一乗作一乗解者、堕在一辺。(『法華遊意』、六三五頁下)

そしてまた、仏が五乗の教えを説いたのは、五ならざることを表わすためなのだが、五乗が各々異なると決めつけて理解してしまうと、生死と涅槃、小乗と大乗、あるいは異なっていることと同一であることのいずれか一「辺」にとらわれた見解に陥ってしまい、かくて中道を悟得できないと述べる。

以上見てきた「有所得」「決定」「辺」とは、相待的な関係にある因と果、有と無、生死と涅槃、小乗と大乗、異と一がそれぞれ固定的な実体を持つと認識してとらわれることであり、従って「著」という心の働きの現われだと見なすことができる。つまり、吉蔵は心のとらわれる働きを煩悩の根本と位置づけ、その現われである固着し偏ったさまざまな認識の仕方を、それと明言はしていないがまさしく煩悩と捉えていると考えられるのである。

さてそれでは、このような煩悩を如何に断ち切っていったら良いのか。

昔、教を受け取る輩は、皆な惑いを滅ぼし解脱を生じなければならないと言った。これは生滅に偏った見方だから、失と名づける。ここで諸仏の解釈を明らかにすると、惑いは本来生じないし、今滅する所も無い。だから生滅が無いと説いて、その得であることを示すのである。

昔稟教之流、皆言、惑之可滅、解之可生。謂此生滅、故名為失。今明諸仏所解、惑本不生、今無所滅。故辨無生滅、以示其得。(『法華統略』巻上末・方便品、二七丁右上)

既に繰り返し見てきたことだが、惑いと悟りとが有るとするのは間違いであり、惑いは本来生じも滅しもしないとするのが正しい仏の見解である。

末世の大小乗の人々は、仏は煩悩を断ち切ったと言うが、それは仏を謗るものだ。また世間の人々は、仏が惑いを断ち切るのが実で、断ち切らないのが方便だ、と言う。ここでは逆に、断ち切らないのが実で、断ち切るのが方便、罪を無くすのが方便で、無くさないのが真実だとしよう。

末世大小乗人、言仏断煩悩、皆是謗仏也。又世間人云、仏断惑是実、不断是方便。今反之、不断是実、断是方便、滅罪是方便、不滅是真実。(『法華統略』巻中末・信解品、六〇丁右上)

従ってまた、世間の人々が惑いを断ち切るのが真実で断ち切らないのが方便だと誤解しているので、逆に断ち切らないのが真実で断ち切るのが方便なのだと述べる。かくしてここで、実智(実慧)と方便(方便慧)の二つの智慧が問題となってくる。

この二つの智慧について吉蔵は、『維摩経』の注釈書の中で詳しく取り上げ論じている。そこでその記述を検討し、かれの実智と方便の見解を窺うことにしよう。

ただわが師資相承して、権と実との二つの智慧を、この経典の宗旨とする。……実相を明らかにするのを実の智慧と名づけ、神通を現わすのを方便の智慧と言う。だから二つの智慧を、この経典の宗旨とするのである。問い。どうしてただ実相と神通とを明らかにするのか。答え。実相を道に入る根本とし、神通を衆生を教化するおもととする。実相を動かずにいながら、神通を現わすことができる。神通を現わすといっても、実相に乖らない。従って動と寂とが不二であって、権と実とがそのまま成り立っている。この二つのことが要なので、宗旨とするのである。

但師資相承、用権実二智、為此経宗。……照実相名為実慧、現神通謂方便慧。故用二慧、為此経宗。問。何故但明実相及以神通。答。実相為入道之本、神通為化物之宗。不動実相、而能現通。雖現神通、不乖実相。故動寂不二、権実宛然。斯二既要、用為宗旨。(『維摩経義疏』巻一・総論、九一六頁下)

いったい実相は道に入る根本で、不可思議な神通は衆生を教化するおおもとである。教の要は、とどのつまりこの二つのこと以上のものは無い。自在に神通を現わすのは、実智の方便であり、窮極の実相は、方便の実智である。実相といっても神通、神通といっても実相、動と寂とが不二であって、権と実とがそのまま成り立っているのだ。

夫実相是入道本、不思議神通為化物之宗。法中要極、莫過斯二。現自在神通、即実慧方便、決定実相、即方便実慧。雖実相而神通、雖神通而実相、動寂不二、而権実宛然。(『浄名玄論』巻四、八七六頁上)

まず吉蔵は、三論が代々受け継いできた見解では、『維摩経』の宗旨を実智と方便の二つの智慧と見なしてきたとする。次いで、修道の根本である現象の真実のありさまを明らかにするのが実智、教化のおおもとである神通を現わすのが方便だと述べる。更に、実智と方便とは二ならざる一体のものなのだと言う。そして特に方便について詳しく論じる。

方便とは、巧みな方便の智慧である。小徳を積んで大功を獲得する。有に処りながら静寂に乖らず、無に居りながら教化を失わず、無為にして為さざる無きもの[8]、これが自在な方便なのだ。

方便者、巧方便慧也。積小徳而獲大功。処有不乖寂、居無不失化、無為而無不為、方便無礙也。（『維摩経義疏』巻二・仏国品、九二九頁上）

方便とは、有であることに関わっていても静寂であることを離れず、また無であることに関わっていても静寂に沈み込むこと無く教化の働きを失わず、かくて自由自在に働く巧みな智慧である。

方便には二つ有る。一は、空を理解していながら証しを取らないこと。二は、実相の理は奥深く、信受できる者がいないので、必ず方便で誘い、悟りを得させること。一つ目は理に順っていく巧みさを明らかにし、二つ目は素質に適応する霊妙さを弁じたものだ。

方便有二。一、解空而不取証。二、実相理深、莫能信受、要須方便誘引、令物得悟。前明順理之巧、此辨適機之妙。（『維摩経義疏』巻五・仏道品、九七三頁上）

そこで、空であると理解していながらそこに安住しない巧みさと、衆生を適宜導いて真実を悟らせる巧みさとを備えていると言う。つまり方便とは、さまざまな惑いが本来生じも滅しもしないと理解しながら、先に見たように惑いを断ち切るとか断ち切らないとかというように、衆生の素質に相応して適宜説き分けることのできる能力で、またその教化が時に先のような神通として現われるのだと言えよう。

そしてまたこのような方便は、

二乗は無常を観じて、生を厭い死に倦み、涅槃に入ろうとするから、方便が無いと名づける。大士は無常を観じて、厭わずにいられると同時に、上手に厳しく困難なところに入っていくから、巧みな方便と名づけるのである。二乗観無常、而厭生惓死、欲入涅槃、名無方便。大士観無常、而能不厭、即善入嶮難、故名巧方便也。(『維摩経義疏』巻四・文殊師利問疾品、九六〇頁下)

というように、二乗には認められないが菩薩には認められる能力である。

二乗は空もやはり空だと知らずに、空を霊妙窮極とするから、但空と名づけ、従って空を証す。菩薩は空もやはり空だと知るので、不可得空と名づけ、従って空を証さず、有に関わっていくことができるから、権と名づける。……この二つの智慧について見ると、異なる実質は無い。初め観心が未だ深くないから、ただ空に関わっていくことができるだけだが、段々と精巧になっていくと、空もやはり空だと知る。空もやはり空だと知って、仮名を壊さないままに、有に関わっていくことができる。始終を通じて論じれば、一つの智慧である。巧みか未だ巧みでないかについて見るから、権と実とを分けるのである。

二乗不知空亦復空、以空為妙極、故名但空、所以証空。菩薩知空亦空、名不可得空、故不証空、即能渉有、故名為権。……就此二慧、更無異体。初観心未妙、故但能照空、既転精巧、即知空亦空。既知空亦空、而不壊仮名、即能渉有。始終論之、猶是一慧。約巧未巧、故分権実。(『浄名玄論』巻四、八七八頁下)

すなわち、とらわれの無い心のありかた(観心)が十分でない二乗は、空であることを窮極と見なしてそこに安住してしまうのだが、菩薩はとらわれないことを徹底しているので、空であることもやはり実体が無く空なのだと理解し、そこに安住せずに有であることに関わっていく。もとより二乗の智慧と菩薩の智慧とは同一なのだが、心のありかたの深浅によって権の智慧と実の智慧とを分けるのだと述べる。(9) つまり吉蔵は、修道による心のありかたの深化を示すものとして方便を捉えている。そこで、方便は菩薩の境涯の一つの現われであり、二乗とはまた異なる何物にもとらわれない菩薩のありかたが、この方便、すなわち現象世界に対する働き掛けを失わずに衆生を教化済度する態度においてこそ、十分に実現されると考えているのである。(10)

三―四　まとめ――長安時代の思想

揚州時代の思想と比較しつつ、長安時代の思想をひとまず纏めておこう。

衆生の素質についての見解は、揚州時代に比べて更に深められ、素質の多様なありさまやそれが時間の変化に伴って変わりうることが明確に意識され、そこで悟得の深化を論理的に明らかにする三つの中道が説かれている。長安時代の著作に限って見受けられる四重の二諦は、勿論他の学派の二諦論を乗り超えるために主張されたものだが、また同時にこうした素質についての考察の深まりを背景として成立したと見ることができる。

また、中道についての見解は、やはり揚州時代に比べて更に深められ、あらゆる二者にとらわれないこと、従って心が惑っていることと悟っていることにも、更には心と外界との区別にさえもとらわれないことが中道だと捉えられている。そうした中道理解の深化を背景として、十二因縁から中道そのものへと悟りのおおもとである「正性」を捉える視点が移行していったと考えられる。

そしてまた、智慧と煩悩については、方便が菩薩の修道による心のありかたの深まりを示すものだと捉えられ、また心のとらわれる働きの現われである固着した認識の仕方がさまざまな方向から分析されている。揚州時代を転換点として、菩薩や心のありかたへと議論が収束していると考えられるのである。

（1）揚州時代の著作『勝鬘宝窟』でも、「問。為大小人説二蔵者、何等是大小人耶。答。菩薩有二。一直往菩薩、二迴小入大。為此二人、説菩薩蔵。……説声聞蔵、亦為二人。一本乗声聞、二退大取小。為此二人、説声聞蔵」（巻上之本、大正蔵三七巻・六頁上〜中）と、菩薩蔵を二種の菩薩のために、また声聞蔵を二種の声聞のために説くことを述べる。しかしながら『中観論疏』では、大乗・小乗それぞれの教化の対象として凡夫・外道をも含めており、更に小乗の素質の者に大乗の教えを説きまた大乗の素質の者に小乗の教えを説くことに言及するなど、より整備された記述になっている。

（2）『中観論疏』で説かれるこの三つの中道については、泰本融「吉蔵の八不中道――『中観論疏』因縁品を中心として」（『東洋文化研究所紀要』第四六冊、一九六八年）と、同「八不中道の根源的性格――吉蔵『中観論疏（因縁品）』を中心として」（『南都仏教』第二四号、一九七〇年）の二つの論文に詳しい。

（3）廖前掲書は、吉蔵が「中仮師」をとらわれた「有所得」の見解の持ち主だと批判していることを指摘し、三つの中道がその「中仮師」の見解を乗り超えようとするものであったと述べる（第四章第六節「吉蔵的三種中道説」）。また平井前掲書は、「中仮師」が中仮を教条主義的に捉えてその思想の根本に据えようとする立場の人々であったことを明らかにし（第二篇第二章第二節の四「初章中仮義と中仮師」）、それが具体的には僧詮門下の智弁（慧弁）であったと指摘する（同書二二四、二七九頁）。

（4）この句の原文は「即境果仏性」だが、「果」字を意により「界」字に改めた。

（5）会稽時代の『涅槃経疏』でも、「但衆生空、謂成虚妄顚倒。聖人仮名、名之以為生死。対生死、則辨涅槃為出処。此空生死故、所以仮名為涅槃」（『三論玄義検幽集』巻五所引、大正蔵七〇巻・四四七頁中）と、生死と涅槃が仮名であることを述べるが、心の惑いと悟りに結びつけた詳しい説明は無い。

（6）この句の原文は「即無聖応不接凡」。はなはだ読みにくく、あるいは文字の乱れがあるかも知れない。

（7）先に見た長安時代の三つの中道の主張は、やはりこうした中道観の深まりを示していると思われる。

（8）この句の原文は「無為而為不為」。例えば『老子』第四八章に「為学日益、為道日損。損之又損、以至於無為。無為而無不為」とあるように、老・荘でしばしば言われる「無為而無不為」を踏まえていると考え、字を改めて解釈した。

（9）小乗と大乗に対する吉蔵の見解については、本書第五章第一節「吉蔵と僧肇をめぐって――三乗観を中心に」で僧肇と比較して論じているので参照されたい。

（10）長安時代の著作に限って見られる次のような「境智不二」の主張は、やはりこうした菩薩のありかたを明らかにしていると思われる。「境智是因縁義。非境無以明智、非智無以辨境。故境名智境、智名境智。境智則非智、智境則非境。非境非智、蹤跡叵尋。……故聖人以無心之妙慧、契彼無相之虚宗、則内外並冥、縁智倶寂。雖縁智倶寂、而境智宛然」（『浄名玄論』巻三、八七一頁下）

おわりに

本章では、吉蔵の著述活動を、会稽時代、揚州時代、長安時代の三つの時期に分け、第二章で考察した教えと素質、中道の実現、智慧と煩悩という、かれの思想の枠組を形作っていたと考えられる三つの問題についてのそれぞれの時代の見解を検討し、その展開のありさまを窺ってきた。ここで改めて、長安時代の思想と比較しつつ、『大乗玄論』の内容を再び見てみよう。

長安時代の著作に見られた、悟得の深化を明らかにする三つの中道や、四重の二諦の主張との関連から見ると、中から仮へ、仮から中へ、また中から仮へという、中と仮との相互の転換のありさまや、中仮の論理を成り立たせる基盤である相待仮について、『大乗玄論』ではより詳しくまた整理して論じられている。思想を成り立たせている原理について、更に踏み込んだ説明をしていると言えよう。

また、心と外界の区別にもとらわれるべきでないとする長安時代の中道理解の深化を踏まえ、『大乗玄論』では、理内・理外における仏性の有無が詳しく論じられている。仏性についての見解が、『大乗玄論』が纏められる時期に至って、より完成されたものになったと見なすことができよう。

また更に、長安時代の著作で、方便が菩薩の修道による心のありかたの深まりを示すものだと捉えられていることを受け、『大乗玄論』では、菩薩の修道における二智の並観が論じられている。二乗と菩薩の境涯の違い、菩薩の修道の階梯の違いがより明確に意識されるようになったと見て良かろう。

ただ、長安時代の著作でしばしば言及されている「中仮師」に対する批判がほとんど見受けられないのは、『大乗玄論』が纏められた時点で、「中仮師」の見解が全て打ち破られ克服されたと考えていたか。あるいは「中仮師」のような見解を抱く人々がほとんど存在しなくなったということなのかも知れない。また、長安時代の著作で凡夫・小乗・大乗それぞれに複雑多様に捉えられている衆生の素質やその変化のありさまが、『大乗玄論』では凡夫から二乗、二乗から菩薩へという具合に、より単純化した形で順序立てて論じられている。その書名に「大乗」と冠していることからも窺えるように、『大乗玄論』では、目指すべき理想的な菩薩の境涯を明らかにすることにより重点が置かれていたと見ることができそうである。

さて三つの時期の思想の展開について見てみると、教えと素質、中道の実現、智慧と煩悩のいずれの見解についても、揚州時代を転機として深化・整理されていると見ることができそうである。吉蔵が揚州・慧日道場に止住していたのは二年足らずの短い期間だが、『三論玄義』という主著が著されていることからも解るように、この時期はやはりその思想が確固として確立された重要な転換期であったことが確認できる。とらわれの無い心のありかたを徹底して追求し、そしてそうしたとらわれないありかたを、方便を実践し衆生を教化する菩薩の理想の境涯に見出していった、かれのたゆみ無い思惟の営みの道程を、こうした思想の展開に跡づけることができるのである。

第四章　吉蔵思想の基底

はじめに

本章では、第二章で吉蔵思想の基調だと指摘した中仮の論理について考察する。

従来の研究で、吉蔵が自身の思想の源流を鳩摩羅什から僧叡や僧肇に伝えられた「関中の旧義」と捉えていたことが指摘されている(1)。そこでまず、吉蔵と羅什訳経論との関わりを検討する。吉蔵の著作におけるそれら経論の引用状況については既に明らかにされているので(2)、ここでは吉蔵が経論の所説をどのように消化して中仮の論理を構築しているかを分析する。

またこれも従来の研究で、吉蔵の思想がいわゆる格義仏教の思想を乗り超えているとする指摘と、格義仏教の枠内を出ず中国固有思想の名残を留めているとする指摘とがなされている(3)。そこで吉蔵以前の状況に遡り、まず羅什以前の古訳般若経典とその古訳に拠っていた人々の思想を検討し、次いで魏晋期の中国固有思想を検討して、中仮の論理の基底を検証する。

（1）平井俊榮『中国般若思想史研究』第一篇第一章「三論学派の源流系譜」、第二章「三論伝訳と研究伝播の諸事情」。
（2）平井前掲書第二篇第三章「吉蔵の経典観と引用論拠」。
（3）本書序章「本研究の目的」参照。

第一節　吉蔵と羅什訳経論をめぐって——中仮の成立

吉蔵と羅什訳経論との関わりに注目し、中仮の論理の成り立ちを考察する。最初に吉蔵の中仮の内容を分析してその根底にある思惟方法を確認し、次いで鳩摩羅什（三四四〜四一三）の翻訳経論の中仮に関わる所説を検討し、吉蔵の中仮思想がそれら経論に拠って形成されたことを検証する。

一—一　吉蔵の中仮思想

中仮については、第二章で『大乗玄論』の所論に拠って既に考察したが、ここでは『大乗玄論』にその所論が集約されていると考えられる長安時代の著作を主に改めて検討し、中仮がどういう概念・論理なのかを確認しておきたい[1]。

中道と名づけるのは、固定的な実体を持った生滅を探し求めても、結局得ることができないから、生も無く滅も無いと言い、そこで中道と名づける。生も無く滅も無いのだが、仮に生滅と名づけるから、これは仮名である。必ずまず実体を持つ生滅を打ち破って、初めて仮名の生滅を弁じることができるのだ。

名中道者、求定性生滅、畢竟不可得、故言無生無滅、故名中道。無生無滅、仮名生滅、故是仮名。要先破性生滅、

然後始得辨仮名生滅也。（『中観論疏』巻五末、大正蔵四二巻・八七頁中）

諸々の現象には、そのもの自体として生じるとか滅するとかいう事態が無い。何ら固定的な実体（定性）を持たないからである。そうした現象を、かりそめに生滅と名づけるのだと言う。つまり中仮とは、現象の「無生無滅」で空である真実のありさまを「中」とし、その真実のありさまに対して与えられる「生滅」という規定を「仮」とするものだと、ひとまずは考えられる。かく「中」とは、現象の真実のありさまに深く関わる概念だが、だからといってそれがそのまま窮極的な真理そのものなのではない。

また生死が無常だと説いて、常であることに偏った見方を打ち破り、法身が常住だと明らかにして、断滅に偏った見方を斥け、二つのどちらかに偏った見方を無くさせて、中道を顕らかにする。

又説生死無常、以破常見、明法身常住、斥於断滅、令遠離二辺、顕于中道。（『維摩経義疏』巻一・総論、大正蔵三八巻・九〇九頁上）

すなわち、現象の事態について、生滅や無生無滅の他にまた常や無常と説かれる場合が有るが、それは常と無常という二つの異なる事態それぞれにとらわれている衆生に対し、その誤った偏見を打ち破るためであり、そしてそうした偏見が解消された状態が「中」なのである。つまり「中」とは、真理に深く関わる概念であると同時に、衆生の認識・態度にも関連を持つ概念で、要するに諸々の現象に対する衆生の認識の正しいありかたについて提示されたものだと言える。中仮が二諦へと展開していく契機もここにあるのだが、ひとまずはこうした「中」と「仮」とがどういう関係にあるのか、もう少し詳しく見ていこう。

また二諦が有るのは、ここまで外道の固定的な実体を持った有無を打ち破り、非有非無を明らかにするから、中道なのである。中道によって初めて仮名の有無を打ち立てることができる。従って非有にして有であり、非無にして無であり、而有而無であって、中より仮を起こすから、二諦が有るのだ。

又有二諦者、上来破外人性有無、明非有非無、故是中道。従中道始得立仮名有無。故非有而有、非無而無、而有而無、従中起仮、故有二諦。(『十二門論疏』巻下之本・観性門、大正蔵四二巻・二〇六頁上)

これは直接には有と無との二諦についての記述だが、その考え方をたどってみると、「非有非無」の「中」という正しい認識があって初めて「有無」という「仮」の規定が成り立ちうる。すなわち、「中」によってこそ「仮」という概念が提示されうるわけだから、「中」は「仮」が成立するために必要な前提なのだとひとまずは言える。だが「中」と「仮」との関係は、実はそう一筋縄で割り切れるものではない。

外道の求める固定的な実体を持つ人と法とは得ることのできないものであり、実は非人非法だと明らかにすること、これが仮の前の中の義である。因縁の人と法とであること、これが中の前の仮の義である。因縁の人と法とはすなわち非人非法であること、これを仮の後の中の義と名づける。非人非法を仮に人とか法とか名づけること、これが中の後の仮の義である。

明外人性人法不可得、非人非法、即是仮前中義。因縁人法、即中前仮義。因縁人法即是非人非法、名仮後中義。非人非法仮名人法、即中後仮義。(『中観論疏』巻六本、大正蔵四二巻・九一頁下)

つまり、人や物といった現象の認識の仕方について見た場合に、「中」と「仮」との関係は、仮を提示する前に明らかにする中、中を明らかにする前に提示する仮、仮を提示した後に明らかとなる中、中を明らかにした後に提示する仮という四つの意味で、より複雑に捉えることができる。そしてそこでは、「仮」によってこそ「中」が明らかにされうるわけだから、「仮」は「中」が成立するために必要な前提だとされている。つまり中仮は、「中」と「仮」とが互いに互いが成り立つための必要な前提になっているという、往反・重層的な構造を持っているのである。

それでは、中仮がこうした重層的な構造を持つのは何故なのか。二諦をめぐる議論に即し、中仮とはどういう論理なのか更に見ていこう。

先に見たように、中仮は諸々の現象に対する衆生の認識の正しいありかたに関わる概念だが、衆生が現実に抱いている認識はさまざまであり、ある者は現象を有ると捉え、またある者は無い（空である）と捉えて、それぞれに自身の見解こそが真実だと思い込んでいる。

於諦とは、現象は未だ曾て有や無に限定されないのだが、凡夫に於いて有だと捉えられる、これを俗諦と名づける。聖人に於いて空だと捉えられる、これを真諦と名づける。凡夫に於いて有だと捉えられるのを俗諦と名づけるから、あらゆる現象が失われない。聖人に於いて空だと捉えられるのを真諦と名づけるから、仏が有っても仏が無くても、その実質と姿とは常住なのである。

於諦者、色未曾有無、而於凡是有、名俗諦。於聖是空、名真諦。以於凡是有名俗諦故、万法不失。於聖是空名真諦故、有仏無仏、性相常住。（『浄名玄論』巻六、大正蔵三八巻・八九四頁下）

こうした有と無は、それぞれの衆生に於いて捉えられた真実という意味で「於諦」と言われる。けれども「於諦」は、衆生それぞれにとっての真実であるに過ぎず、現象の真実のありさまについての正しい認識ではない。あくまでも衆生の側に於ける偏った理解である。それでは、衆生にこうした偏見を捨てさせ、正しい理解を得させるにはどうしたら良いか。

教諦とは、諸仏菩薩が捉えた現象は、未だ曾て有や無に限定されないのだが、衆生を教化しようとするために、有無を説いて二諦とし、この有無に因って不有不無を悟らせようとする。これが教である。

教諦者、諸仏菩薩之色、未曾有無、為化衆生故、説有無為二諦、欲令因此有無悟不有無。是教。（『浄名玄論』巻六、大正蔵三八巻・八九四頁下）

諸仏・菩薩は、有るとも無いとも規定できない現象の真実のありさまに立脚し、それを有る・無いと説くことによって、衆生に有であるとか無であるとかいった規定を超越した正しい認識を体得させる。これが諸仏・菩薩の「教諦」である。ところで、衆生の「於諦」としての有無と諸仏・菩薩の「教諦」としての有無は、同じ有無という認識・概念であるにもかかわらず、一方は偏り誤った認識で他方は正しい認識の手掛りだとされる。この違いはどうして生じてくるのか。

諸仏菩薩は、道は本来有や無に限定されないと既に体得し、衆生を悟らせようとして、有や無に限定されないと知りながら、仮に有や無と説く。仮に有や無と説いて、逆に有や無に限定されないものを表わす。

諸仏菩薩、既体道本非有無、欲令物悟、是故知非有無、仮説有無。仮説有無、還表非有無。（『浄名玄論』巻六、大正蔵三八巻・八九三頁下）

繰り返しになるが、諸仏・菩薩は、有無という概念に限定されない正しい認識（中）を体得しており、衆生にこの正しい認識を悟らせるために、かりそめの方便として有無という言葉（仮）を説く。そこでは、「仮」としての有無は「中」である非有非無を表わす指標である。すなわち、有無自体は衆生の偏見に関わる限定的な概念なのだが、中仮という論理を媒介とすることにより、正しい認識・態度を導き出す諸仏・菩薩の教説としての言葉へと、意味・働きが転換されているのである。先に見た中と仮とをめぐる四つの意味は、この転換のありさまを示していると言えよう。つまり、諸々の現象の真実のありさまは有無という概念では捉えられない（仮の前の中）。現象は互いに因縁関係により成り立っており、有無という概念は仮に与えられたものに過ぎない（中の前の仮）。諸仏・菩薩は正しい認識のありかたがそうした概念を超越していることを体得している（仮の後の中）。そこから衆生に正しい認識を得させるためにかりそめの方便として有無を説く（中の後の仮）、といった具合である。[2]

このように諸仏・菩薩は、衆生の偏見に関わる有や無といった限定的な概念・認識に即して言葉を提示するのだが、世間に流布している言葉や概念はさまざまであり、それに伴って衆生も多様な偏見を持っている。その全ての偏見に対応するためにはどういった方法が有効か。揚州時代の著作である『三論玄義』の記述を見よう。

破ったり顕らかにしたりということを纏めて論じると、全部で四つのやり方が有る。一には破るだけで収めない。二には収めるだけで破らない。三には破ったり収めたりする。四には破らないし収めない。言説が道に見合わなければ、破るだけで収めない。言説が必ず理に見合っていれば、収めるだけで破らない。教を学んで惑いを起こせば、破ったり収めたりする。その能迷の情を破り、その所惑の教を収めるのである。諸々の現象の実相は、言葉や思慮を超越しているので、実は破るべきものも、また収めるべきものも無い。上の三つのやり方を無くし、窮極の一つの姿に帰するのである。

総談破顕、凡有四門。一破不収。二収不破。三亦破亦収。四不破不収。言不会道、破而不収。説必契理、収而不破。学教起迷、亦破亦収。破其能迷之情、収取所惑之教。諸法実相、言忘慮絶、実無可破、亦無可収。泯上三門、帰乎一相。(『三論玄義』、大正蔵四五巻・一頁中)

全く誤った見解にとらわれていれば、打ち破る(破)だけで評価(収)しない。逆に正しい見解を十分に備えていれば、評価して打ち破らない。いくつかの見解について戸惑っていれば、打ち破ったり評価したりする。現象の真実のありさまは、言語や思慮の働きを超越しており、打ち破ったり評価したりできないものだから、窮極的にはそれらを全て無くさざるをえないのだが、その過程ではさまざまな言葉を用いて衆生に説き示す。そこで、認識の正しいありかたとしての「中」も、衆生の認識のありようとの関わりから次のように分けられる。

一は、断や常という偏った見方に対して中を明らかにする。これは対偏中である。二は、尽偏中。すなわち中の名を立て、偏った病を無くそうとするから、尽偏中と名づける。またもう一つの意味として、偏った病が無くなるから、中が有りうるのである。

一者、対断常之偏明中。此是対偏中。二者、尽偏中。立於中名、欲尽於偏病、故名尽偏中。又一意、亦為偏病尽、得有於中也。(『中観論疏』僧叡序疏、大正蔵四二巻・二頁上)

衆生の偏見はさまざまだが、その偏見に対応し打ち破った時に正しい認識が獲得される(対偏中)。その正しい認識が獲得された時点で、偏見はサッパリと取り除かれている(尽偏中)。だが窮極的な真理は如何に言葉を尽くしても表現できるものではなく（絶待中[3]）、さまざまな言説は、衆生にそうした真理を悟らせるためのあくまでもかりそめの方便なのである。そして、諸仏・菩薩の方便としての言説の示し方と衆生の現実の認識のありようとの関わり合いの中で、中仮の概念は、真理を示す一つの形式として、更に単複・重層的に展開していく。

㈠ 有を世諦とし、空を真諦とする。……

㈡ 有や空というのは、いずれも世諦であり、非空非有であって、初めて真諦と名づける。

㈢ 空と有とを二とし、非空非有を不二とする。二と不二とは、いずれも世諦であり、非二非不二であって、初めて真諦と名づける。

㈣ 上の三種類の二諦は、いずれも教門であり、この三つの教門を説くのは、三ならざることを悟り、依得する所が無いようにさせるためである。そこで初めて理と名づけるのだ。

他亦云、有為世諦、空為真諦。……二者、他但以有為世諦、空為真諦。今明。若有若空、皆是世諦、非空非有、始名真諦。三者、空有為二、非空非有為不二。二与不二、皆是世諦、非二非不二、方名為真諦。四者、此三種二諦、皆是教門、説此三門、為令悟不三、無所依得。始名為理也。（以上、『中観論疏』巻二末、大正蔵四二巻・二七頁下～二八頁中）

それを整理すると、こうした四重の二諦として捉えることができる。

この四重の二諦は、中仮の概念の最も展開・整理された形を示していると考えられるのだが、それではそれを分析することにより、中仮の根底にある発想・思考が窺えはしまいか。更に吉蔵の所論をたどっていこう。

第一重は、有を俗諦とし、それに対して提示された空を真諦とするのだが、これまで見てきたように、この有と空

（無）とは、通常の概念とは異なる意味を持っている。それはどういうことか。

他の立場では、有には有とすべき実体が有るので、無にも無とすべき実体が有る。ここでは、有には有とすべき実体が無いので、無にも無とすべき実体が無い。他の立場では、有に有とすべき実体が有るので、無に由らない有であり、無に無とすべき実体が有るので、有に由らない無である。ここでは、有に有とすべき実体が無いので、無に由って有であり、無に無とすべき実体が無いので、有に由って無である。他の立場では、無に由らない有だから、有はそれ自体として有であり、有に由らない無だから、無はそれ自体として無である。ここでは、無に由って有だから、有はそれ自体として有でなく、有に由って無だから、無はそれ自体として無でない。他の立場では、有はそれ自体として有なので、有だから有なのだと名づけ、無はそれ自体として無なので、無だから無なのだと名づける。ここでは、有はそれ自体として有でないから、不有の有と名づけ、無はそれ自体として無でないから、不無の無と名づける。

他有有可有、即有無可無。今無有可有、即無無可無。他有有可有、不由無故有、有無可無、不由有故無。今無有可有、由無故有、無無可無、由有故無。他不由無故有、有是自有、不由有故無、無是自無。今由無故有、有不自有、由有故無、無不自無。他有是自有、名有故有、無是自無、名無故無。今有不自有、名不有有、無不自無、名不無無。（『中観論疏』巻二末、大正蔵四二巻・二八頁上）

それまでの立場では、有や無をそれぞれ固定的な実体を持つものとして捉えてきた。だがこの二諦における有と無は、有は無との関わり、無は有との関わりによってそれぞれ有・無として成り立っているので、有・無ともに何ら固定的な実体を持つものでなく、それぞれに有ならざる有・無ならざる無と規定できる。これが中仮の思想における諸概念の基本的な意味づけであり、それで初章の義と言われる(4)。

不有の有は有でないし、不無の無は無でない。非有非無を、仮に有無と説くのだ。

不有有則非有、不無無即非無。非有非無、仮説有無。(『中観論疏』巻二末、大正蔵四二巻・二八頁上)

ここから更に、有ならざる有・無ならざる無は、限定的でない有・無でかりそめの規定だから、それぞれ非有・非無を表わすのだと言う。これが中仮の論理の仕組みである。先に見た初章の義とここで見た中仮の義とは、

初章には伏せる働き、中仮には断ち切る働きが有る。初めに仮なる有無を明らかにするのは、実体を持つ有無を伏せる。次に仮なる有無を明らかにするのは、非有非無に入るのであり、実体を持つ有無が永遠に断ち切られるのである。

初章是伏、中仮是断。初明仮有無、是伏性有無。次明仮有無、入非有非無、即性有無永断也。(『中観論疏』巻二末、大正蔵四二巻・二八頁上)

というように、初章で説かれた有ならざる有・無ならざる無は、有や無が固定的な実体を持つとする誤った認識をひとまず押さえつけるためのものであり(伏)、中仮の義における非有非無を表わす有無は、そうした誤った偏見を断ち切って(断)正しい認識(非有非無の中)へと衆生を導くためのものである。初章での認識を展開させ、現象の真実のありさま(理)へと悟入させる門戸を開示している点に、中仮の特色があると言えよう。

そしてこの中仮の論理を踏まえ、二諦では、それぞれに前の段階(有、有無、非有非無、非二非不二)と対立する概

念・認識（有に対する無、有無に対する非有非無、非有非無に対する非二非不二、非二非不二に対する不三）を提示することにより、有から無へ、有無から非有非無へ、非有非無から非二非不二へと認識が深まっていき、最終的に言葉も思慮も超越した真理へと参入していく。また同時に、前の段階の概念は、それを克服する後の段階の概念が想定されることにより、それぞれにかりそめの方便としての意味づけを確保されている。

ところで、こうした対立・克服の無限の提示という論理の構造は、有に対する無、有無に対する非有非無、二不二に対する非二非不二というように、一方が他方の否定という形で示されるので、無限に連続していって切りが無いのではないかという危惧が生じるかも知れない。しかし、

もともと固定的な実体を持つことに対するから、仮が有るのだ。実体が既に無ければ、仮もやはり有るとは言えない。実体とかりそめとがもしも空であるならば、実相に入るのである。

本対自性、是故有仮。在性既無、仮亦非有。性仮若空、便入実相。（『中観論疏』巻一本、大正蔵四二巻・六頁下）

というように、衆生の固定的な偏見があるからこそ、かりそめの方便としての教説が提示されるのであり、偏見が打ち破られてしまえば、教説自体もはや必要無くなるのである。このことを忘れて、本来かりそめである教説にとらわれてしまったならば、それはやはり偏り誤った認識として打ち破らなければならない(5)。否定の積み重ねによる教説の展開は、教説としてのかりそめの概念や言葉に対する執着自体を防ぐという意味も持っていると言えよう。

以上見てきたように、中仮の論理は、通常一般の概念・認識のありように対し、その対立者を不断に想定・提示していくことにより、「仮」から「中」への悟入を実現すると共に、「中」から「仮」への説示を保証するといった構造になっている。こうした論理は、羅什訳の経論で説かれる、現象には実体が無く従ってその名称はかりそめのものだ

とする名仮の捉え方と、現象は互いに相いよって仮に有るに過ぎないとする相待仮の捉え方とがもとになって構築されているように思われる。経論の中身の検討は後に項を改めて行うこととし、ここではこの二つの「仮」に関わる吉蔵の所論を、更に見ていくことにしよう。

生滅変化の有ることと生滅変化の無いこととが、あらゆる現象の実質であり、現象の実質が有るから、名称が有る。現象の実質が無いことになれば、名称もやはり成り立たない。従って名称に事物を得る働きが無く、事物に名称に応じる実質が無いのだ。名称に事物を得る働きが無いのだから、それは名称ではない。事物に名称に応じる実質が無いのだから、それは事物ではない。名称でなく事物でないわけで、名称と事物とはどこにも在りようが無い。どう名づけて良いか解らず、強いて実相と名づける。

有為無為、此是法体、有法体、故有名字。法体既無、則名亦不立。故名無得物之功、物無応名之実。名無得物之功、則非名。物無応名之実、即非物。非名非物、名物安在。不知何以目之、強称実相。（『中観論疏』巻五本、大正蔵四二巻・七六頁下〜七七頁上）

諸々の現象には、生じたり滅したりすることの有るもの（有為）と無いもの（無為）とが有るのだが、いずれにしても本来何も固定的な実体を持たない。従って、与えられた名称によって現象そのものを直接に把握することは実はできず、また名称に対応する現象そのものとしての実質は実は無い。[6] そこで、例えば実相などという名称は、そうした名づけられず実質の無いものに対して強いて与えられたに過ぎず、あくまでもかりそめのものだと言うことができる。

それではそうしたかりそめの名称・概念を手掛りとして現象本来のありようを把捉するにはどうすれば良いか。

相待は、生死と涅槃、三乗と一乗などのあらゆる事柄に通用する。相待ということがもしも成立するならば、全ての事柄が成立するのだ。相待ということがもしも壊れるならば、一切は皆な壊れてしまう。ただ内教外教・大乗小乗を学ぶ人々は、実に相待が有ると思い込み、その中で愛着を起こし、さまざまな仕業や苦しみを将来する。論主は、相待ということの実体を探し求めてもよりどころが無いことから、煩悩の実態を顕らかにして清浄であるようにさせるので、相待を打ち破るのである。

相待通生死涅槃、三乗一乗等万義。相待若成、万義成。相待若壊、一切皆壊。但内外大小、謂実有相待、於中起乎愛見、成於業苦。論主求相待無従、則顕煩悩使浄、故破相待也。（『中観論疏』巻六末、大正蔵四二巻・九七頁中）

いったい、あらゆる名称や概念は相待的な関係の中で成立しているので、それをかりそめのものと認識するためには、相待的な関係にあるそれら諸概念が実体の無いものだと捉え、それにとらわれずに乗り超えていくことが必要である。そこで初めて、言葉によるかりそめの教えとしての二諦が成立しうると言えるのだが、ところでまた、この相待という意味は次のようにさまざま有る。

ただ相待ということには多くの場合が有り、通と別、定と不定、一法と二法が有る。通待とは、長が不長に対する場合で、長の外は全て不長であるような場合。別待とは、長が短に対するような場合。ある師はまたこれを疎と密との相待と名づける。長と短とが相い対するような場合を、疎待と名づける。長が不長に対するような場合を、密待と呼ぶ。長であることについて長でないことを論じるから、長でないことから長であることを望む、これを密とする。長と短とが相い望む場合、これは二つの現象となるので、疎待と名づける。……定待とは、生死が涅槃に対したり、現象と心とが相い対するような場合を、定待と名づける。不定待とは、五尺の形は一丈より短いが、三尺に対しては長いとするような場合を、不定待と名づける。一法待とは、一人であって父でもあり子でもあるような場合。二法待とは、長と短との二つの物のような場合である。

但相待多門、有通別定不定一法二法。通待者、若長待不長、自長之外、並是不長。別待者、如長待短。一師亦名此為疎密相待。若長短相待、名為疎待。長待不長、翻是密待。以即長論不長、故不長望長、此即為密。長短相望、即是二法、是以名疎。……定待者、如生死待涅槃、及色心相待、名為定待。不定待者、如五尺形一丈為短、待三尺為長、名不定待。一法待者、如一人亦父亦子。二法待者、如長短両物。(『中観論疏』巻六末、大正蔵四二巻・九七頁中〜下)

このように相待という事柄は、さまざま有るわけだが、いずれにしても現象に対して与えられた名称・概念のありさまを明らかにするものである。そこで吉蔵は、こうしたさまざまな内容を持つ相待仮を縦横に組み合わせ、現象を分析するための方法として次のような四種の釈義を構築する。会稽時代の著作である『二諦義』に拠り、真俗の意味を例に見よう。

(一) **随名釈**:俗は浮虚を意味し、また俗は風俗を意味するような場合。

(二) **因縁釈**:俗は真でなければ俗ではなく、真は俗でなければ真ではない。真でなければ俗ではないので、俗は真を妨げない。俗でなければ真ではないので、真は俗を妨げない。俗は真を意味する。真は俗を妨げないので、真は俗を意味する。

(三) **顕道釈**:俗は不俗を意味し、真は不真を意味し、真俗は不真俗を意味する、と明らかにする場合。真俗の不真俗は名称が表わす意味であり、不真俗の真俗は意味に付された名称である。また真俗の不真俗は教が表わす理であり、不真俗の真俗は理に通じる教である。……作用から道に到達するものである。

㈣ **無方釈**：俗はあらゆる現象を意味する、と明らかにする場合。……道から作用を出すものである。

就四義解之。一随名釈、二就因縁釈、三顕道釈、四無方釈。随名釈者、如俗以浮虚為義、又俗以風俗為義。……次第二就因縁釈義者、明俗真義、真俗義。何者、俗非真則不俗、真非俗則不真。非真則不俗、俗不礙真。非俗則不真、真不礙俗。俗不礙真、俗以真為義。真不礙俗、真以俗為義也。……次第三就顕道釈義者、明俗是不俗義、真是不真義、真俗不真俗義。真俗不真俗即名義、不真俗真俗即義名。真俗不真俗教理、不真俗真俗理教。……次第四節無方釈義者、明俗以一切法為義。……前則是従用入道、今則従道出用也。（以上、『二諦義』巻中、大正蔵四五巻・九五頁上〜下）

随名釈は、俗は浮虚・風俗の意であるとする、通常一般の解釈である。因縁釈は、俗はそれと相待・対立の関係にある真によって成り立っているから真の意味を持つとする、先に見た別待・疎待による解釈である。顕道釈は、俗はその相待者としての俗ならざるものとの関係において成り立っているから不俗の意であるとする、先の通待・密待による解釈で、また真理と教説の観点からの解釈であり、そしてまた作用より本体へという観点からの解釈でもある。無方釈は、顕道釈の不俗の意味を更に敷衍して、俗はあらゆる現象の意味を持つとするもので、本体より作用へという観点からの解釈である。真の概念・意味についても俗と同様である。

この四種の釈義は、世間一般の概念としての随名釈を基礎とし、俗とそれに対立する真に拠る因縁釈、俗と俗以外の概念に拠る顕道釈、更に俗とあらゆる概念という無方釈へと展開している。名仮をベースとし、それに相待仮の捉え方を組み合わせ、最終的にはそれら全てを乗り超えていくという構造になっていると考えられる。

そしてこの四種の釈義の構造は、四重の二諦を分析する中で見た、有から無、有無から非有非無、……と続いていく中仮の論理の展開と、全く同じなのである。そうだとすると、中仮の根底にある思惟方法も、四種の釈義と同様に、名仮と相待仮との組み合わせによって発想されていたと言うことができよう。またそうした中仮は、言説を手掛りとして真理を志向していく仮から中へという観点から見れば「理教」と、現象の本来のありかたを言葉として説示する中から仮へという観点から見れば「体用」と、それぞれ言い換えることが可能である。だが基礎的な論理構造としては、やはり中仮が第一に挙げられるべきであろう。中仮という論理によってこそ、吉蔵の二諦論は展開しえたからである。

一―二　羅什訳経論に見える中仮思想

吉蔵は、自身の見解を裏づける証拠・典拠として、鳩摩羅什訳の諸経論を引用し、またそのうちの多くに注釈を施している。従ってかれの中仮思想も、やはりこの羅什訳の経論に拠って形作られていったと考えられる。そこで、中仮との関わりから特に重要だと思われる『中論』『大品般若経』『大智度論』『成実論』の所説を検討し、吉蔵の思想とそれら諸経論の思想との関連を窺うことにしたい(7)。

まず中仮という概念について見よう。中仮は諸経論の中で一体どういう概念として説かれているか。

諸々の因縁が生み出す現象は、それらは無だと私は説く。また仮名であるとし、またそれは中道のことである。

……

［青目釈］諸々の因縁が生み出す現象について、それらは空だと私は説く。どうしてか。多くの縁が備わり合わさって物が生じる。つまり物は多くの因縁に属するから、そのもの自体としての実体である自性が無い。自性が無いから空である。空もまたやはり空である。ただ衆生を導こうとするから、仮名によって説き、有や無

といった偏った見方を離れさせるので、中道と名づける。つまり現象には実体が無いから、有だとは言えない。また空も無いから、無だとは言えない。

衆因縁生法、我説即是無。亦為是仮名、亦是中道義。……

【青目釈】衆因縁生法、我説即是空。何以故。衆縁具足和合而物生。是物属衆因縁、故無自性。無自性故空。空亦復空。但為引導衆生故、以仮名説、離有無二辺、故名為中道。是法無性、故不得言有。亦無空、故不得言無。（『中論』巻四・観四諦品、大正蔵三〇巻・三三頁中）

諸々の現象はいずれも因縁和合の上に成り立っており、何ら固定的な実体（自性）を持たず、その限りにおいて確かに空であると言えるのだが、そのもの自体としては有であるとも無（空）であるとも規定できない。ただ衆生に有・無という偏った見解を捨てさせるために、仮に無（空）だと説き示す。

諸仏は或る時には我と説き、或る時には無我と説く。諸々の現象の実相には、我も無く非我も無い。諸々の現象の実相とは、心の働きや言語が断たれており、生も無くまた滅も無く、涅槃のように寂滅しているのだ。

諸仏或説我、或説於無我。諸法実相中、無我無非我。諸法実相者、心行言語断、無生亦無滅、寂滅如涅槃。（『中論』巻三・観法品、大正蔵三〇巻・二四頁上）

そもそも、現象の真実のありようは、あらゆる思慮・概念を超越している。

もしも俗諦に依らなければ、第一義を得ることができない。第一義を得ることができなければ、涅槃を得ることができない。

【青目釈】 第一義は、皆な言説に因る。言説は世俗のものである。従ってもしも世俗に依らなければ、第一義を説くことができない。もしも第一義を得ることができなければ、涅槃に至ることなどできようがないではないか。

若不依俗諦、不得第一義。不得第一義、則不得涅槃。

【青目釈】 第一義、皆因言説。言説是世俗。是故若不依世俗、第一義則不可説。若不得第一義、云何得至涅槃。

（『中論』巻四・観四諦品、大正蔵三〇巻・三三頁上）

だが、言説に拠らなければそうした現象の真実のありさまを説き明かすことができない。『中論』では、言説を超越した現象の真実のありさまと概念・名称による説示との間のジレンマが一つの大きなテーマである。そこで「仮名」の説示によってその解消をはかり、衆生を正しい認識へ導こうとする。『中論』自体、あらゆる現象の分析に際して否定を繰り返すことにより、正しい認識・態度である中道の実現を企てるのだが、一方「仮名」については、『大品般若経』で特に一品を設け、次のように更に詳しく説かれている。

仏が須菩提に告げる。般若波羅蜜は、やはりただ名字が有るだけで、それを般若波羅蜜と名づける。菩薩と菩薩という呼び名も、やはりただ名字が有るだけだ。この名字は内に在るのでなく、外に在るのでなく、中間に在るのでもない。須菩提よ。譬えば我という名字を説く場合でも、我は因縁和合によって有るわけだから、つまり我という名字は不生不滅であり、ただ世間の名字によってかく説くようなものなのだ。

仏告須菩提。般若波羅蜜、亦但有名字、名為般若波羅蜜。菩薩菩薩字、亦但有名字。是名字不在内、不在外、不在中間。須菩提。譬如説我名、和合故有、是我名不生不滅、但以世間名字故説。(『摩訶般若波羅蜜経』巻二・三仮品、大正蔵八巻・二三〇頁下)

あらゆる現象は因縁和合によって成り立っているから、それに付けられた名称は世間の通例に従って与えられた「仮名」であり、そこには何も実体が無い。

菩薩摩訶薩が般若波羅蜜を行じる際に、名仮施設、受仮施設、法仮施設があり、そのように学ばなければならない。

菩薩摩訶薩行般若波羅蜜、名仮施設、受仮施設、法仮施設、如是応当学。(『摩訶般若波羅蜜経』巻二・三仮品、大正蔵八巻・二三一頁上)

更に、般若の智慧を実践する際に、菩薩は現象を名仮・受仮・法仮の三つの範疇で捉えなければならないと言う。この三つの仮の詳しい説明を『大智度論』で見よう。

菩薩は以下のように三種類の波羅聶提を学ばなければならない。色・受・想・行・識の五陰などのものは、法波羅聶提と名づける。五陰が因縁和合するから衆生と名づけたり、諸骨が和合するから頭骨と名づけたり、根茎枝葉が和合するから樹と名づけたりする場合、これを受波羅聶提と名づける。これらの名字により、現象の姿を捉え、この二種類の波羅聶提を説くのを、名字波羅聶提とする。……行者はまず名字波羅聶提を打ち破って、受波羅聶提に至る。次に受波羅聶提を打ち破って、法波羅聶提に至る。法波羅聶提を打ち破って、諸々の現象の実相に至る。実相とは、諸々の現象と名字とが空だと捉える、般若波羅蜜である。

菩薩応如是学三種波羅聶提。五衆等法、是名法波羅聶提。五衆因縁和合、故名為衆生、諸骨和合、故名為頭骨、如根茎枝葉和合、故名為樹、是名受波羅聶提。用是名字、取二法相、説是二種、是為名字波羅聶提。……行者先壊名字波羅聶提、到受波羅聶提。次破受波羅聶提、到法波羅聶提。破法波羅聶提、到諸法実相中。諸法実相、即是諸法及名字空、般若波羅蜜。(『大智度論』巻四一、大正蔵二五巻・三五八頁中～下)

それぞれに名字波羅聶提・受波羅聶提・法波羅聶提と言い換えられているが、注目すべきは、般若の智慧の実践に際し、まず最初に名字が空であると観察しなければならないとされている点である。つまり三つの仮のうち、名仮という捉え方が最も基本で肝要だとされている。

ところで『大智度論』では、現象の捉え方について、名・受・法の三つの仮の他に、相待有・仮名有・法有という三つの範疇も説かれている。

相待とは、長と短、あれとこれ、というようなもの。実は長も短も無く、またあれもこれも無く、相待によって名が有る。長は短に因って有り、短もやはり長に因る。あれもまたこれに因り、これもやはりあれに因る。……これらはいずれも名が有るが実体が無い。これらのものを、相待有と名づける。

相待者、如長短彼此等。実無長短、亦無彼此、以相待故有名。長因短有、短亦因長。彼亦因此、此亦因彼。……此皆有名而無実也。如是等、名為相待有。(『大智度論』巻一二、大正蔵二五巻・一四七頁下)

このうち相待有とは、長と短・あれとこれといった対立する二者が、相待的な関係の中で与えられた概念であり、何ら実体を持つものではない、とするものである。この相待有の二者対立の範疇については、『大品般若経』で般若の智慧の実践に関わって次のように説かれる。

須菩提よ。あらゆる和合している現象は、皆な仮名である。名によって諸々の現象を受け取るので、名とするのだ。あらゆる有為の現象は、ただ名字・姿形が有るだけなのだが、凡夫愚人は、その中において執着を生じる。菩薩摩訶薩は般若波羅蜜を行じる際に、方便力により、名字の中について、教えて離れさせる。……須菩提よ。二種類の姿形が有るのは、凡夫の人が執着する所である。何を二とするのか。一は色の姿形、二は無色の姿形である。……菩薩摩訶薩は般若波羅蜜を行じる際に、衆生に姿形を離れさせ、姿形も実体も無い中に至らせる。
須菩提。一切和合法、皆是仮名。以名取諸法、是故為名。一切有為法、但有名相、凡夫愚人、於中生著。菩薩摩訶薩行般若波羅蜜、以方便力故、於名字中、教令遠離。……須菩提。有二種相、凡夫人所著処。何等為二。一者色相、二者無色相。……菩薩摩訶薩行般若波羅蜜、教衆生遠離相、令住無相性中。(『摩訶般若波羅蜜経』巻二四・善達品、大正蔵八巻・三九八頁中～下)

衆生はさまざまな名称・概念と共に、対立する二者に強くとらわれている。菩薩はそうしたとらわれから衆生を救い出さねばならない。

仏が須菩提に告げる。二は有法、不二は無法である。……あらゆる現象の姿形は皆な二であり、あらゆる二は皆な有法である。まさしくこの有法により、生死が有る。生死が有ることにより、生老病死の憂悲苦悩を離れることができない。こうした因縁から、須菩提よ、以下のように知らなければならない。二なる姿形が有れば、檀那波羅蜜ないし般若波羅蜜が無く、道が無く、道果が無く、さらに順忍が無い。

仏告須菩提。二是有法、不二是無法。……一切相皆是二、一切二皆是有法。適有有法、便有生死。適有生死、不得離生老病死憂悲苦悩。以是因縁故、須菩提、当知。二相者、無有檀那波羅蜜乃至般若波羅蜜、無有道、無有果、乃至無有順忍。（『摩訶般若波羅蜜経』巻二二・遍学品、大正蔵八巻・三八三頁中～下）

なぜなら、あらゆる現象は二者相待の姿において捉えられるが、その二者にとらわれていることが、まさしく悟りを妨げ三界の苦悩を齎すもとだからである。すなわち『大品般若経』及び『大智度論』では、先に見た名仮という捉え方と共に、ここで見た相待的な関係にある二者対立という捉え方が重視されている。

そしてまたこのような「仮名」についての主張は、『成実論』でも次のように説かれる。

無明とは、仮名に随う心のことである。この誤った心に因り、諸々の仕業を将来する。そこで「無明は行を縁ず」と言うのである。

無明者、謂随仮名心。因此倒心、能集諸業。故曰、無明縁行。（『成実論』巻二・法聚品、大正蔵三二巻・二五三頁中）

仮名に随い追い求めるのを、無明と名づける。凡夫に対して音声に随って我と説くが、その中には実は我も無く我に属するものも無いようなもの。ただ諸々の現象が和合したのを、仮に人と名づけるのだ。凡夫はそこのところが解らないから、我にとらわれた心を生じる。我にとらわれた心の生じるのが、すなわち無明である。

随逐仮名、名為無明。如説凡夫随我音声、是中実無我無我所。但諸法和合、仮名為人。凡夫不能分別、故生我心。我心生、即是無明。（『成実論』巻九・無明品、大正蔵三二巻・三一二頁下）

「仮名」にとらわれた衆生の心こそが煩悩の根本としての無明だとする。つまり、「仮名」をかりそめのものと捉えることができずに、そこに何らかの実体が有ると執着する衆生の心のありよう・態度が、衆生を三界の業苦に繋縛している根本原因だと言うのである。(8)

また次に、仏は二諦を説く。いわゆる世諦と第一義諦とである。かくてこれは智者が壊すことのできないものであり、また智慧の無い凡夫も諍うことをしないのだ。また仏は世間と共には諍わない。世間が有と言えば、仏もやはり有と説き、世間が無と言えば、仏もやはり無と説く。従って諍うことが無いのだ。諍うことが無いから、壊すことができないのである。

復次、仏説二諦。所謂世諦第一義諦。是故智者所不能壊、凡夫無智亦不与諍。又仏不与世間共諍。世間謂有、仏亦説有、世間謂無、仏亦説無。是故無諍。以其無諍故、不可壊。(『成実論』巻一・四無畏品、大正蔵三二巻・二四一頁中)

そこで諸仏・菩薩は、衆生のとらわれた見解・認識に即しつつ真実を説き明かす。それが二諦の教えである。この二諦については『中論』でも次のように説く。

諸仏は二諦に依り、衆生のために教を説く。一は世俗諦、二は第一義諦である。……

[青目釈] 世俗諦とは、あらゆる現象の実質は空なのだが、世間は誤っているから、虚妄の現象を生み出しており、世間においてこれが真実である。諸々の賢聖は誤りの実質を正しく知っているから、あらゆる現象は皆

な空であり無生だと解っており、聖人においてこれが第一義諦であって、真実と名づける。諸仏はこの二諦に依って、衆生のために教を説く。もしも人が如実に二諦を捉えることができないと、甚深の仏法において、真実の意味が解らない。

諸仏依二諦、為衆生説法。一以世俗諦、二第一義諦。……

【青目釈】世俗諦者、一切法性空、而世間顛倒、故生虚妄法、於世間是実。諸賢聖真知顛倒性、故知一切法皆空無生、於聖人是第一義諦、名為実。諸仏依是二諦、而為衆生説法。若人不能如実分別二諦、則於甚深仏法、不知実義。(『中論』巻四・観四諦品、大正蔵三〇巻・三二頁下)

凡夫・聖人それぞれの有・空という認識に沿って教説を展開するのが二諦だと言う。かく二諦が理解されるとすれば、そこでは、衆生における認識のありようとしての有無と、諸仏・菩薩の説示する方便としての有無とが、意味・内容を異にしていると言えるであろう。一方は誤った偏見だが、他方は真実を示す言説だと捉えることができるからである。そこでまたこうした二諦を、衆生の素質に合わせた諸仏・菩薩の対機説法の形式として、すなわち真理を言葉で指し示すための一つの方法論として捉えることも、至極当然なことと言えるではないか。

一―三　むすび

二諦の所論を中心に吉蔵の中仮思想を分析し、そしてそれとの関連から羅什の翻訳経論に見える中仮の所説を検討した。

中仮とは、衆生の認識のありように関わって本来限定的なものとしてある名称・概念を、諸仏・菩薩の自在無碍な説法としての言葉へと転換する役割を担った概念・論理である。それは吉蔵思想の形成に欠くべからざる要素であったと言える。さまざまな衆生の素質のありように即して中仮を導入し展開させることにより、かれの二諦の主張が成立しえたと考えられるからである。そしてその中仮の根底には、名仮・相待仮という範疇があり、さてこそ仮から中へ、中から仮へ、更にまた仮から中へ、……という具合に不断に連続・深化していく論理構造を取りえたのである。

そうした中仮の発想は、既に『中論』に見える。また名仮・相待仮の範疇は、『大品般若経』『大智度論』『成実論』の「仮名」に関する所説に窺える。衆生に対する対機説法としての二諦論の原型は、『中論』『成実論』の所論に見出せる。つまり吉蔵は、自身の見解を権威づけるために羅什訳の諸経論を引用するだけではなく、経論の所説の内容・思想を十分に取り込み消化した上で、更にそれを展開させていったと考えられる。従来の研究では、吉蔵の初章・中仮思想の淵源が曇影「中論序」や僧肇『肇論』に求められることが多かった[9]。勿論それらの著作の影響が大きかったことは間違いないのだが、既に羅什の翻訳経論自体にその萌芽が確かに認められるのであり、いわゆる「関中の旧義」の継承者としての吉蔵の自負も、それでこそ成程と首肯できると言えよう。

（1）本書第二章第六節「全体を通して――吉蔵思想の基調」。また平井前掲書第二篇第二章「吉蔵思想の論理的構造」参照。

（2）この四つの意味を説く理由については、『中観論疏』巻一本に「一者、求性有無不可得、故云、非有非無、名為中道。外人既聞非有非無、即謂無復真俗二諦、便起断見、是故次説而有而無以為二諦、接其断心。次欲顕而有而無、明其是中道有無、不同性有無義、故次明二諦用中、双弾両性。次欲転仮有無二、明中道不二、故明体中」（大正蔵四二巻・一一頁中）と解説されているのも参照。

（3）この三つの中は、認識の正しいありかたとしての意味から対偏正・尽偏正・絶待正とも言われる（『三論玄義』、大正蔵四五巻・七頁中）。

（4）三論学派の初章義については、伊藤隆寿「三論教学における初章中仮義」上・中・下（『駒沢大学仏教学部研究紀

要』第三二～三四号、一九七四～七六年）参照。

（５）『中観論疏』巻二本に「問。師何故立於中仮、復以何義破中仮耶。答。……対由来性義、是故立仮。治学教偏病、所以明中。令捨偏不著中、性去不留仮。即須知、偏捨無所捨、性去無所去」（大正蔵四二巻・二七頁中）とあるのを参照。吉蔵が批判する「中仮師」と呼ばれる人々は、中仮にとらわれている人々を指すと考えられる。

（６）こうした現象と名称との関係についての所論は、僧肇の「夫以名求物、物無当名之実。以物求名、名無得物之功。物無当名之実、非物也。名無得物之功、非名也。是以名不当実、実不当名。名実無当、万物安在」（『肇論』不真空論、大正蔵四五巻・一五二頁下）という議論を受けていると思われる。

（７）羅什の訳経の思想については、任継愈主編『中国仏教史』第二巻（中国社会科学出版社、一九八五年）第二章第七節「鳩摩羅什所訳仏教典籍的中心思想」参照。また羅什の思想については、伊藤隆寿『中国仏教の批判的研究』本論第二章「鳩摩羅什の仏教思想」参照。

（８）『成実論』に相待仮を見易い形で提示・解説している箇所は無いが、論の処々で因成・相続・相待の三つの仮に沿った議論が見られる。なお『二諦義』巻下で成実学派の二諦論を解説し、「為異具所成故、是因成仮。異具所成者、四微成柱、五陰成人也。前念滅、後念続前念、名相続仮。長短方円、名相待仮。具三仮、故為世諦、三仮挙体不可得、為真諦」（大正蔵四五巻・一一三頁上）とあるのが参考になる。

（９）平井前掲書四六三～四六六頁。なお平井氏は専ら『肇論』、特に「不真空論」にその典拠を求めているが、「涅槃無名論」にも涅槃のさまを説いて「篤患之尤、莫先於有、絶有之称、莫先於無。故借無以明其非有。明其非有、非謂無也」（大正蔵四五巻・一五九頁中）とあり、また『注維摩』に「如来去常故説無常、非謂是無常。去楽故言苦、非謂是苦。去実故言空、非謂是空。去我故言無我、非謂是無我。去相故言寂滅、非謂是寂滅。此五者可謂無言之教、無相之談」（巻三・弟子品、大正蔵三八巻・三五三頁中）とあるのも同様の趣旨だと思われる。

第二節　古訳般若経の「仮」の思想をめぐって——中仮以前I

前節で検証したように、吉蔵の中仮思想は、羅什訳『中論』『大品般若経』『大智度論』『成実論』の思想に基づいて構築されている。ところで、般若経は羅什の来華以前に既に数種の翻訳があった。古訳と総称されるそれらのテキストを紐解いてみると、やはり「仮」についてのさまざまな見解が示されている。吉蔵が直接には羅什訳の経論に拠っていたとしても、かれの思想が成り立ちうるための思想的な下地を、そうした古訳の見解が既にある程度準備していたと見ることができはしまいか。そこで本節では、古訳般若経の「仮」に関わる所説を窺い、また古訳に拠った道安（三一二〜三八五）と支遁（三一四〜三六六）の思想を検討して、吉蔵の思惟のありようを検証する。

二—一　古訳般若経の「仮」の思想

羅什以前の般若経の翻訳は数種類あるが、後に見る道安と支遁との関わりから、ここでは『道行経』『光讃経』『放光経』（いずれも大正蔵八巻所収。以下、本節の引用では経典名と共に略す）の三つの般若経の所説を、相互に比較・対照しながら検討することにしたい(1)。

㈠『道行経』の思想

最初に、後漢・桓帝の時に竺朔仏が胡本を齎し、霊帝の光和二（一七九）年に支讖が訳出した『道行経』の所説を見よう(2)。

般若経の主張の中心の一つは、般若波羅蜜を実践する者の態度や心構えが如何にあるべきかという点にあり、どのテキストでもこのことが繰り返し問題にされる。『道行経』でも、般若を実践する際に取るべき態度を次のように述べる。

仏が言う。色に執着した実践をしない者は、般若波羅蜜を実践している。痛痒・思想・生死・識に執着した実践をしない者は、般若波羅蜜を実践している。これを菩薩摩訶薩の行とする。色において執着せず、痛痒・思想・生死・識において執着せず、須陀洹・斯陀含・阿那含・阿羅漢・辟支仏・仏道においてやはり執着しない。どうしてか。さまざまな執着を乗り超えるから、薩芸若の中に身を置く。これを般若波羅蜜とする。

仏言。不著色行者、為行般若波羅蜜。不著痛痒思想生死識行者、為行般若波羅蜜。是為菩薩摩訶薩行。於色為不著、於痛痒思想生死識為不著、於須陀洹斯陀含阿那含阿羅漢辟支仏仏道亦不著。所以者何。以過諸著故、復出薩芸若中。是為般若波羅蜜。（巻三・清浄品、四四三頁上）

諸々の現象（色）やさまざまな認識作用（識）に執着（著）せず、また修道の結果到達する理想的な状態だと人々が考える二乗の聖者や仏道の境涯にも執着しないのが、般若を実践する菩薩の修道である。なぜなら、さまざまな執着を離れることによって真実の智慧（薩芸若）を実現するからである。

また、このように現象や認識作用や理想的な境涯が「有」るとしてそれに執着することだけを戒めるのではない。

舎利弗が須菩提に問う。何を執着とするのか。須菩提が言う。色が空だと知るのを、執着と言う。痛痒・思想・生死・識が空だと知るのを、執着と言う。

舎利弗問須菩提。何所為著。須菩提言。知色空者、是曰為著。知痛痒思想生死識空者、是曰為著。（巻三・清浄品、

四四二頁中)

すなわち、現象や認識作用が「空」であるとすることも執着であり、それと明言してはいないがやはり克服すべき悪い事態と捉えているようである。

仏が須菩提に告げる。菩薩摩訶薩で般若波羅蜜を実践する者は、色が過ぎ行くと観じない。そこで般若波羅蜜を実践している。痛痒・思想・生死・識が過ぎ行くと観じない。そこで般若波羅蜜を実践している。色の過ぎ行くことが無いと観じない。そこで般若波羅蜜を実践している。痛痒・思想・生死・識の過ぎ行くことが無いと観じない。そこで般若波羅蜜を実践している。現象であると捉えない。そこで般若波羅蜜を実践している。また現象でないと捉えない。そこで般若波羅蜜を実践している。

仏語須菩提。菩薩摩訶薩行般若波羅蜜者、不観色過。為行般若波羅蜜。不観痛痒思想生死識過。為行般若波羅蜜。不観色無過。為行般若波羅蜜。不観痛痒思想生死識無過。為行般若波羅蜜。不見是法。為行般若波羅蜜。亦不見非法。為行般若波羅蜜。(巻四・持品、四四五頁下)

かくして、現象や認識作用が無常だ(過)とも常だ(無過)とも捉えず、また現象が現象そのものだ(法)とも現象そのものでない(非法)とも見なさないことが、般若を実践することだと言う。

このように「有」や「空」という違いにかかわらずあらゆる執着を否定するのは、勿論それが真実の智慧を妨げる原因だからだが、それでは現象のありさまはどのように捉えられるか。更に『道行経』の記述を見ていこう。

仏が言う。般若波羅蜜を実践する者は、色を壊して無常だと捉えず、痛痒・思想・生死・識を壊して無常だと捉えない。どうしてか。本無だからだ。

仏言。行般若波羅蜜者、不壊色無常視、不壊痛痒思想生死識無常視。何以故。本無故。（巻二・功徳品、四三七頁上）

般若を実践する者は、現象や認識作用を打ち壊した上でそれが無常であると見なしているのではない。なぜならそれらは全て本来無（本無）だからである。

〔仏が須菩提に告げる。〕何が本無かと言えば、あらゆる現象はやはり本無である。諸々の現象が本無であるように、須陀洹道もまた本無であり、斯陀含道もまた本無であり、阿那含道もまた本無であり、阿羅漢道・辟支仏道もまた本無であり、怛薩阿竭もまた本無である。本来ただ一つの無であって、異なるものが無いのであり、そこでそこに入っていかない所が無く、かくてあらゆる事物を悉く知るのである。このように須菩提よ。般若波羅蜜は、本無である。……怛薩阿竭は般若波羅蜜に因って、悉く世間は本無であって異なるものが無いと知る。このように須菩提よ。怛薩阿竭は悉く本無であると知るのであり、それだからこそ仏と呼ぶのである。

〔仏語須菩提。〕何所是本無者、一切諸法亦本無。如諸法本無、須陀洹道亦本無、斯陀含道亦本無、阿那含道亦本無、阿羅漢道辟支仏道亦本無、怛薩阿竭亦復本無。一本無、無有異、無所不入、悉知一切。是者須菩提。般若波羅蜜、即是本無。……怛薩阿竭因般若波羅蜜、悉知世間本無、無有異。如是須菩提。怛薩阿竭悉知本無、爾故号字為仏。（巻五・照明品、四五〇頁上）

すなわち、あらゆる現象は本来無（本無）なのであり、その点で何も違いが無い。従って二乗の聖者の境涯も、如来

（怛薩阿竭）の境涯も、般若自体も、いずれも本来無であって実体が無い。そして般若によってこの「本無」を知った者を仏と呼ぶのだと述べる。

ところでこうした現象のありさまについては、ここで見た「本無」の他に、「自然」「幻」という見解も提示されている。まず「自然」について。

仏が須菩提に告げる。色には執着することが無く、縛ることが無く、脱することが無い。どうしてか。色が自然だから色とするからだ。痛痒・思想・生死・識には執着することが無く、縛ることが無く、脱することが無い。どうしてか。識が自然だから識とするからだ。

仏語須菩提。色無著、無縛、無脱。何以故。色之自然故為色。痛痒思想生死識無著、無縛、無脱。何以故。識之自然故為識。（巻三・泥犁品、四四一頁下）

現象や認識作用には、執着ということも、束縛ということも、解脱ということも無い。それらはそれぞれ自ずから（自然）に、現象なり認識作用なりとして成り立っているからである。次いで「幻」について。

仏が言う。……須菩提の理解はどうか。幻と色とは異なっているかそうでないか、幻と痛痒・思想・生死・識とは異なっているかそうでないか。須菩提が仏に答えて言う。その通り、世尊よ。幻と色とは異なっていない。色は幻であり、幻は色である。幻と痛痒・思想・生死・識とは等しく異なっていない。仏が言う。どうかな須菩提よ。認識する所が現象によらず五陰に左右されないのを、菩薩と呼ぶか。須菩提が言う。その通り、世尊よ。学んで仏と成ろうとする菩薩は、幻を学ぶのである。

仏言。……於須菩提意云何。幻与色有異無、幻与痛痒思想生死識有異無。須菩提報仏言。爾、天中天。幻与色無異也。色是幻、幻是色。幻与痛痒思想生死識等無異。仏言。云何須菩提。所想等不随法従五陰、字菩薩。須菩提言。如是、天中天。菩薩学欲作仏、為学幻耳。（巻一・道行品、四二七頁上）

現象や認識作用はいずれも実体の無い幻と異なる点が無く、従って現象がすなわち幻であり幻がすなわち現象である。そしてこのように幻であることを学ぶのが菩薩なのだと言う。

以上見た「本無」「自然」「幻」は、いずれも真実の智慧によって明らかにされる現象の真実のありさまについて言われた事柄だと思われる。つまり、現象が「有」や「空」を超越していることから「本無」という見解が提示され、現象に本来執着や解脱などの事態が無いことから「自然」という見解が提示され、また菩薩の修道のありかたとの関わりから「幻」という見解が提示されていると見なすことができよう。

さて、かく菩薩は現象が「幻」だと学ばねばならないのだが、それではそれはどういうことか。すなわち、菩薩は般若の教えに如何に従い修道すべきなのか。

〔仏が須菩提に告げる。〕般若波羅蜜は、本より形が無く、ただ字が有るだけだ。菩薩が般若波羅蜜の教に随う際には、そうでなければならない。般若波羅蜜は、本来何かから生じるものではない。菩薩が般若波羅蜜の教に随う際には、そうでなければならない。般若波羅蜜は、等しく異なるものが無い。菩薩が般若波羅蜜の教に随う際には、そうでなければならない。幻化や野馬は、ただ名が有るだけで形が無い。菩薩が般若波羅蜜の教に随う際には、そうでなければならない。

〔仏語須菩提。〕般若波羅蜜、本無形、但有字耳。菩薩随般若波羅蜜教、当如是。般若波羅蜜、本無所従生。菩薩随般若波羅蜜教、当如是。般若波羅蜜、等無有異。菩薩随般若波羅蜜教、当如是。幻化及野馬、但有名無形。菩薩随般若波羅蜜教、当如是。（巻九・随品、四七〇頁中）

般若は本来姿形が無く、ただ名称（字・名）が有るだけで、例えば、幻や陽炎のようなもの。菩薩はそれを良く弁えて般若の教えに従わなければならない。

須菩提が仏に申し上げる。仏は私に諸々の菩薩のために般若波羅蜜を説かせるのだから、菩薩はその説の中から学び成し遂げなければならない。仏が私に菩薩に対して説かせる際に、菩薩に字が有るとするならば、すなわち菩薩に字が有ると執着する。字が無いとするならば、現象の中で一体何を菩薩と呼ぶのか。結局菩薩という現象が有るのを見ない。菩薩という現象と字とが結局無いのだから、菩薩を見ないし、その存在する場所を見ない。どうして菩薩が有って、般若波羅蜜を教えなければならないとするのか。

須菩提白仏言。仏使我為諸菩薩説般若波羅蜜、菩薩当従中学成。仏使我説菩薩、菩薩有字、便著菩薩有字。無字、何而法中字菩薩。了不見有法菩薩。菩薩法字了無、亦不見菩薩、亦不見其処。何而有菩薩、当教般若波羅蜜。（巻一・道行品、四二五頁下）

また、菩薩のために般若の教えを説くという説明を一応するのだが、菩薩と名づける存在が固定的に有るわけではない。

須菩提が言う。菩薩が般若波羅蜜を実践する際に、色を受け入れず、痛痒・思想・生死・識を受け入れない。色を受け入れないので色が無いとし、痛痒・思想・生死・識を受け入れないので識が無いとする。般若波羅蜜を受け入れない。どうして受け入れないのか。影を受け入れることが無いように、何も得られる所が無いから受け入れないのだ。菩薩が般若波羅蜜を実践する際には、あらゆる字法を受け入れない。

須菩提言。菩薩行般若波羅蜜、色不受、痛痒思想生死識不受。不受色者為無色、不受痛痒思想生死識者為無識。般若波羅蜜不受。何以故不受。如影無所取、無所得故不受。菩薩行般若波羅蜜、一切字法不受。（巻一・道行品、四二六頁上～中）

従ってまた、菩薩が般若を実践するに際しては、現象も認識作用もまた他でもない般若自体も受け入れない。あらゆる「字法」、すなわち名称が有るだけで実体の無いあらゆる事柄を固着して受け入れないことが、つまりは般若を実践することだと言う。

以上見てきたように、『道行経』では、般若を実践する際にあらゆる執着を取り去るべきことが言われる。またそうした執着との関連から、現象の本当のありさまを「本無」「自然」「幻」とする見解が提示されている。そしてまた、事物の名称である「字」「名」をそのもの自体と執着して受け取らないことが般若の実践だと主張されている。

(二) 『光讃経』の思想

次いで、西晋・太康七（二八六）年に祇多羅が胡本を齎し、同年のうちに竺法護が訳出した『光讃経』の所説を見よう[3]。

『光讃経』は、『道行経』と同様に諸々の現象が「自然」であると主張する。だが『道行経』とはまた異なる説明も見受けられる。最初にこの点を見よう。

須菩提が舎利弗に言う。色を離れると言うのは、色が自然だからである。痛痒・思想・生死・識を離れると言うのは、識が自然だからである。檀波羅蜜を離れると言うのは、檀波羅蜜が自然だからである。尸波羅蜜・羼波羅蜜・惟逮波羅蜜・禅波羅蜜・般若波羅蜜を離れると言うのは、六波羅蜜が自然だからである。……舎利弗が須菩提に言う。どうして色が自然だと言い、どうして痛痒・思想・生死・識が自然だと言い、どうして十二因縁・三十七品・十八不共といった諸仏の教が自然だと言うのか。須菩提が答える。既に無所有だから、自然と言うのだ。色は無所有だから、色は自然だと言う。痛痒・思想・生死・識は無所有だから、痛痒・思想・生死・識は自然だと言う。

須菩提謂舎利弗。所謂離色者、色之自然故。所謂離痛痒思想生死識者、識之自然故也。所謂離檀波羅蜜、檀波羅蜜之自然故。所謂離尸波羅蜜羼波羅蜜惟逮波羅蜜禅波羅蜜般若波羅蜜、六波羅蜜自然故也。……舎利弗謂須菩提。何謂色自然、何謂痛痒思想生死識自然、何謂十二因縁三十七品十八不共諸仏之法自然乎。須菩提答曰。已無所有、故謂自然。色無所有、故曰色自然。痛痒思想生死識無所有、故曰痛痒思想生死識自然。（巻三・仮号品、一七〇頁中〜下）

現象や認識作用、また種々の波羅蜜や十二因縁・三十七道品・十八不共法といった諸仏の教えを離れることを主張するのは、それらが何も実体を持たず（無所有）、従って自ずと（自然）それとして成り立っているからである。

〔仏が須菩提に告げる。〕須菩提よ。阿羅漢という者は、自然である。自然だから空であり、そこで空だと言うのだ。辟支仏という者は、自然である。自然だから空であり、そこで空だと言うのだ。怛薩阿竭は、自然である。

自然だから空であり、そこで空だと言うのだ。

〔仏告須菩提。〕須菩提。阿羅漢者、則為自然。自然故空、故曰為空。辟支仏者、則為自然。自然故空、故曰為空。怛薩阿竭、則為自然。自然故空、故曰為空。（巻八・所因出衍品、一九九頁下）

また、二乗の聖者や如来の境涯はやはり自ずからなるもので、従って「空」なのだと述べる。つまり現象が「自然」であることについて、実体が無く「無所有」だから「自然」であり、また「自然」だから「空」であるという具合に、「自然」と「無所有」「空」とを結びつけ、『道行経』とはまた別の方向から説明している。

ところで、何故にさまざまな事柄が等しく「無所有」で「自然」で「空」であると捉えられるのか。現実には二乗は二乗、仏は仏であり、また色はあくまでも色、識はあくまでも識であって、それぞれの事柄が個々別々に有ると考えられるではないか。更に『光讃経』の記述を見ていこう。

〔須菩提が舎利弗に言う。〕眼・耳・鼻・舌・身・意は、悉く無所有で、また不可得である。眼色・耳声・鼻香・舌味・身更・意欲、六情・六識・六味・十八諸入の因縁、あらゆる諸事は、悉く無所有で、また不可得である。……菩薩と般若波羅蜜とは、悉く無所有で、また不可得である。……どうしてか。名づけて菩薩と呼ぶのだが、それは決してどこからか来るものではない。その名字は、決してどこかに在って菩薩とするのではない。だからこそ菩薩と名づけるのだ。菩薩と言うのは、ただそうした字を用いるだけであって、決してどこからか来るものではない。色と痛痒・思想・生死・識は、ただそうした字を用いるだけである。ただ字を字としてその言葉に執着してしまうわけだが、決して色は無く、痛痒・思想・生死・識は無いのだ。どうしてか。字もまた空なので、字は自然であって空なのだ。従って菩薩と名づけることにはならず、また菩薩と呼ぶような自己は無い。……舎利弗よ。言う所の菩薩とは、ただ仮号であるに他ならない。

〔須菩提謂舎利弗。〕眼耳鼻舌身意、悉無所有、亦不可得。眼色耳声鼻香舌味身更意欲、六情六識六味十八諸入因縁、一切諸事、悉無所有、亦不可得。……菩薩与般若波羅蜜、悉無所有、亦不可得。……何以故。字而字菩薩、従何来。其名字者、為在何所而為菩薩。是故名為菩薩。言菩薩者、但以字耳、従何所来。色痛痒思想生死識者、但以字耳。但字字著言耳、而無有色、無有痛痒思想生死識。所以者何。字者亦空、字自然空。不以是故名為菩薩、亦無已字為菩薩也。……舎利弗。所言菩薩、但仮号耳。（巻九・等三世品、二〇六頁上～中）

感覚器官の働きや認識対象である現象、更には般若や菩薩に至るまで、全ての事柄は何も実体を持たず（無所有）、そのもの自体として得ることができない（不可得）。なぜなら、それらは全てただそういう名称（字）をつけられ、かりそめにそう呼ばれている（仮号）に過ぎず、そうした「字」に相当する何らかの実体が有るのではないし、また「字」自体も実体が無く「空」だからである。

〔須菩提が仏に申し上げる。〕またその名号は、そこに止まる所が無く、また止まらないのでもない。どうしてか。衆生は、智慧の無い心によって仮の名号を行じており、行・識・名色・六入・所更・痛・受・愛・有・生老病死についても、やはり同様なのだ。仮に字が有るので、その字のもとについて、いずれも止まる所が無く、また止まらないのでもない。どうしてか。そう、世尊よ。あらゆる現象には悉く実体が無いからである。

〔須菩提白仏言。〕又其名号、亦無所住、亦不不住。所以者何。衆生之類、従無黠心仮名号行、行識名色六入所更痛受愛有生老病死、亦復如是。仮而有字、其字之本、都無所住、亦不不住。所以者何。唯然、世尊。以一切法悉無有本。（巻三・仮号品、一六八頁上）

ところが、衆生は智慧の無い心（無黠心＝無明）から仮の名称に執着し、行や識から生老病死に至るまでの、さまざまな苦しみの原因を作り出す。だがそうしたあらゆる事柄は、固定的な実体を持たず、あくまでも仮の「字」なわけだから、それに安住せず、また依拠しないのでもないといった態度が要請される。

仏がまた舎利弗に告げる。菩薩摩訶薩が般若波羅蜜を実践する時に、以下のように観じなければならない。菩薩という呼び名、仏という呼び名は、やはり仮号に他ならない。名色や痛痒・思想・生死・識も、やはり仮号である。いずれも我のようなもの。我とは、無所有であり、その実我が無く人が無く、命が無く寿が無い。また含血蠕動も、心が無く意が無い。何か所作が有るようだが自然なのだ。所習・所更・所見・知見の事柄、こうした類は、皆な不可得で、空であって無所著である。悉く仮号に由るのであり、ただ虚言が有るだけだ。このようであって菩薩摩訶薩は、般若波羅蜜を実践するのである。

仏復告舎利弗。菩薩摩訶薩行般若波羅蜜時、当作斯観。所号菩薩、所謂仏者、亦仮号耳。所謂名色痛痒思想生死識、亦仮号耳。皆由吾我。所謂我者、適無所有、無我無人、無命無寿。及含血蠕動、無心無意。若作所造自然。所習所更所見知見之事、如此輩類、皆不可得、空無所著。悉由仮号、但有虚言。如是菩薩摩訶薩、為行般若波羅蜜。（巻一・行空品、一五二頁中）

そこで、菩薩が般若を実践する際には、菩薩や仏といった境涯、現象や認識作用が、全て「仮号」であると見なければならない。衆生に「我」や「命」が無く実は「無所有」で、生き物に「心」や「意」が無く実は「自然」であるように、さまざまに知覚認識する事物を「不可得」で「空」と見なしてとらわれず、全てを「仮号」「虚言」と捉えねばならないと言う。

須菩提が言う。……須陀洹・斯陀含・阿那含・阿羅漢・辟支仏と言われるのは、皆な世俗の教に因ってこの言葉が有る。その本質・末葉を推量してみると、得るところが無く、成し遂げる道が無く、三乗が無い。舎利弗が須菩提に問う。得るところと成し遂げる道とは、世俗に因るのか。そのように五道が、世俗のことだとすれば、あらゆるものが悉く壊れるわけだから、真諦とは言えまい。答え。こうした事柄は、世俗に因り、得るところが有るとか道を成し遂げるとか言うのだ。五道も同様である。世俗の事柄が悉く壊れるわけだから、真諦とは言えない。どうしてか。真諦を成就しようとすれば、善も悪も無く、起きず滅せず、諸々の煩悩が無く、また恚りも恨みも無い。かくて真諦とするのである。

須菩提言。……所言須陀洹斯陀含阿那含阿羅漢辟支仏、皆因俗教而有此言。推其本末、無有逮得、無有成道、無有三乗。舎利弗問須菩提。所逮成道、因方俗乎。如是五道、方俗所言、所有悉壊、不為真諦。答曰。如是所言、因於世俗、言有所得而逮成道。五道亦然。方俗尽壊、不為真諦。所以者何。欲成真諦、無有善悪、不起不滅、無諸塵労、亦無恚恨。乃為真諦。（巻九・観行品、二〇八頁下～二〇九頁上）

従ってまた修道についても、聖なる境涯を獲得すると言ったり、道を成就すると言ったり、また三乗の違いをあげつらったり、そしてまた地獄・餓鬼・畜生・人・天という衆生がさまよう五つの世界を説くのも、世俗によってのことであり、そこでそうした世俗の事柄が打ち破られれば世俗に対する真理の世界（真諦）を云々することも無い。実は真理の世界とは、世俗の現象に善悪や起滅が無いと捉え、かくて煩悩や怒り・恨みが無くなることである。

その時須菩提が、諸天子のために事分けて説く。一つとして説くべき文字が無いので、分別を働かせてはならないし、また聞く者も無い。どうしてか。般若波羅蜜は、説き明かす文字が無く、またそれを聴く者も無いのだ。どうしてか。怛薩阿竭に文字が無いからである。……このように天子よ。あらゆる現象はやはりかりそめの化なのである。そこに説く者は無く、また聴く者も無い。譬えて言えば夢の中で仏が経を説くのを聞くようなものだ。

時須菩提、為諸天子、分別説言。無一文字而可説者、不可分別、亦無聞者。所以者何。般若波羅蜜、無文字説也、亦無聴者。所以者何。怛薩阿竭、無文字也。……如是天子。一切諸法亦化。彼無説者、亦無聴者。譬如夢中聞仏説経。（巻一〇・問品、二一二頁中）

そこでまた般若の教えを受け取るに際しても、あらゆる現象は移り行くかりそめのもの（化）だから、実は教えを説く者も聞く者も無いと弁えて受け入れねばならないと述べる。

以上見てきたように、『光讃経』では、現象の真実のありさまについて、「自然」という見解と「無所有」「空」という見解とが結びつけられ、『道行経』とはまた異なる説明の仕方がされている。執着や束縛の無い「自然」に注目し、それを更に掘り下げて分析していると言えようか。また現象の現実のありさまについて、『道行経』では「字」「名」「字法」という表現が用いられていたが、『光讃経』ではその他に「名号」「仮号」「虚言」などとより多様な表現がされており、この問題についての関心の広がりが窺える。そして衆生の執着の対象である「字」という表現よりも、菩薩の観行の対象である「仮号」の方へと関心の重点が移っているようである。またそれに伴い、真理を如何に説き明かしまたそれを如何に聞き入れるかといった問題についても配慮がなされている。

㈢『放光経』の思想

更に、西晋・太康三(二八二)年に朱士行が弟子の弗如檀に託して胡本を齎し、元康元(二九一)年に無叉羅と竺叔蘭が共同で翻訳し、永興元(三〇四)年に竺法寂が竺叔蘭と共に校訂を加えた『放光経』の所説を、先に見た『光讃経』との違いに注意しながら見よう。[4]

また次に舎利弗よ。般若波羅蜜を実践するに際し、菩薩は以下のように観じなければならない。菩薩はただ字であるだけ、仏もまた字であるだけ、般若波羅蜜もまた字であるだけ、五陰もやはり字であるだけだ。舎利弗よ。あらゆる我という者は、やはり皆な字に他ならない。我を探し求めても、やはり我など無い。……どうしてか。あらゆる現象は無所有であって、空だからである。従って菩薩は、あらゆる字法において、全て見る所が無く、また見る所が無い中においても、やはり見ることが無い。菩薩はこのように般若波羅蜜を実践すれば、諸仏を除き、あらゆる諸声聞・辟支仏を超え出ている。

復次舎利弗。行般若波羅蜜、菩薩当作是観。菩薩者但字耳、仏亦字耳、般若波羅蜜亦字耳、五陰者亦字耳。舎利弗。一切有言吾我者、亦皆字耳。索吾我、亦無有吾我。……何以故。一切諸法無所有、用空故。是故菩薩、於一切字法、都無所見、於無所見中、復不有見。菩薩作是行般若波羅蜜、除諸仏、過一切諸声聞辟支仏上。(巻一・仮号品、五頁上)

般若を実践するに際し、菩薩は、菩薩・仏・般若波羅蜜・五陰・我といったあらゆる事柄が全て「字」に過ぎず、探し求めても見つけられないと捉えなければならない。なぜなら、あらゆる現象は何も確たる実体を持たない「無所有」

で「空」だからである。従って、そうしたあらゆる「字法」を見ず、また見ないことにもとらわれない。かく菩薩の般若の実践は、二乗の聖者たちより優れている。

仏が言う。衆生は、いずれも名字の見掛けに縛られ、無端緒で空である事柄に執着している。そこで菩薩摩訶薩は般若波羅蜜を実践する際に、名字の姿形から、衆生を救済するのだ。須菩提が仏に申し上げる。何を名字の姿形とするのか。仏が須菩提に告げる。名字とは真実でなく、仮号して名づけるもの。仮号して五陰とし、仮名して人とし、男とし女とし、仮名して五趣及び有為・無為法とし、仮名して須陀洹・斯陀含・阿那含・阿羅漢・辟支仏・三耶三仏とするものだ。

仏言。衆生者、但共縛於名字数、著於無端緒。是故菩薩摩訶薩行般若波羅蜜、於名字相、抜済之。須菩提白仏言。何等為名字相。仏告須菩提。名字者不真、仮号為名。仮号為五陰、仮名為人、為男為女、仮名為五趣及有為無為法、仮名為須陀洹斯陀含阿那含阿羅漢辟支仏三耶三仏。（巻一八・超越法相品、一二八頁下〜一二九頁上）

また、般若を実践する菩薩は、衆生が「名字」に束縛され「無端緒」で空である事柄に執着しているので、仮に五陰などと名づけ、そうした「仮号」「仮名」を手掛りとして衆生を救済するのだと言う。つまり、さまざまな「名字」は実は菩薩が衆生を救済するために「仮」に名づけたもので、そこでそうした「仮号」「仮名」である事柄にとらわれ執着することが強く戒められていると言えよう。

こうしたとらわれについての戒めは、『放光経』の主張の眼目の一つであるらしく、さまざまな修道実践に関わって、表現を変えながら繰り返し説かれる。以下に見ていこう。

〔仏が言う。〕拘翼よ。菩薩は檀波羅蜜を実践する際に、もしも猗る所が有るならば、意念を生じ、「私がかの人に施与した」と言う。このようにするならば、布施に滞り住すとし、檀波羅蜜を成就しない。……仏が釈提桓因に告げる。菩薩の布施は、自ら有しないし、施す所が無いし、受け取る者が無い、かくてこそ檀波羅蜜を実践すると言える。般若波羅蜜に至るまで、有しもしないし得るものも無い。これがつまり菩薩が六波羅蜜を十分に実践するということだ。

〔仏言。〕拘翼。菩薩行檀波羅蜜、若有所猗、生意念言、我施与彼。作如是者、為住布施、不成檀波羅蜜。……仏告釈提桓因言。菩薩布施、亦不自有、亦不有所施、亦不有受者、是為行檀波羅蜜。至般若波羅蜜、亦不有亦不得。是為菩薩具足行六波羅蜜。（巻八・功徳品、五五頁中）

菩薩が布施をする際には、布施することに「猗」って「私がかの人に与える」という意識で行ってはならない。布施をする己れ自身、布施をするという行為、布施をする相手のいずれにもとらわれずに行うのが、本当の布施の実践である。他の波羅蜜についても同様に、それぞれの波羅蜜の実践に「住」して行ってはならない。

〔須菩提が仏に申し上げる。〕世尊よ。菩薩の位とはどのようで、菩薩の位でないとはどのようなことか。仏が言う。倚著するところが有るのは、菩薩の位ではない。倚著する所の無いのが、菩薩の位である。世尊よ。倚るとはどういうことで、倚らないとはどういうことか。仏が言う。五陰や十二衰は、菩薩の倚るところである。また薩云若も、やはり菩薩の倚るところの位である。須菩提よ。全て現象を見ず、また名字が無く、悉く倚る所が無いのが、菩薩の位なのだ。

〔須菩提白仏言。〕世尊。云何是菩薩位、云何非菩薩位。仏言。諸有倚著、非菩薩位。無所倚著、是菩薩位。世尊。

云何為倚、云何不倚。仏言。五陰十二衰、是菩薩倚。乃至薩云若、亦是菩薩倚位者。須菩提。都不見諸法、亦無有名字、尽無所倚、是菩薩位。（巻一七・無有相品、一二五頁上）

かくして、五陰・十二衰や薩云若といったあらゆる事柄を見ること無く「倚著」しないのが菩薩の立場だと言う。

仏が言う。……また次に須菩提よ。菩薩が五陰において執着する所が無いのを、般若波羅蜜を実践すると言う。眼・耳・鼻・舌・身・意や、六情において執着する所が無いのを、般若波羅蜜を実践すると言う。六波羅蜜において執着する所が無いのを、般若波羅蜜を実践すると言う。また薩云若に執着しないのを、般若波羅蜜を実践すると言う。

仏言。……復次須菩提。菩薩於五陰無所著、為行般若波羅蜜。眼耳鼻舌身意、於六情無所著、為行般若波羅蜜。於六波羅蜜無所著、為行般若波羅蜜。乃至薩云若不著、為行般若波羅蜜。（巻九・無作品、六五頁下）

同様にまた、五陰やさまざまな認識作用、六波羅蜜や薩云若に執着（著）しないことが、菩薩の般若の実践である。

須菩提が言う。……舎利弗よ。何を般若波羅蜜とするのかという問いについて、般若波羅蜜とは、遠離と名づける。問い。どうして遠離と名づけるのか。須菩提が言う。五陰を遠離し、十八性を遠離し、六衰を遠離し、檀波羅蜜より禅波羅蜜に至るまでを遠離し、内外空より有無空に至るまでを遠離し、三十七品より十八法に至るまでを遠離すること、これを遠離と名づける。

須菩提言。……舎利弗。所問何等為般若波羅蜜、般若波羅蜜者、名為遠離。問曰。何以故、名為遠離。須菩提言。

遠離五陰、遠離十八性、遠離六衰、遠離檀波羅蜜至禅波羅蜜、遠離内外空至有無空、遠離三十七品至十八法、是名為遠離。（巻五・問観品、三六頁上）

更にまた、五陰・十八性・六衰といった事柄、諸々の波羅蜜、種々の空、三十七道品・十八不共法といったさまざまな修道を「遠離」することが般若であると述べる。

以上見てきた「無所倚著」「無所著」「遠離」は、それぞれ表現が異なってはいるが、いずれも「仮号」である事柄に依拠し執着することを否定していると見なせよう。

さて、こうしたさまざまな執着を、『放光経』は次のような相い対する二者についてのとらわれに整理し分析する。

〔仏が須菩提に告げる。〕須菩提よ。凡愚な衆生は二相、すなわち二つの姿形に執着する。何を二とするか。一は形相、二は無形相である。何を形相とするか。諸々の好形・悪形・微形について、この移ろい変わる現象において、姿形が有るとする見解を起こすのを、形相と名づける。何を無形相とするか。諸々の無形の現象において、姿形が有るとする見解を起こして煩悩を生じるのを、無形相と名づける。菩薩は般若波羅蜜を学ぶ際に、漚惒拘舎羅（巧みな方便）により、無形相において諸々の衆生を救出し、無相に立脚しつつ不二を悟らせる。何を二とするか。形相が有るとしたり形相が無いとしたりする、これを二とする。須菩提よ。これがつまり、菩薩摩訶薩が相中において諸々の衆生を救出して無相に立脚させるということだ。

〔仏告須菩提。〕須菩提。凡愚以二相著。何等為二。一者形相、二者無形相。何等為形相。諸有好形悪形微形、於是消耗之法、於中有所起相、是名為形相。何等為無形相。諸無形之法、於中起相生垢、是名為無形相。菩薩学般若波羅蜜、以漚惒拘舎羅、於無形相出諸衆生、建立於無相処令不二入。何等為二。是相是無相、是為二。須菩提。

是為菩薩摩訶薩、於相中出諸衆生建立於無相。（巻一八・超越法相品、一二九頁上）

凡愚な衆生は、現象の姿形が有ることと無いこととのどちらかにとらわれている。そこで菩薩は、巧みな方便（漚惒拘舎羅）によってそうした有無の二者についてのとらわれを解き放ち、差別を超えた「不二」の世界に衆生を救い導く。

〔舎利弗が〕問う。何を法愛、すなわち現象についての愛執とするか。須菩提が答える。菩薩摩訶薩が般若波羅蜜を実践する際に、五陰について、五陰は空・無相・無願だと捉えるのを、法愛に順うとする。五陰について、五陰は空寂・無常・苦・空・非我だと捉えるのを、菩薩の法愛とする。五陰を滅しなければならないと言い、これが無為の証しであってこれは証しではないとし、これが成道だとし、これが執着でこれが断滅だとし、これを習うべきでこれは習うべきでないとし、これが菩薩の行であってこれは菩薩の行でないとし、これが道であってこれは道でないとし、これが菩薩の学であってこれは菩薩の学でないとし、これが六波羅蜜であってこれは六波羅蜜でないとし、これが漚惒拘舎羅（巧みな方便）であってこれは漚惒拘舎羅（巧みな方便）でないとする。こうした捉え方を菩薩が法愛に順うとするのである。

〔舎利弗〕問言。何等為法愛。須菩提報言。菩薩摩訶薩行般若波羅蜜、入於五陰、計校五陰空無相無願、是為順法愛。入於五陰、計校五陰空寂無常苦空非我、是為菩薩法愛。計校言当滅五陰、是無為証是非証、是成道、是著是断、是可習是不可習、是菩薩行是非菩薩行、是道是非道、是菩薩学是非菩薩学、是六波羅蜜是非六波羅蜜、是漚惒拘舎羅是非漚惒拘舎羅。是菩薩順法愛。（巻二・学品、一三頁上〜中）

また、菩薩の陥る愛執とは、相い対する二つの事柄の一方に偏った見解を持つことである。

仏が言う。菩薩は初めて仏道を志してから、現象に倚る所が有ってはならない。六波羅蜜を学び実践する際に、全てについて倚る所が有ってはならない。さらに薩云然にも倚る所が無いと見定めなければならない。何を倚るとし、何を倚らないとするか。仏が言う。二なる者を倚るとし、一なる者を倚らないとする。何を二とし、何を一とするか。仏が言う。眼と色とを二とし、六入と念法とを二とし、道と仏とを二とするのを、二とする。世尊よ。倚ることについて倚るところが無く、倚らないことについて倚るところが有るとは、どういうことか。仏が言う。倚ることについて倚るところが無く、倚らないことについても倚るところが無いのだ。倚ることと倚らないことにについて等しく処せば、それを倚るところが無いと言う。須菩提よ。倚ることと倚らないことについて等しい菩薩を、倚るところが無いと言い、そのように学ばなければならない。このように般若波羅蜜を学ぶ菩薩を、倚ることが無いとするのだ。

仏言。菩薩従発意、当無所倚法。学行六波羅蜜、皆当無所倚。乃至薩云然、当念無所倚。云何為倚、云何為不倚。仏言。二者為倚、一者為不倚。云何為二、云何為一。仏言。眼色為二、六入念法為二、道与仏為二、是為二。云何世尊。従有倚中無倚、従無倚中有倚。仏言。亦不従有倚中有倚、亦不従無倚中有倚。倚与無倚而一等入者、是謂無倚。須菩提。菩薩於倚無倚等者、是謂無倚、当作是学。菩薩如是学般若波羅蜜者、是為無有倚。（巻一六・漚和品、一一二頁下）

更に、六波羅蜜を実践する菩薩は、感覚器官と認識対象、六つの感受機能と心の念じる働き、悟りと仏の境涯といった二者の区別に「倚」らず、また「倚」ることと「倚」らないことの区別にもとらわれない。これが菩薩の執着の無い修道だと述べる。つまり、執着を二者についてのとらわれと見なして整理・分析し、またそれによって相い対する二つの事柄の違い、例えば認識主体と認識対象の区別にもとらわれず、更にはとらわれないことさえにもとらわれないという、執着からの徹底した超越を計っていると言えよう。

ところで、菩薩はかく徹底して執着を離れた存在であると共に、先にも見たようにさまざまな教えを提示して衆生を救済する存在でもある。

仏が須菩提に告げる。……須菩提よ。一恒辺沙の人を、悉く魔物とさせる。一人一人の魔物の率いる官属は、一恒辺沙ほどにものぼる。たといこの魔物とその率いる官属とが、共に般若波羅蜜を実践する菩薩を壊乱しようとしても、結局不可能である。二つの事が有って、魔物は途中で菩薩を壊乱することができなくなる。何を二とするか。一には、諸々の現象が皆な空だと観じること。二には、衆生を見捨てないことである。

仏告須菩提。……須菩提。一恒辺沙人、悉使為魔。一一魔者所将官属、如一恒辺沙。仮令爾所魔及将爾所官属、欲共壊乱行般若波羅蜜菩薩者、終不能壊。有二事魔不能中道壊菩薩。何等為二。一者、観諸法皆空。二者、不捨衆生。（巻一五・牢固品、一〇三頁中）

すなわち、衆生を見捨てずに救済することは菩薩の修道の必須の要件なわけだが、それではその救済・教化の仕方はどのようであるか。

仏が須菩提に告げる。……須菩提よ。菩薩は般若波羅蜜を実践する際に、もしも法性、すなわち真実なる本性を離れた現象が有るのを見るならば、阿耨多羅三耶三菩提を発しない。菩薩が般若波羅蜜を実践するに当っては、諸々の現象の実質がすなわち道なのである。従って菩薩は般若波羅蜜を実践する際に、諸々の現象がすなわち法性なのだと知り、無名のことを名字を用いて教授し、五陰から道に至るまで、皆な名号法数の字によって説き明かすのである。

仏告須菩提。……須菩提。菩薩行般若波羅蜜、若見法有離法性者、終不発阿耨多羅三耶三菩。菩薩行般若波羅蜜、諸法之性則是道。是故菩薩行般若波羅蜜、知諸法則是法性、無名之法以名教授、従五陰至道、皆以名号法数字説之。（巻一八・超越法相品、一三〇頁上）

菩薩はあるがままの現象のありさまがすなわち現象本来の真実のありさまだと知っている。そして、名づけようがなく無名であるそうした真実のありさまを衆生に悟らせるために、五陰や道などという名号・法数によって説き明かす。

仏が言う。……何を菩薩道とするか。六波羅蜜がそれである。三十七品・十力・四無所畏・四無碍慧・仏十八法・三十二相・八十種好によりつつ、無所有において仏道を成就する。六波羅蜜を備え、三十七品及び五神通を備えた上で、衆生の欲する所に随う。六度中において、貪嫉が有る者に対しては、檀波羅蜜を授ける。悪戒が有る者に対しては、道戒を授ける。瞋恚が有る者に対しては、忍を授ける。懈怠が有る者に対しては、精進を勧める。乱意が有る者に対しては、禅定で救う。愚痴が有る者に対しては、智慧を授ける。解脱品・解脱知見品に至るまで、皆な相応しいものを授ける。声聞の道意が有る者については、その本来の素質に随う。須陀洹・斯陀含・阿那含・阿羅漢・辟支仏道など、本来のものに随って授ける。大乗の素質が有る者には、仏道を授ける。こうした方便により、数限り無い変化をすることができる。また恒辺沙の諸仏国土についても、人の欲する所に随って、その国土の好さを変え、諸々の衆生の願を満たし、それぞれの仏国土について、欲する通りの国土を現わしてその願に随うことができるのである。

仏言。……何等為菩薩道。則六波羅蜜是。三十七品十力四無所畏四無礙慧仏十八法三十二相八十種好、於無所有成仏道。具足六波羅蜜、具足三十七品及五神通、随衆生所欲。於六度中、有貪嫉者、以檀波羅蜜授之。有悪戒者、以道戒授之。有瞋恚者、以忍授之。有懈怠者、以精進勧之。有乱意者、以禅救之。有愚痴者、以慧授之。至解脱品解脱見品、皆以授之。有声聞道意者、随其本応。以須陀洹斯陀含阿那含阿羅漢辟支仏道、随本授之。有大乗者、以仏道授之。以是方便、能作無央数変化。乃至恒辺沙諸仏国土、随人所欲、則能変其刹土之好、満諸衆生之願、従一仏国至一仏国、所欲取国土随其願。（巻一七・無倚相品、一二三頁中〜下）

そして、その名号・法数は六波羅蜜・三十七道品・五神通などさまざま有るのだが、それぞれの衆生の好むところに従って適切な教えを施す。また声聞に見合った素質を持つ者、阿羅漢・辟支仏に見合った素質を持つ者、大乗の素質を持つ者には、それぞれそれに相応しい教えを授ける。そしてまたそれぞれの衆生の願いに応じた形で、さまざまな仏国土を出現させるといった具合である。

仏が須菩提に告げる。……須菩提よ。菩薩が衆生を教化するのは以下のようであると知らなければならない。衆生が能くする所に随って教を説き、全ての衆生に誤りを無くさせ、縛られもせず解かれもしないようにさせる。どうしてか。五陰は縛られることも無く解かれることも無いからだ。

仏告須菩提。……須菩提。当知菩薩教化衆生、亦復如是。随其所能而為説法、皆令衆生離於顚倒、亦不縛亦不解。何以故。五陰無縛亦不解。（巻一八・住二空品、一二七頁下）

かくして、菩薩はさまざまな方法で衆生を教化するのだが、それはあらゆる衆生に間違った認識を捨てさせ、束縛も解放も共に無くさせるためである。

仏が言う。衆生が世諦に馴染んでいるから、道という名号が有る。第一の最要義においては、法数の区別が無いのだ。どうしてか。現象は常に静寂であり、分別する所が無く、また説く所が無く、五陰もやはり生滅が無く、また執着することも断ち切ることも無い。始終空だからだ。

仏言。以衆生習於世諦故、便有道之名号。於第一最要義者、無有分数。何以故。是法常寂、無所分別、亦無所説、五陰亦無生滅、亦無著断。用本空末空故。（巻一八・住二空品、一二八頁上）

つまり、衆生が世間での真理に馴染んでいるために名号による教えを説くのだが、窮極の真理では現象は空で何の分別も言説も無く、従って衆生にも実は生じたり滅したりとらわれたり断ち切られたりということが無いのだと言う。

以上見てきたように、『放光経』では、『光讃経』と同様に「字」「字法」や「仮号」「仮名」について言及されているが、『光讃経』とは異なり、「仮号」が菩薩の救済行と結びつけて説かれている。菩薩の教化を説くことにより一層重点が置かれていると見なすことができよう。そして、そうした「仮号」に対する執着が、「猗」「倚」「著」などと言葉を変えて繰り返し説明され、またそれが結局相い対する二者の区別についての偏ったとらわれだとされている。とらわれについての分析が『光讃経』に比べてより広げられ深められていると言える。更に、衆生の素質に応じた菩薩の臨機応変な教化のありさまが説かれ、またそうした世俗での教化と窮極の真理との違いが指摘されている。言説を超え出た真理と言説との関わりがより明確に意識されているとして良かろう。

二―二　道安と支遁の思想

道安と支遁は、いずれも『道行経』『放光経』といった古訳般若経を主に講習し、またそれらについての著述を著している。(5) そこで先の古訳般若経の分析を踏まえ、とらわれについての見解、菩薩のありかたについての主張、言説と真理との関わりをめぐる所論にやはり注目し、両者の思想を検討する。

(一) 道安の思想

まず「道行経序」と「合放光光讃略解序」（いずれも『出三蔵記集』巻七、大正蔵五五巻所収。以下の引用では略す）に拠って道安の思想を見よう。(6)

「道行経序」で道安は次のように言う。

> 大いなるかな智度、あらゆる聖者はそれによって真実に通じ、全ての教はそれによって完成する。大地が載せ太陽が照らすように、あらゆる現象に行きわたっている。あらゆるものを恃まずまた拠りかからず、名が有るのを患いとし、名が有るのを除いてしまうと、今度は姿形が無いことを病とする。これらを二つとも忘れて奥深く広々と通じていけば、安らかに主体が無くなる。これが智慧のおおもとである。
>
> 大哉智度、万聖資通、咸宗以成也。地含日照、無法不周。不恃不処、累彼有名、既外有名、亦病無形。両忘玄漠、塊然無主。此智之紀也。（四七頁上）

般若の智慧は、あらゆるものに行きわたっているのだが、それを頼みとして安住すること無く、かくてあらゆる現象に名称が「有」ることにとらわれず、また現象に実体が「無」いことにもとらわれない。主体と認められるものが何も「無」い、それが般若の実質である。

道によって存在を捉える際に、高い低いの差が有るのは、有為の域に他ならない。真如に拠り、法性に遊び、奥深く名の無い次元のことではない。真如に拠り、法性に遊び、奥深く名の無いのは、智度の奥深い室である。名教や名教を離れた想いは、智度のかりそめの宿なのだ。

執道御有、卑高有差、此有為之域耳。非拠真如、遊法性、冥然無名也。拠真如、遊法性、冥然無名者、智度之奥室也。名教遠想者、智度之蘧廬也。（四七頁上）

従って、さまざまな区別が有るのはあくまでも現象世界（有為の域）のことであり、真実のありさま（真如）に拠りありのままの本性（法性）に即して名称を超越している般若のことではない。世俗の教えや世俗を否定する高邁な思想は、いずれも般若のかりそめの手立てに過ぎない。

しかしながら証しを存する者は、無生ということに出会うと皆な目が眩む。目に見えるものを存する者は、差別の無いことに皆な腹を立て非難する。

然存乎証者、莫不契其無生而惶眩。存乎迹者、莫不忿其蕩冥而誕誹。（四七頁上）

ところが、真理を悟ることに執着する者、現象に執着する者は、そうした般若を少しも理解できずにいる。

そこで一般にこれを悟るに当り、文章によってその理を明らかにしようとすると、その趣旨に通じることができない。句読を見定めてその意味を明らかにしようとすると、その趣旨に惑ってしまう。なぜならば、文章によると異同が有るたびに修辞にとらわれ、句読を探し求めると事有るごとにそれこそ趣旨だと思い込む。修辞にとらわれるとその行き着くところを見失い、趣旨だと思い込むとその表現の中身をおろそかにしてしまう。もしもそれを手掛りにして行き着くところを求め、また文章にとらわれずにその実質を把握するならば、大いなる智慧が奥深く通じることを、居ながらにして悟れるのだ。

然凡諭之者、考文以徵其理者、昏其趣者也。察句以験其義者、迷其旨者也。何則、考文則異同毎為辞、尋句則触類毎為旨。為辞則喪其卒成之致、為旨則忽其始擬之義矣。若率初以要其終、或忘文以全其質者、則大智玄通、居可知也。（四七頁中）

そこで、般若を明らかにしようとする場合に、文字や語句にとらわれてしまうと、その趣旨内容を見失ってしまう。従って、表現にとらわれずに実質を掴むようにすれば、般若があらゆるところに通じていることを居ながらに知ることができるのだと言う。

また、「合放光光讃略解序」では次のように言う。

般若波羅蜜は、無上の正真の道の根本である。正とは、等であり、不二入のことである。等しい道ということに三つの意味が有る。法身、如、真際である。従って般若経は、如を始めとし、法身をおもとするのである。

般若波羅蜜者、無上正真道之根也。正者、等也、不二入也。等道有三義焉。法身也、如也、真際也。故其為経也、以如為始、以法身為宗也。（四八頁上）

般若は、この上無く正しい真実の教えの根本である。「正しい」とは「等しい」ことで、「不二入」すなわちあらゆる差別対立にとらわれないことである。「等しい道」ということにはまた「法身」「如」「真際」の三つの意味が有る。そしてこの三つのうちおおもとである「法身」について、次のように述べる。

法身とは、一であり、常に清浄なことである。有や無について均しく清浄で、初めから名が無い。そこで戒律においては戒律自体が無くまたそれを犯すことも無い。禅定においては禅定自体が無くまたそれを乱すことも無い。智慧については智慧自体が無くまた愚かということも無い。からりと全て忘れ、二つ三つという区別が悉く無くなり、明らかで汚されることが無い。そこで清浄と言う。常の道である。

法身者、一也、常浄也。有無均浄、未始有名。故於戒則無戒無犯。在定則無定無乱。処智則無智無愚。泯爾都忘、二三尽息、皎然不緇。故曰浄也。常道也。（四八頁上～中）

「法身」とは、「有」「無」のどちらにも制約されず、初めから如何なる名称も無く何物にも限定されないことである。すなわち、戒律においては守るも犯すも無く、禅定においては定まるも乱れるも無く、智慧においては智も愚も無く、かくて全て忘れてしまうのである。

このことからこの般若経は、有無に関わるあらゆる行をどちらも廃し、文章の初めから無なのである。

由是其経、万行両廃、触章輒無也。（四八頁中）

だから、そうした般若を説く経典では、あらゆる実践が皆な廃され、文章に示されるようなものが実は無い。

いったい般若を論じる際に、諸々の病を推し測るのは、轍を正すためである。多くの薬を求めるのは、轍の跡を無くすためである。そうした轍や跡を鼻高々に談じると、その指し示すもとを見失ってしまう。……精しくその轍や跡を治め、またその指し示すもとに思いを致して、初めて共に智慧を云々することができるのだ。

凡論般若、推諸病之疆服者、理轍者也。尋衆薬之封域者、断迹者也。高談其轍迹者、失其所以指南也。……宜精理其轍迹、又思存其所指、則始可与言智已矣。（四八頁中）

そこで、般若を論じるに際し、さまざまな惑いや実践ばかりを声高に談じていては、正しい道をたどっていく手引きを見失ってしまう。だからそれらを詳しく窮めつつ、また最終的に向かうべき方向をもシッカリと摑まえなければならない。ここで言われる轍や跡（迹）とは、言葉によって表わされる教えを指しており、先の「道行経序」で見た、般若のかりそめの手立てとしての世俗の教えのことだと見て良かろう。

以上、「道行経序」では、般若の智慧は「有」にも「無」にもとらわれず、言葉を超越した「無名」のものであることが言われる。また「合放光光讃略解序」でも同様に、般若とはあらゆる差別対立にとらわれない「不二入」であり、従って修道実践の「有」「無」にもとらわれないものであることが言われる。そこでまた二つの序文いずれにおいても、言葉に表わされた教えはかりそめのものであり、従ってその文字面だけを追ってはならず、その実質を摑むべきことが強調されている。

こうした道安の主張は、「有」にも「無」にもとらわれてはならないとする、先に見た三つの般若経の所説を十分に消化し、そしてまた、現象の真実のありさまが「本無」だとする『道行経』の所説、さまざまな現象が「仮号」であることを重視する『光讃経』の所説、二つのもの・ことにとらわれず「不二」であることを強調する『放光経』の所説を、それぞれ十分に踏まえていると見ることができそうだが、それでは、般若経の所説と異なる点が、その見解には全く認められないだろうか。「合放光光讃略解序」の次の記述が注目される。

諸々の五陰から薩云若に至るまでのことは、菩薩がさまざまに現わす現象についての智慧であり、いわゆる「道とすべきの道」である。諸々の一相・無相は、菩薩がさまざまに現わす真実についての智慧であり、いわゆる「常の道」を明らかにするものだ。道とすべきものだから後章で世俗と言い、あるいは説き終わると言っている。常の道だから為す無しと言い、あるいは復た説くと言っているのである。この両者はどちらも智慧であり、互いに無いわけにはいかない。これがつまり仏が法輪を転じた要点であり、般若波羅蜜の眼目である。

諸五陰至薩云若、則是菩薩来往所現法慧、可道之道也。諸一相無相、則是菩薩来往所現真慧、明乎常道也。可道故後章或曰世俗、或曰説已也。常道則或曰無為、或曰復説也。此両者同謂之智、而不可相無也。斯乃転法輪之目要、般若波羅蜜之常例也。(四八頁中)

事物を構成する五つの要素(五陰)から全てを知った悟りの境涯(薩云若)までを説き明かすのは、菩薩の現象についての智慧であり、「道とすべきの道」、すなわち言葉によって表わされる世俗一般の教えである。これに対して平等で唯一の姿(一相)や差別対立の無い姿(無相)を説き明かすのは、菩薩の真理についての智慧であり、「常の道」、すなわち本来言葉を超越している真実絶対の教えである。そしてこの二つの智慧は互いに無いわけにはいかないもので、これこそ般若の教え・実践の眼目なのである。

先に見たように、『放光経』では、世俗の真理は衆生に向かって言葉によって説かれるのだが、窮極の真理は言葉を超え出ているものであることが強く意識され強調されていた。それに対してここで見た道安においては、言葉による世俗の教えと言葉を超え出た真実の教えとは、共に菩薩の智慧の現われであり、両方とも欠くべからざるものだと主張されている。菩薩の智慧・教化の観点から、経典の所説が見直され解釈されていると見ることができる。

(二) 支遁の思想

次に「大小品対比要抄序」(『出三蔵記集』巻八、大正蔵五五巻所収。以下の引用では略す)に拠って支遁の思想を見よう。(7)

いったい般若波羅蜜とは、あらゆる玄妙さの蔵、さまざまな智慧の深いおおもと、仏の神通の拠り所、如来の智慧の働きである。……物を物として限定することが無いから、物を斉しくすることができる。智慧を智慧として限定することが無いから、智慧をめぐらすことができる。従って三脱を重玄の次元で均しくし、万物を空同の次元で斉しくし、諸仏が初めから存在することを明らかにし、衆生が本無であることを窮め尽くしている。十住に登る霊妙な階段、無生に趣く早道である。なぜならば、窮極の無によって働いているからである。

夫般若波羅蜜者、衆妙之淵府、群智之玄宗、神王之所由、如来之照功。……無物於物、故能斉於物。無智於智、故能運於智。是故夷三脱於重玄、斉万物於空同、明諸仏之始有、尽群霊之本無。登十住之妙階、趣無生之径路。何者耶、頼其至無、故能為用。(五五頁上)

般若とは、あらゆる事柄を限定して捉えないのでそれらの区別にとらわれず、また智慧であること自体にもとらわれずに働きを現わすもので、その実情は物としての実体を持たない窮極の無だと言う。何物にもとらわれない自由自在な般若の智慧の働きが、『道行経』で説かれる「本無」という見解を踏まえつつ、ここで表明されていると見ることができる。

ところで支遁は、こうした「無」や、また「無」と同じく窮極を表わすと思われる「理」について、言葉や名称との関わりから特に詳しく説明する。更に見ていこう。

無不能自無、理亦不能為理。理不能為理、則理非理矣。無不能自無、則無非無矣。（五五頁上）

無はそれ自体では無でありえず、理もやはりそれ自体では理でありえない。理がそれ自体では理でありえないから、理は理でない。無がそれ自体では無でありえないから、無は無でない。

無はそれ自体では無でありえないから、無と言われるのは実は無でない。理もそれ自体では理でありえないから、理と言われるのは実は理でない。

是故妙階則非階、無生則非生。妙由乎不妙、無生由乎生。是以十住之称、興乎未足定号、般若之智、生乎教迹之名。（五五頁上）

従って霊妙な階段は階段でなく、無生は生でない。妙は妙ならざるものに由り、無生は生に由るのである。だから十住という呼称は、それと定めて呼びようが無いものから興り、般若の智慧は、教迹の名から生じたものである。

だから、菩薩の十住という呼称、般若の智慧という名称も、絶対的に定まったものではなく、教えを表わす手立てとしてそう名づけられるものなのである。

従ってそれを言葉で言うから名が生じ、教を設けるので智慧が存在する。智慧はさまざまな物について存在するが、実はたどれる跡が無い。名は対象との関わりから生じるが、理は実は言葉が無い。なぜならば、至理は暗く深く、結局は無名だからだ。

是故言之則名生、設教則智存。智存於物、実無迹也。名生於彼、理無言也。何則、至理冥壑、帰乎無名。（五五頁上）

すなわち、それを言葉に表わし教えとするから、智や理という名称が立てられるのだが、その物自体にはそれに対応するべきものが何も無い。かく窮極の真理（至理）は奥深く、結局は名づけられないのだと言う。

それでは、このように名づけられる実体が無いものを、一体どのように把握すべきなのか。

名が無く始まりが無いのが、道の実質である。可も不可も無いのが、聖人の慎みである。もしも理に慎んでさまざまな変動に応じようとすると、言葉に託さなければならない。言葉に託すおおもとを明らかにし、言葉を発するおおもとに通じるのが良い。理と冥合すれば言葉は無くなり、覚りを忘れると智慧が完全になる。

無名無始、道之体也。無可不可者、聖之慎也。苟慎理以応動、則不得不寄言。宜明所以寄、宜暢所以言。理冥則言廃、忘覚則智全。（五五頁上～中）

名称が無く無限定なのが真理の実情であり、聖人はそれに対して可や不可といった判断をしない。だがその真理に拠りつつ事物の変動に対応しようとすると、それを言葉に託さざるをえない。そこで言葉に託して表わされるその実情を把握しなければならない。かくて真理に冥合すれば言葉も不用となり、智が完全になる。

もしも無に安住して寂滅を探し求め、智慧を望んで心を忘れてしまうと、智慧は無を窮めるのに十分でなく、寂滅は精神を静めるのに十分でない。なぜなら、特定の所に安住し、無とする所に実体的な無が有るからだ。

若存無以求寂、希智以忘心、智不足以尽無、寂不足以冥神。何則故、有存於所存、有無於所無。（五五頁中）

しかし、もし無という言葉や智という名称にとらわれてしまうと、その智も無も不十分なものとなる。なぜなら、求める主体の側の智と、求める対象としての無とが、いずれも固定的に捉えられているからである。

無を望んで無を忘れるから、無に限定されない。安住しながら安住することを忘れるから、安住に限定されない。無であるおおもとを無くし安住する原因を忘れるのが一番だ。安住する原因を忘れると、安住する対象に安住することが無くなる。無であるおおもとを遺れると、無とする所に無を忘れる。無を忘れるから玄妙に安住し、玄妙に安住するから無を窮め尽くす。無を窮め尽くせば玄妙であることも忘れ、玄妙であることを忘れるから心が無くなる。かくして初めて無と安住との二つによらず、無と有とを奥深く窮め尽くすのだ。

希無以忘無、故非無之所無。寄存以忘存、故非存之所存。莫若無其所以無、忘其所以存。忘其所以存、則無存於所存。遺其所以無、則忘無於所無。忘無故妙存、妙存故尽無。尽無則忘玄、忘玄故無心。然後二迹無寄、無有冥尽。（五五頁中）

従って、無を求めながらそれにとらわれず、求めようとする智の働きにもとらわれない。更にはそうした無や智のおおもとである無限定な真理そのものにもとらわれないのが良い。そうすれば、対象を求める智も、求める対象である無も無くなり、主体と対象との区別が無くなって、無と有とが窮め尽くされる。つまり、無や智は実は言葉を超越しているのだが、現実にはそれを無や智といった言葉で説き明かさざるをえない。そこでそうした言葉として説かれた無や智に拠りながらそれに執着せず、また無や智という対象と主体との区別を成り立たせている場にもとらわれずに、判断し執着する心の働きを徹底して無くし、そこで無にも有にも限定されない般若が完全に実現されるのである。かりそめである「仮号」を重視する『光讃経』の所説や、言葉を超え出た真理を強調する『放光経』の所説を踏まえつつ、かりそめであることの意味や、またそうしたかりそめの言葉にとらわれずに如何に真理を摑むべきかについて、経典の見解に比べ、更に立ち入った分析がなされていると言えよう。

さて、こうした般若を体得した人のありさまはどのようであるか。

いったい至人は、さまざまな霊妙な事柄に通じており、精神を奥深いところに凝らし、打てば響く如く、あらゆる事柄に自由自在に通じていくことができる。衆生と同様の境涯に立って教化し、奥深い教を設けて精神を悟らせ、事跡を述べて衆生の滞りを探り当て、シッカリとした規範を打ち立てて本源を啓発する。或る場合にはさまざまな神変によって通じさせようとし、成し遂げられれば教化は無くなる。また或る時にはそれぞれの役割に適った形で持ち前を尽くさせ、持ち前に満足すれば教は取り除かれる、といった具合。

夫至人也、攬通群妙、凝神玄冥、虚霊響応、感通無方。建同徳以接化、設玄教以悟神、述往迹以搜滞、演成規以啓源。或因変以求通、事済而化息。適任以全分、分足則教廢。（五五頁中）

窮極の般若を体得した至人は、微妙で奥深い真理を悟っており、とらわれの無い心で求めに応じて自在に万事に通じていく。そこで衆生に接してその滞りを探り、教えを現わしてその心を悟らせる。ある時はさまざまな神通変化によって通じていこうとし、またある時は衆生それぞれの持ち前を尽くさせるのだが、一旦衆生の悟りが実現されれば、そうした変化・教えは無くなる。

従って理は神変そのものでなく、また神変は理そのものではない。教は般若の実質そのものではなく、また般若の実質は教そのものではない。だから千変万化する神変は、理外でないものはないわけで、それ自体動くものではないのだ。だが動かないからこそ、窮まり無く変化に応じることができるのだ。窮まり無い変化は、聖そのものでなく物に応じてそのようにある。物に応じる変化は聖そのものでなく、聖自体は最初から変化していないわけだ。

故理非乎変、変非乎理。教非乎体、体非乎教。故千変万化、莫非理外、何神動哉。以之不動、故応変無窮。無窮之変、非聖在物。物変非聖、聖未始於変。（五五頁中）

もとより、至人が現わすさまざまな変化や教えは、それがそのまま真理そのものなのではない。自在に窮まり無く変化を現わし教えを施すのだが、それはあくまでも衆生に応じて現わされる方便・手立てであり、至人の聖なる働き自体が最初から変化としてあるわけではない。

応接の違いは物に対してのものだが、行き着く理は同じである。しかしさまざまな言葉・理屈は般若の実質にピッタリとは一致せず、そこでさまざまな事柄の違いが生じてくる。事柄の違いの成否は、衆生の持ち前の違いに由る。速やかに悟れるか否かは、全く持ち前に縁るわけだ。持ち前が暗愚であれば手厚い手当てが必要で、言葉を積み重ねて初めて悟れる。素質が優れていれば悟り易いので、理に触れればすぐに奥深いところに至れる。手当ての厚い薄いは、初めから素質のありようによるのである。

接応存物、理致同乎帰。而辞数異乎本、事備乎不同。不同之功、由之万品。神悟遅速、莫不縁分。分闇則功重、言積而後悟。質明則神朗、触理則玄暢。軽之与重、未始非分。（五五頁中〜下）

すなわち、真理として行き着くところは確かに全て同じなのだが、さまざまな教えや異なった手立てがあるのは、衆生の持ち前がさまざまだからである。

そこで聖人は、三才を区分けしつつ、衆生のさまざまな持ち前を深く見定める。教は一様ではなく、多くのやり方で衆生に対応する。或る場合には無なる理に違い、神通に事寄せてほど良く行き着かせる。また或る場合には実質を踏まえつつ現象に即し、言葉に事寄せておおもとを明らかにする。

是以聖人、標域三才、玄定万品。教非一塗、応物万方。或損教違無、寄通適会。或抱一御有、繫文明宗。（五五頁下）

従って聖人は、衆生の持ち前を十分に見極め、教えを一つに限らずそれぞれの衆生に応じてさまざまにするのだと言う。つまり、至人や聖人といった人々は、とらわれない態度で衆生に接し、さまざまな形で教えを施して等しく真理を悟らせる。そして、その教えはやはり衆生の持ち前の素質に合わせたとらわれの無いものなので、一旦衆生が悟ったならば、教え自体は必要無くなる。

こうした臨機応変、自由自在な教化が、無や智にとらわれず、無や有に限定されない、般若の実践だと捉えられているわけである。『放光経』で説かれている菩薩の臨機応変な教化に関わり、ここでは衆生の持ち前と教えとの関係が注目され、より深く考察されている。かくて般若が、そうした教えを提示する至人・聖人のとらわれない境涯として表明されていると見ることができる。

二―三　むすび

『道行経』『光讃経』『放光経』は、いずれもあらゆる執着を解き放つことを繰り返し主張する。だがその説き方には、先に見たようにいくつかの変化・展開が認められるようである。改めて纏めておこう。

『道行経』は、さまざまな執着との関わりから、現象の真実のありようについて、それが有や空を超越している点から「本無」と、本来執着や解脱といった事態が無い点から「自然」と、またそれと菩薩の修道のありかたとの関係から「幻」と捉えられるという、三つの見方を提示している。そしてさまざまな事物の名称である「字」をそのもの自体と執着しないことが般若の実践だと主張している。

それに対して『光讃経』は、「自然」と「無所有」「空」とを結びつけ、現象の真実のありさまをより踏み込んで説明している。また、「字」の他に「名号」「仮号」「虚言」といった多様な表現を用いて事物を捉え、菩薩の観行の対象となる「仮号」に特に重点を置いている。そしてそれに伴い、真理を如何に説き明かしまたそれを如何に受け取るかといった問題に言及している。

更に『放光経』は、「仮号」を菩薩の教化の働きと結びつけ、そして「猗」「倚」「著」などと表現を変えつつそうした「仮号」に対する執着を繰り返し論じ、またその執着が相い対する二つのもの・ことの区別についての偏ったとらわれに他ならないと指摘する。また、衆生の素質に応じた菩薩の臨機応変な教化のありさまを説くと共に、そうした世俗の教えと世俗を超え出た真理との違いについて注意を促している。

『道行経』から『光讃経』、そしてまた『放光経』へと、「仮」である言葉についての見解が広め深められ、それが菩薩の修道・教化に即して捉え直され、そしてそうした言葉と言葉を超越した真理との関係が注目されるようになった、と見ることができそうである。

勿論この三つの古訳は、巻数に多い少ないの差が有り、同じ般若経とはいえ同一テキストの異訳だとは言えず、従ってこうした違いが窺えるのは至極当然だとも思われる。だがこうした説き方の変化・展開が、翻訳された年代の違いによる空の思想の広がりと深まりを反映していると見ることも、また可能なのではないか。

一方これら古訳般若経を兼修した人々は、三つのテキストの所説を総合したものがまさしく般若の教えだと理解していたようである。道安は、『道行経』と『放光経』を突き合わせ、『光讃経』と『放光経』を相互に補い役立てて、般若を理解した。また支遁は、やはり『道行経』と『放光経』を対照し、それにより所説の趣旨を明確に把握して、般若を理解した。かれらの般若理解は、あらゆる差別・対立にとらわれず、また言葉にとらわれずに真実を摑むべきだとしている点で軌を一にしており、両者とも三つのテキストの所説を十分に踏まえ消化していることが窺える。

そして道安は、言葉による世俗の教えと言葉を超越した真実の教えとを菩薩の智慧の現われと見なし、いずれも欠くべからざるものだと主張する。そしてまた支遁は、無や理といった名称に詳しく分析を加え、衆生の持ち前の素質に応じた至人・聖人の教化を般若の実践として強調する。『道行経』から『光讃経』へ、そして『放光経』へと展開する、「仮」である言葉と菩薩のありかたとの関わりについての見解が、更にまた道安、支遁へと至って、より深められ探求されていったのだと言えよう。

以上、古訳般若経とそれに基づく道安・支遁の思想を検討してきたが、このように見てくると、これらの思想から、仮の言説と言葉を超越した真理との関係を問題とし、そこで衆生の現象の捉え方に即した於諦と教諦を主張する吉蔵の思想までの間の距離は、言われるほど大きなものではないようである。吉蔵思想の重要な所論の原初的な形態が、それらの所説・所論の中に確かに認められると思うのである。勿論、吉蔵がそれらの思想から直接影響を受けたわけではない。だが、古訳以来の般若研究の流れを受けつつ、それを羅什訳経論の所説に拠って深め徹底し整備した成果が、吉蔵において結実していると見ることができるのではないか。吉蔵が道安や支遁の思想を経論に適ったものとして評価しているのも、その点で宜なるかなと頷けるのである。(8)

（1）『出三蔵記集』巻二・新集異出経録では、羅什訳『大品』『小品』以外の般若経の翻訳を七種挙げる（大正蔵五五巻・一四頁上）。また隋・法経の『衆経目録』巻一・衆経異訳では、羅什訳『大品経』の同本異訳として二種を挙げ（大正蔵五五巻・一一八頁中）、同じく羅什訳『小品経』の同本異訳として四種を挙げる（同・一一九頁中）。それらのうち無羅叉訳『放光般若経』二十巻、竺法護訳『光讃経』十巻、支讖訳『道行般若経』十巻、支謙訳『大明度経』六巻、曇摩蜱・竺仏念共訳『摩訶般若鈔経』五巻が大正蔵八巻に収められている。

（2）『道行経』の思想については、任継愈主編『中国仏教史』第一巻（中国社会科学出版社、一九八一年）第四章第二節「支婁迦讖及其所伝的大乗般若学」参照。

（3）竺法護の訳経の思想については、任継愈主編『中国仏教史』第二巻（中国社会科学出版社、一九八五年）第一章第四節「竺法護訳籍剖析」参照。但し『光讃経』について直接の言及は無い。

（4）『放光経』の思想については、任継愈主編『中国仏教史』第二巻第一章第五節「仏教《般若経》思想与玄学」参照。

（5）『出三蔵記集』巻一五「道安法師伝」に、『道行経』に注釈を施し、また樊河に在った十五年間毎年欠かさず『放光経』を二回講じたとあり（大正蔵五五巻・一〇八頁上～一〇九頁中）、『高僧伝』巻四「支道林伝」に、餘杭山に隠居して『道行経』を研鑽し、石城山に棲光寺を立ててその地で「道行旨帰」を著し、また東晋・哀帝の招請に応じて都の東安寺に止住し『道行般若』を講じたとある（大正蔵五〇巻・三四八頁中～三四九頁下）。

（6）道安の伝記と思想については、湯用彤『漢魏両晋南北朝仏教史』上冊（商務印書館、一九三八年、但し筆者が見たのは一九八三年に中華書局から湯用彤論著集之一として刊行されたもの）第二分第八章「釈道安」、玉城康四郎『中国仏教思想の形成』第一巻（筑摩書房、一九七一年）第五章「道安の仏教」、中嶋隆藏『六朝思想の研究』（平楽寺書店、一九八五年）下篇第二章第一節「釈道安の生活とその仏教理解」、任継愈主編『中国仏教史』第二巻第二章第二節「釈道安」参照。また二つの序文を解釈するに当り、宇井伯寿『釈道安研究』（岩波書店、一九五六年）、中嶋隆藏編『出三蔵記集序巻訳注』（平楽寺書店、一九九七年）を参照した。

（7）　支遁の思想については、玉城前掲書第四章「支遁と中国思想」、中嶋前掲書下篇第二章第二節「支遁の生活とその仏教理解」参照。また「大小品対比要抄序」を解釈するに当り、中嶋編前掲書を参照した。

（8）　吉蔵が道安・支遁・周顒・僧肇を評価していることは、平井前掲書二〇〇頁に指摘されている。また『中観論疏』巻二末、大正蔵四二巻・二九頁上、二九頁下参照。

第三節　魏晋期の固有思想をめぐって——中仮以前Ⅱ

本章第一節で既に検討したが、吉蔵の中仮思想はおおよそ次のように纏めることができる。すなわち、衆生は諸々の現象のありようを「有る」または「無い」と捉えているのだが、そのように捉えられる有や無は、実はいずれも何ら固定的な実体を持つものではない。つまり、有は無との関わりから、無は有との関わりから、それぞれ成り立っている。そこで、有は有ならざる有（不有の有）で、無は無ならざる無（不無の無）だと規定できる。このことから、有ならざる有は有ではなく（非有）、無ならざる無は無ではない（非無）と認識できる。そして、こうした有ではないこと・無ではないことを、仮に有・無と説き示すのだと言う。つまり中仮とは、現象に対する衆生の正しい認識のありかたに関わって提示された概念である。そしてそこでは、現象の有・無に固着してとらわれずに非有・非無と捉えること、また、通常とは異なる非有・非無を意味するものとして有・無という言葉・概念を読み替えることが、企まれているると言える。

この中仮が吉蔵思想の基調をなす概念・論理であること、またそれが吉蔵に代表される三論の立場独特の見解であることに間違いは無いのだが、仏教以外の中国の固有思想の中に、全く同じではないにせよそれと同様の考え方を窺うことができはしまいか。そこで本節では、仏教受容の下地になったと指摘される魏晋期の老荘的な諸思想のうち、郭象(二五二～三一二)・嵆康(二二三～二六二)・王弼(二二六～二四九)の思想をそれぞれ検討し、更にそれらの思想と吉蔵思想とを対比・検討して、吉蔵の思惟のありようを検証する。(1)

三―一　郭象の思想

「とらわれない」ことに関わる魏晋期の見解としては、まず西晋・郭象の『荘子注』の次のような所論が注目される。(2)

物は皆な自らをこれとするから、これでない物は無い。物は皆な互いにあれとし合うから、あれでない物は無い。あれでない物が無ければ、世の中にこれは無い。これでない物が無ければ、世の中にあれは無い。あれも無くこれも無いから、奥深いところで同一なのだ。いったい物は見方が偏っているから、皆なあれの見る所を見ずに、自らの知る所を知るばかり。自ら知る所を知っているので、自らを良いとする。自らを良いとするので、あれを良くないとする。

物皆自是、故無非是。物皆相彼、故無非彼。無非彼、則天下無是矣。無非是、則天下無彼矣。無彼無是、所以玄同也。夫物之偏也、皆不見彼之所見、而独自知其所知。自知其所知、則自以為是。自以為是、則以彼為非矣。(斉物論篇注)

万物はいずれも、自己を「これ」とし他者を「あれ」とするのだが、それは相待的な見方であり、窮極的には「これ」と「あれ」との間に絶対的な区別は無い。ところが、偏った立場に立つ万物は、それぞれの見方に拠り、自己を評価して他者を非難するのが通例である。

自らが良いとしてあれが良くないとするのであれば、あれの良いとする所を、自らはまた良くないとするわけだから、良い悪いが最初から定まっているのではないのだ。定まっていないのは、あれとこれとの情が偏っているからである。

我以為是而彼以為非、彼之所是、我又非之、故未定也。未定也者、由彼我之情偏。(斉物論篇注)

こうした是非の判断は、「あれ」と「これ」とがそれぞれの立場に偏り執着して心を働かせることから生じる。従ってやはり固定的・絶対的に定まったものではない。

あれとこれとが相い対する中で、聖人はその両方に順っていく。だから偏った心の無い者は物と冥合して、世の中に相い対する物が無い。「枢」とは、要である。枢要に身を置きつつ奥深い窮極のところに通じ、妨げられることなく自在に応じるのである。いったい良いと悪いとは反覆して互いに窮まり無いから、これを「環」と言う。「環中」は、空である。今良いと悪いとを環としてその真中に身を置く者は、良いも悪いも無いから、良い悪いに応じていくことができる。良い悪いは窮まり無いから、対応もやはり窮まり無いわけだ。

彼是相対、而聖人両順之。故無心者与物冥、而未嘗有対於天下也。枢、要也。此居其枢要而会其玄極、以応夫無方也。夫是非反覆相尋無窮、故謂之環。環中、空矣。今以是非為環而得其中者、無是無非也。無是無非、故能応夫是非。是非無窮、故応亦無窮。(斉物論篇注)

そこで優れた聖人は、「あれ」と「これ」との区別を相待的なものと見極めてその両方に順っていくので、殊更な心の働きが無く万物に冥合して対立することが無い。また是非の判断を超え出た「無是無非」の立場に立ち、現実の是非に自在に対応していく。

今良いも悪いも無いと言うならば、そのことと良い悪いが有るということとは、同類かそうでないか、解らないではないか。同類だと言おうとすると、己れが良い悪いの無いことを良いとし、あれが良い悪いの無いことを悪いとするので、同類とは言えない。しかしこのことは良いとし悪いとする点で同じではないにせよ、良い悪いが有ることを免れてはいないので、先の有るとすることと同類なのだ。……だとすると、同類であることを免れようとすれば、心が無いのが一番だ。良い悪いを消し去り、更に消し去ることをも忘れる。忘れ続けて忘れようが無い境涯に至って、初めて忘れることも忘れないことも無くなり良い悪いが自然と解消されるのだ。

今以言無是非、則不知其与言有者類乎不類乎。欲謂之類、則我以無為是、而彼以無為非、斯不類矣。然此雖是非不同、亦固未免於有是非也、則与彼類矣。……然則、将大不類、莫若無心。既遣是非、又遣其遣。遣之又遣之、以至於無遣、然後無遣無不遣而是非自去矣。（斉物論篇注）

そしてまた、是非を超え出ることに心がとらわれてしまっては、その「無是無非」がまた再び「有是有非」と同じことになってしまう。そこで是非を忘れた上で忘れることさえも徹底して忘れることにより、偏った是非を自ずから無くすのである。

ところで、「あれ」と「これ」とに二つながら「順」い、殊更な心の働きが無く万物と「冥」じ、是非を超越することによって是非に「応」じるとは、より具体的には一体どういう事態なのか。世間一般の是や非といったさまざまな区別が、そこではどのように解釈され解決されるのか。更に郭象の所論を見ていこう。

いったい、己れを良いとしてあれを悪いとし、己れを褒めて他人を悪むのは、中知より以下、昆虫に至るまで、全てがそうである。だがこれは己れに通じていてもあれに通じていない者に他ならない。かの玄通泯合の士の場合は、世の中全てに因って世の中全体を明らかにするのだ。世の中に己れが悪いと言う者がいなければ、世の中に悪いものが無いと明らかにする。あれが良いと言う者がいなければ、世の中に良いものが無いと明らかにする。良いも無く悪いも無く、混然一体だとする。だからさまざまな変化に任せ切り、物に違っても恐れないのだ。

夫是我而非彼、美己而悪人、自中知以下、至於昆虫、莫不皆然。然此明乎我而不明乎彼者爾。若夫玄通泯合之士、因天下以明天下。天下無曰我非也、即明天下之無非。無曰彼是也、即明天下之無是。無是無非、混而為一。故能乗変任化、迕物而不慴。（徳充符篇注）

自己を是として他者を非とするのが、万物一般の習いである。そこでその是非を一概に否定し去るのではなく、万物の「我は非である」と認めない立場に拠って非が無いことを明らかにする。また同じく「彼は是である」と認めない立場に拠って是が無いことを明らかにする。併せて是も無く非も無いとしてその区別を同一視し、変転極まり無い万物の是非のありさまに任せる。それが万物に奥深く通じた「玄通泯合之士」の身の処し方である。

あの良い悪いというのは、どんな物でも無くすことのできないもの。だから至人はそれらに両つながら順っていく。理としては良い悪いが無いとしても、惑える者は有るとする。これは実際には無いものを有るとするのである。惑える心が出来上がってしまうと、聖人でも解きほぐすことができないから、自ずからなる自若に任せて強いては知らせないのである。

明夫是非者、群品之所不能無。故至人両順之。理無是非、而惑者以為有。此以無有為有也。惑心已成、雖聖人不能解、故付之自若而不強知也。（斉物論篇注）

なぜなら、道理としては無いとしても、現実には万物相互の是非の区別が確かに存在する。この是非は万物の惑いに他ならないのだが、如何に優れた聖人であってもその惑いを十全に解きほぐすことができないからである。そこで万物の自ずからそう（自若）である状態に任せ、是非の実態を強いて知らせようとはしない。

「天倪」とは、自然の持ち前である。是と非、然と否は、あれと己れとが互いに相い対するから有るものなので、本来区別が無いのだ。区別が無いから、天倪によって調和させる。自然の持ち前に安んずるに他ならず、あれによってこれを正したりはしない。是と非の区別は移ろい易いかりそめのもの。いったい、かりそめの呼び名が相い対するのだから、いずれも互いに正すには十分でなく、従って実態としては互いに相い対しないようなものなのだ。自然の持ち前によって調和させ、その極まり無い変化に任せていく。このようにしていけば、是と非の区別が自ずと無くなり、性命の極限まで自ずと窮められるのである。

天倪者、自然之分也。是非然否、彼我更対、故無辯。無辯、故和之以天倪。安其自然之分而已、不待彼以正之。是非之辯為化声。夫化声之相待、倶不足以相正、故若不相待也。和之以自然之分、任其無極之化。尋斯以往、則是非之境自泯、而性命之致自窮也。（斉物論篇注）

つまり、是非の区別は、「あれ」と「これ」との立場にとらわれることから生じる変転極まり無いものであり、絶対的な区別ではない。そこで万物それぞれを自ずから然る持ち前に安んじ和ませ、その極まり無い変化のありさまに任せることにより、偏りとらわれた是非の区別が自然と解消され、それぞれの生まれつきの性質が過不足無く実現される。

いったい、自然に任せて是非を忘れる者は、その態度はひたすらあるがままの天真に任せるのであり、何も殊更な所が無い。だから枯木が立つように佇み、枯れ枝が揺れるように動き、死灰のように座り、遊塵のように歩む。動止のありさまは、同じとは言えないが、無心で自得満足していることは、動いても止まっても異ならないのである。

夫任自然而忘是非者、其体中独任天真而已、又何所有哉。故止若立枯木、動若運槁枝、坐若死灰、行若遊塵。動止之容、吾所不能一也、其於無心而自得、吾所不能二也。（斉物論篇注）

そしてまた、そのように自ずからそうであることに任せて是非を忘れた人の行いは、やはりあるがまま（天真）に任せた自然なものであり、そこで如何なる行為においても殊更な心の働きが無く満足（自得）した状態にある。つまり、先に見た是非を超越することによって是非に「応」じるというのは、万物の自ずからなる「自若」「自然」に「因」り「任」せていくことにより、是非の区別にとらわれずに万物それぞれの持ち前を全うさせる態度のことである。またそうした態度を実現・貫徹することが、その人にとっての他ならぬ「自然」で「自得」した理想的な状態だと言うのである。

さて、こうした「自然」は、次に見るように言語や認識を超越している。

いったい物には自然が有り、理には至極が有る。それにひたすら循っていくと、奥深く冥合するのだが、それは言葉で表わせない。従ってそれを言葉で表現する場合はとりとめがなく、また耳にする場合もぼんやりしている。……だから聖人は世間を超え出たところに身を委ね、視聴を超え出たところに冥合する。あくまでも自ずからなるものによって明らかにして殊更に調べまわらないし、自ずからなるものに任せ切って殊更に推論しないのである。

夫物有自然、理有至極。循而直往、則冥然自合、非所言也。故言之者孟浪、而聞之者聴熒。……故聖人付当於塵垢之外、而玄合乎視聴之表。照之以天而不逆計、放之自爾而不推明也。（斉物論篇注）

万物の「自然」は言葉で言い表わすことができない。そこで聖人は、万物の自ずからそうである状態に任せて殊更な智慧を働かせない。先に是非の区別が変転極まり無い相待的なものだとされているのを見たが、ここでは更に、言語・概念についてのより基本的な郭象の考え方が表明されていると思われる。そこでやはり「自然」「自得」に関わる記述に即して見ていこう。

いったい、万物の本源・根拠について、時に「道」という言葉で説明されることが有る。

万物は自ずとその形を現わしているに他ならず、その形を形たらしめている何物かが有るわけではない。道という名が有るが結局そこに物は無く、従って道と名づけてもそれに相当する何かを求めえないのだ。

形自形耳、形形者竟無物也。有道名而竟無物、故名之不能当也。（知北遊篇注）

しかし、万物はただ自ずからにそのように現われているに他ならないので、「道」と呼ばれる何らかの実体が有るのではない。

いったい数に限りの有る万物でさえ、万に止まらないのだから、数えることのできない道理は、尚更道と呼んでも十分ではないのだ。万物がそれを得て通じ、また万物に通じていって私心が無い。それを強いて道と名づけるのである。これが老子に言う所の「道の道とすべき」ものである。名が既に有るのだから、「無」とも比べようがない。もしも「無」と名づけてみても、そのものには遠く及ばない。だから道と言ってもやはり不十分なのだ。必ず名も言葉も無いところで初めて窮極なのであり、名が有ったとしても、もとより比べようがないのだ。

夫有数之物、猶不止於万、況無数之数、謂道而足耶。物得以通、通物無私。而強字之曰道。所謂道可道也。名已有矣、故乃将無可得而比耶。今名之辯無、不及遠矣。故謂道猶未足也。必在乎無名無言之域而後至焉、雖有名、故莫之比也。（則陽篇注）

つまり、「道」というのは強いて与えられた名称に過ぎない。従って、それは万物の真実のありさまを表わすには不十分である。そうした名称を超え出た境涯に在ってこそ、初めて真実を摑みえたと言える。

いったい窮極的な道は、言葉では得られない、ただ自得満足した状態にあるだけだ。奥深くしんとしていて道でさえないわけで、道が無名であることを明らかにしているのだ。

明夫至道、非言之所得也、唯在乎自得耳。冥冥而猶復非道、明道之無名也。（知北遊篇注）

なぜなら、窮極的な「道」は言葉で得られるものではなく、まさしく「自得」した状態において獲得・実現されるからである。

こうした言葉の捉え方は、「道」と万物との関係についての所論だけに窺われるのではない。先にも少し触れたが、万物の「自得」を直接取り上げた所論の中にもそれは認められる。

万物万形は、同じく自得満足した状態にある、それがつまり一を得たということだ。既に自ずから一なのだから、理として言う所は何も無い。いったい名は明らかならざるところから生じるものだ。万物が一であることを明らかにできずに「これ」に満足せず「あれ」を追い求めるから、一と言ってそれを正すのである。ここで既に一と言うと、そこには言葉が有ることになる。言葉で一と言うのだが、一は言葉そのものでないから、一と言葉とで二となる。一は既に一であり、言葉でそれを区別して二となるので、一が有りまた二が有って、合わせて三と言わざるをえない。いったい一とそれを言葉で表現した時でさえ三となるのだから、ましてさまざまな事物を細かく問題とする場合は尚更だ。全ての物は称を異にするので、どんなに優れた理屈が有っても、記述し切れるものではない。従って一とする者は「あれ」と異ならず、一を忘れる者こそ言葉が無くて自ずと一なのである。

万物万形、同於自得、其得一也。已自一矣、理無所言。夫名謂生於不明者也。物或不能自明其一而以此逐彼、故謂一以正之。既謂之一、即是有言矣。夫以言言一、而一非言也、則一与言為二矣。一既一矣、言又二之、有一有二、得不謂之三乎。夫以一言言之、猶乃成三、況尋其支流。凡物殊称、雖有善数、莫之能紀也。故一之者与彼未殊、而忘一者無言而自一。（斉物論篇注）

すなわち、「自得」している点で万物が同一であると捉えられれば何も殊更に言う必要はない。しかし、同一であるということを万物が弁えず「これ」と「あれ」との区別にとらわれているので、わざわざ「同一である」と説いてそれを正す。ところが、「同一である」という言葉にまたとらわれてしまっては切りが無く、「同一である」ということも忘れて初めて至極なのである。先に見た是非を忘れまた忘れることをも忘れるという事柄が、ここで「一を忘」れ「無言」であるという形で表明されていると言えよう。

いったい形によって比べると、大山は秋毫より大きい。もしもそれぞれがその性分に拠り、万物がその至極のところに冥合していれば、形が大きくても余計なものが有るとはしないし、形が小さくても不足だとはしない。もしもそれぞれがその性に満足しているならば、秋毫だけが小さいとは言えないし、大山だけが大きいとは言えない。もしも性に満足していることを大きいとするならば、世の中に秋毫以上に満足しているものは無い。もしも性に満足していることを大きいとしないならば、大山であっても小さいと言うべきなのだ。

夫以形相対、則大山大於秋豪也。若各拠其性分、物冥其極、則形大未為有餘、形小不為不足。苟各足於其性、則秋豪不独小其小、而大山不独大其大矣。若以性足為大、則天下之足未有過於秋豪也。若性足者非大、則雖大山亦可称小矣。（斉物論篇注）

一方また、生まれつきの「自然」な持ち前に充足しているという点から見れば、大きな大山も大きいとは言えず小さな秋毫も小さいとは言えず、逆に大山は小で秋毫は大だとも言いうる。つまり、「自然」「自得」という事柄を媒介として、通常の大小の区別が大ならざる大・小ならざる小と捉えられるのである。先に見た「無言」であることを良しとするだけでなく、通常の大・小といった名称・概念を読み替えていこうとする姿勢が、ここに窺われるではないか。

以上郭象の『荘子注』では、「あれ」と「これ」、是と非といった区別をいずれも相待的な関係にあると見なし、そうした区別にとらわれず同一視すること、また同一視することにもとらわれないことが、理想的な境涯として提示されている。そしてその理想的な境涯は、言葉を超越した「自得」の次元で実現するとされる。またそうした「自得」

の境涯では、大・小といった通常の名称・概念を固着して捉えるのではなく、大ならざる大・小ならざる小といったまた別の意味で捉え直すことが志向されていると言える。

三―二　嵆康と王弼の思想

ここまで見てきた郭象の見解は、『荘子』で提示されている万物斉同の主張や「道枢」「環中」といった理想的な境涯についての、かれ独特の解釈に基づいている。だがそれら全てが郭象の独創になるかといえば、必ずしもそうではない。かれ以前の諸思想の中にも、同様の見解がやはり窺えるのである。以下魏晋期の思想を更に見ていこう。

是や非といった区別を相待的なものとする見解としては、魏・嵆康の「答難養生論」の次のような所論が注目される。(3)

いったい至理は誠に微妙であり、しばしば世間から隠されている。しかしながら自らの身に省みて悟ったり、あるいは外の物に引き比べて知ったりすることができる。人は年若い時から長じるに至るまで、盛んであったり衰えたり、また好き嫌いに変化が有る。幼い頃には楽しく思われたことを、壮年になると棄てて顧みない。あるいは最初はどうでも良かったことを、最後には重んじたりする。悦ぶ時には、奪ってはならないと言う。醜むものに出会うと、歓ぶはずがないと言う。そしてまためぐりめぐって土地が変わると、情は最初と違ってくる。もしも嗜欲に変化が有るならば、現在好み耽っている事柄が、先々臭腐となるかも知れない。あるいは以前賤しんでいた事柄が、奇美となるかも知れない。……このことから見ると、全てがちっぽけで一時的な情に過ぎないわけで、必ず移り変わるのだ。また飢え渇いている者は、欲しいものを獲ようとする時、心から悦び心血を注ぐが、一旦満足し飽き足りれば、カラッとして疎んじ、時に忌み嫌う。だとすると栄華や酒色も、疎んじる時が有るのだ。

夫至理誠微、善溺於世。然或可求諸身而後悟、校外物以知之者。人従少至長、降殺好悪有盛衰。或稚年所楽、壮而棄之。始之所薄、終而重之。当其所悦、謂不可奪。値其所醜、謂不可歓。然還成易地、則情変於初。苟嗜欲有変、安知今之所躭、不為臭腐。曩之所賤、不為奇美耶。……由此言之、凡所区区一域之情耳、豈必不易哉。又飢湌者、於将獲所欲、則悦情注心、飽満之後、釈然疏之、或有厭悪。然則栄華酒色、有可疏之時。

人間と外界の事物のありさまを観察してみると、両者が関わり合う中で、人間の感情・嗜好が変化すると、外界の事物への見方・対し方もやはり変化する。つまり、主体の内面のありようと外界の事物の捉え方とは、いずれも絶対的・固定的なものではなく、時間・空間の変化と共にやはり変わっていく。そして主体と外物とがそうした相待的な関係にあることが、窮極的な「至理」なのだと言う[4]。

従って世の中で得難いのは、財産でも栄華でもなく、心が満足しないのを患うのである。心の満足している者は、甽畝を耕し、褐を着て菽を喰らっていても、十分満足しているのだ。逆に心の満足していない者は、天下を捧げ、万物を委ねても、やはり満足しない。つまり心の満足している者は外の物を必要とせず、逆に満足していない者は外の物を必要とする。外の物を必要とするから、ますます乏しく、外の物を必要としないから、どこにあっても満足する。栄華によって志を肆いままにしないし、世間から隠れてあっても世俗におもねらない。万物と混然一体となってあり、褒めたり貶したりすることができない。これこそ真に富貴が有るということだ。

故世之難得者、非財也、非栄也、患意之不足耳。意足者、雖耦耕甽畝、被褐啜菽、豈不自得。不足者、雖養以天下、委以万物、猶未慊然。則足者不須外、不足者無外之不須也。無不須、故無往而不乏、無所須、故無適而不足。

不以栄華肆志、不以隠約趨俗。混乎与万物並行、不可寵辱。此真有富貴也。

そこで、心が充足しなければ、たとい世の中のあらゆるものを供給し養ったとしても満足できない。しかし心が充足すれば、貧しい状況にあっても満足し、世間の価値に左右されることが無い。このように内面の満たされることが、本当の意味での富貴を獲得することである。

そこで栄華を生きがいとするならば、たといそれが万世にわたったとしても、喜ぶに十分でないのだ。こうしたことはいずれも内に主体が無く、外の物を借りて楽しむことなので、外の物が豊かであっても、そこには哀しみが宿る。中に主体が有って、内を充実させて外を楽しむようであれば、たとい鍾鼓が無くても、楽しみが既に備わっているのである。

故以栄華為生具、謂済万世、不足以喜耳。此皆無主於内、借外物以楽之、外物雖豊、哀亦備矣。有主於中、以内楽外、雖無鍾鼓、楽已具矣。

かくて、外界の事物を借りて生命の充実を計るのではなく、内面が充足した状態で外界の事物を楽しむ。それが真の意味での自己充足なのである。

また万物の「自然」に任せていく主張としては、魏・王弼の『老子注』の次のような所論が注目される。(5)

万物は自然を性としているので、それに因循すべきで作為をしてはならず、またそれに通じていくべきで執り繋いではならない。物に常なる性が有るのに、作為をするから、必ず失敗する。物に行き来が有るのに、執り繋ごうとするから、必ず失くしてしまうのだ。……聖人は自然の性に通達し、万物の情を伸びやかにしてやる。そこで因循して作為せず、順って殊更なことをしない。万物の迷い惑っている原因を除き去ってやる。そこで心が乱れること無く万物は自ずからその性を実現できるのだ。

万物以自然為性、故可因而不可為也、可通而不可執也。物有常性、而造為之、故必敗也。物有往来、而執之、故必失矣。……聖人達自然之性、暢万物之情。故因而不為、順而不施。除其所以迷、去其所以惑。故心不乱而物性自得之也。（第二九章注）

万物は「自然」をその本性としており、そこでそれに対して殊更に作為したり固着してとらわれたりしてはならない。聖人はそうした「自然之性」に「因」り「順」い、それらの惑いを取り除く。そこで万物の「自得」が実現するのだと言う。

ところで、このように万物の惑いを取り除くには、刑罰によって誤りを正すという方法も考えられるかも知れないが、実はそう上手くはいかない。

もしも法網を多くし、刑罰を煩雑にし、細い道まで塞いで、住まいの奥深くのところまで攻めるならば、万物は持ち前の自然を失い、百姓は手足の置き所を喪い、鳥は上に乱れ、魚は下に乱れてしまう。そこで聖人は天下に対して恐れ慎重にし、心に一定の志向を持たない。「天下の為に心を渾ず」とは、心に好悪が無いことを言う。細かく調べる所が無いから、百姓は避けることが無く、殊更に求める所が無いから、百姓は強いて応じることが無い。避けることも応じることも無いから、全てがその実情を実現するのだ。

若乃多其法網、煩其刑罰、塞其径路、攻其幽宅、則万物失其自然、百姓喪其手足、鳥乱於上、魚乱於下。是以聖人之於天下歙歙焉、心無所主也。為天下渾心焉、意無所適莫也。無所察焉、百姓何避、無所求焉、百姓何応。無避無応、則莫不用其情矣。（第四九章注）

法律・刑罰を煩雑にすると、かえって万物の「自然」を損なってしまう。聖人は、心の偏りを無くし、万物にその自ずからなる持ち前を発揮させるようにする。

利器、利国之器也。唯因物之性、不仮刑以理物。器不可覩、而物各得其所。則国之利器也。示人者、任刑也。刑以利国、則失矣。魚脱於淵、則必見失矣。利国之器而立刑以示人、亦必失也。（第三六章注）

「利器」とは、国を利する器である。ただ万物の性に因循し、刑罰を仮りて万物を責めない。器は目で見ることができないのだが、自然と万物がそれぞれ相応しい場所を得る。それがつまり国の利器なのだ。「人に示す」とは、刑罰に任せること。刑罰で国を利そうとすると、失敗する。魚が淵から出ると、必ず失敗するようなもの。国を利する器を刑罰によって人に示すならば、やはり必ず失敗するのである。

そこでやはり、万物の持ち前の本性に「因」り、刑罰によって治めることをしない。そこで万物それぞれが相応しい場所を得るのである。

聖人は行為と職責とによって万物を検べたりせず、推挙の方法を造って不肖なる者を打ち捨てたりしない。万物の自然を輔けて新奇なことをしない。そこで「人を棄つる無し」と言うのである。賢能を尚ばなければ、民は争わない。手に入りにくい財宝を貴ばなければ、民は盗みを働かない。欲しいものを見なければ、民の心は乱れない。常に民の心に望むところや惑うところが無いようにさせれば、人を打ち捨てることなど無いのである。

聖人不立形名以検於物、不造進向以殊棄不肖。輔万物之自然而不為始。故曰無棄人也。不尚賢能、則民不争。不貴難得之貨、則民不為盗。不見可欲、則民心不乱。常使民心無欲無惑、則無棄人矣。（第二七章注）

同様にまた、優れた聖人は、万物の「自然」を手助けし、新奇な仕業をしない。そこで、能力の有る者や、手に入れ難い財宝や、欲望を誘うものを尊ばないことにより、人々が争わず、盗みを働かず、心を乱さないようにさせる。

「自然」とは、その兆しを見ることができず、その意向を見ることができないもの。……無為の事により、不言の教を行い、行為によって万物をひいきしない。だから功業が成り事柄が成し遂げられても、百姓はそうなった原因を知らないのである。

自然、其端兆不可得而見也、其意趣不可得而覩也。……居無為之事、行不言之教、不以形立物。故功成事遂、而百姓不知其所以然也。（第一七章注）

というのは、「自然」は外からは窺い知れないものだからであり、従って殊更な仕業をせず（無為）さかしらな発言をしない（不言）ことにより、万物のそうした「自然」が識らず知らずのうちに実現するのだと言う。

さて、こうした「無為」「不言」について、王弼はまた次のように述べる。

「従事」とは、挙動が道に従事する者を言う。道は無形無為であることによって万物を成し遂げさせてやる。従って道に従事する者は、無為を君とし、不言を教とし、それでいながら絶え間無く続いているようで、そこで万物は真実の状態を実現する。道と実質を同じくするから、「道に同じ」と言うのである。

従事、謂挙動従事於道者也。道以無形無為成済万物。故従事於道者、以無為為君、不言為教、緜緜若存、而物得其真。与道同体、故曰同於道。（第二三章注）

「道」は、何も具体的な形を持たず、何も殊更な仕業をしないことにより、万物を成り立たせている。従って「道」に従事する者は、やはり「無為」「不言」であることにより、万物に真実の状態を実現させる。そしてそれは「道」と一体化した境涯に他ならない。

そもそも名は形を定め、字は良いとするところを称するもの。道と言うのは、万物が全てそれに由って有ることを取り上げたのだ。これは万物が混成している中で、最大の呼称を取ったのである。道と呼ぶいわれは、表現できる最大の呼称を取り上げたからだ。その字の定着する拠り所を調べてみると、大に繋がれている。いったい繋がれるところが有れば必ず分かれる部分が有り、分かれる部分が有れば窮極のところを見失ってしまう。だから「強いて之が名を為して大と曰う」と言うのである。

夫名以定形、字以称可。言道取於無物而不由也。是混成之中、可言之称最大也。吾所以字之曰道者、取其可言之称最大也。責其字定之所由、則繋於大。夫有繋則必有分、有分則失其極矣。故曰強為之名曰大。（第二五章注）

「四大」とは、道・天・地・王である。全ての物に称や名が有るのは、その窮極のところではない。道と言えば由る所が有る。由る所が有り、初めてそれを道と呼ぶ。だとすると道は最大の称ではあるのだが、称の無い大いさには到底及ばない。称が無く名づけることができないから、「域」と言うのだ。道・天・地・王は、全て称の無いところで成り立っている。そこで「域中に四大有り」と言うのである。

四大、道天地王也。凡物有称有名、則非其極也。言道則有所由。有所由、然後謂之為道。然則道是称中之大也、不若無称之大也。無称不可得而名、故曰域也。道天地王、皆在乎無称之内。故曰域中有四大者也。（第二五章注）

そもそも、「道」と呼ぶのは、名づけうる最大の名称を強いて取り上げたのである。従ってこの「道」という名称は、部分的・限定的なものに過ぎない。「道」そのものは名づけようの無いものである。こうした名づけようが無いものの内に、「道」や「天」「地」「王」といった全てが成り立っている。つまり、先に見たように「自然」が感覚では捉えられないとされ、また「自然」について「無為」「不言」であるべきだとされるのは、ここで見たように「無形」「無為」「無称」なる「道」に従っていくからなのである[6]。

そこで、こうした「道」の認識を踏まえていなければ、たとい世間で良いとされても実は不十分で劣った行為である。王弼は言う。

根本は無為に在り、母親は無名に在る。根本や母親を捨て、子供に向かうならば、功業は大きくても、必ず成し遂げられない部分が有るし、名誉は上がっても、やはり偽りが必ず生じる。つまり、殊更な仕業が無いままに成し遂げ治めることができなければ、そこに行為が生じてしまい、そのために遍く広く仁愛を施す者がいる。広く愛して偏りが無いので、「上仁之を為して以て為す無し」と言う。広く仁愛を施すことができなければ、正しく退け進めて正義を実現する者がいる。道理に背いたことを怒って正直なことを手助けし、あれを助けてこれを攻め、心で判断して物事を成し遂げるので、「上義之を為して以て為す有り」と言う。十分に正直でなければ、身の持ち方を恭しくして礼敬を尽くす者がいる。好んで敬を修めることを尚び、あちこちで比べ調べて、十分に応対していないと怒りが生じる場合があるので、「上礼之を為して之に応ずる莫ければ、則ち臂を攘いて之を扔く」と言う。いったい窮極の偉大さは、道に他ならないではないか。それ以降は、尊ぶに足りないのだ。だから道徳が盛んで功業が大きく、万物を保ち、その上万物がそれぞれに徳を実現していても、未だ十分ではありえないのだ。

本在無為、母在無名。棄本捨母、而適其子、功雖大焉、必有不済、名雖美焉、偽亦必生。不能不為而成、不興而治、則乃為之、故有宏普博施仁愛之者。而愛之無所偏私、故上仁為之而無以為也。愛不能兼、則有抑抗正直而義理之者。忿枉祐直、助彼攻此、物事而有以心為矣、故上義為之而有以為也。直不能篤、則有游飾修文礼敬之者。尚好修敬、校責往来、則不対之間忿怒生焉、故上礼為之而莫之応、則攘臂而扔之。夫大之極也、其唯道乎。自此已往、豈足尊哉。故雖徳盛業大、富有万物、猶各得其徳、而未能自周也。（第三八章注）

「無為」であり「無名」である「道」を摑んでいないと、その行為は必ず不十分で虚偽を含んだものとなる。つまり、殊更な愛を含んでいることから仁が生まれ、兼ね愛することができないことから義が生まれ、十分に正直でないことから礼が生まれる。こうした仁・義・礼は、確かに世間では正しい道徳だとされるのだが、実はいずれも窮極の「道」の働きを失ったことから生じてくるもので、尊ぶに足るものではない。結局「無為」「無名」の「道」を踏まえていないと駄目なのである。だが逆に、「道」を摑んでさえいればそれら全てを優れた行為と認めることができる。

いったい大道に載せ、無名で安らかにさせれば、万物は互いに尚ぶ所が無く、志は何も殊更に営む所が無い。それぞれその正しいありかたに任せ、その誠を用いるならば、仁徳は厚く、行義は正しく、礼敬は清らかとなる。

載せている大道を棄て去り、生じてきたおおもとを忘れて、固着した形を働かせ、殊更に聡明を使うならば、仁については互いに尚び合い、義については互いに競い合い、礼については互いに争い合う。だから仁徳が厚いのは、仁を用いてもできない。行義が正しいのは、義を用いてもできない。礼敬が清らかなのは、礼を用いても遂げられない。道に載せ、母親で統べるのだ。従って仁徳を顕らかにしても尚び合わないし、行義を彰らかにしても競い合わない。あの無名を用いるから、名誉が上がる。あの無形を用いるから、形が出来上がる。母親を守ってその子供を養い、根本を崇んでその末葉を挙げれば、形と名と共に有っても邪まなものは生じないし、大いなる美が天然に備わっていても華美は起こらない。

夫載之以大道、鎮之以無名、則物無所尚、志無所営。各任其貞事、用其誠、則仁徳厚焉、行義正焉、礼敬清焉。棄其所載、舎其所生、用其成形、役其聡明、仁則尚焉、義則競焉、礼則争焉。故仁徳之厚、非用仁之所能也。行義之正、非用義之所成也。礼敬之清、非用礼之所済也。載之以道、統之以母。故顕之而無所尚、彰之而無所競。用夫無名、故名以篤焉。用夫無形、故形以成焉。守母以存其子、崇本以挙其末、則形名倶有而邪不生、大美配天而華不作。（第三八章注）

すなわち、「無名」の「道」を踏まえていれば、殊更な仕業やさかしらな心が無くなる。従って仁・義・礼いずれもが正しい働きを現わすようになる。またさまざまな具体的な形を持つもの、名称を持つことが成立していても、邪悪なことや華美なものが生じない。つまり、「道」を媒介とすることにより、仁・義・礼といった道徳・価値や、万物の形有るありさま・名称を、世間の通念とはまた異なる内容を持つ行為や概念として捉え直し、改めて肯定的に評価するのである。

以上、先に見た郭象との関連から嵆康と王弼の思想を検討した。嵆康「答難養生論」では、主体の内面のありようと外界の事物のありようとが相待的な関係にあると捉えられ、それらにとらわれない主体の充足が主張されている。また王弼『老子注』では、万物の「自然」な持ち前に「因」ることが主張され、またその「自然」を実現することが「道」と一体化することだとされる。そしてそうした「道」を踏まえ、仁義道徳といった行為・概念や万物の姿形・名称を、通常とはまた別の意味内容を持つものとして捉え直すことが目論まれている。必ずしもピッタリと一致するわけでは勿論無いのだが、両者の見解には、先に見た郭象の見解の骨格がほぼ認められるとして良かろう。

三―三　魏晋期の固有思想と吉蔵の思想

ここまで、吉蔵の中仮を念頭に置きつつ、それと同様の考え方があると思われる魏晋期のいくつかの固有思想を検討してきた。そこで改めて吉蔵の所論に立ち戻って検討を加え、それら固有思想との同異を見よう。

郭象の「無是無非」の見解との関連から、名称・概念についての基本的な分析方法を示す、吉蔵の四つの解釈の仕方（四種釈義）が注目される。真・俗の意味を例に見よう。

　随名釈とは、俗は浮虚を意味し、また俗は風俗を意味するような場合。……
　次に第二に因縁について意味を解釈するとは、俗は真の意味で、真は俗の意味だと明らかにする場合。なぜならば、俗は真でなければ俗ではなく、真は俗でなければ真ではない。真でなければ俗ではないので、俗は真を妨げない。俗でなければ真ではないので、真は俗を妨げない。俗は真を意味する。真は俗を妨げないので、真は俗を意味する。……
　次に第三に顕道について意味を解釈するとは、俗は不俗を意味し、真は不真を意味し、真俗は不真俗を意味する、と明らかにする場合。真俗の不真俗は名称が表わす意味であり、不真俗の真俗は意味に付された名称である。また真俗の不真俗は教が表わす理であり、不真俗の真俗は理に通じる教である。……

次に第四節の無方に意味を解釈するとは、俗はあらゆる現象を意味する、と明らかにする場合。人は俗の意味、柱は俗の意味、生死は俗の意味、涅槃は俗の意味である。無方無碍自在だから、あらゆる現象は全て俗の意味である。……前の顕道釈は作用から道に到達するもの、この無方釈は道から作用を出すものである。

随名釈者、如俗以浮虚為義、又俗以風俗為義。……

次第二就因縁釈義者、明俗真義、真俗義。何者、俗非真則不俗、真非俗則不真。非真則不俗、俗不礙真。非俗則不真、真不礙俗。俗不礙真、俗以真為義。真不礙俗、真以俗為義也。……

次第三就顕道釈義者、明俗是不俗義、真是不真義、真俗不真俗義。真俗不真俗即名義、不真俗真俗即義名。真俗不真俗教理、不真俗真俗理教。……

次第四節無方釈義者、明俗以一切法為義。人是俗義、柱是俗義、生死是俗義、涅槃是俗義。無方無礙、故一切法皆是俗義也。……前則是従用入道、今則従道出用也。(『二諦義』巻中、大正蔵四五巻・九五頁上〜下)

第一の名称に随った解釈(随名釈)は、俗とは浮虚・風俗の意味だとする、通常の意味・概念による解釈である。第二の因縁に即した解釈(因縁釈)は、俗は真との相待的な関係により成り立っているものだから真の意味なのだとする解釈である。第三の道理を明らかにする解釈(顕道釈)は、俗は俗ならざるものとの相待的な関係により成り立っているものだから俗でない(不俗)という意味なのだとする解釈である。第四の無限定でとらわれない解釈(無方釈)は、俗はあらゆる現象の意味なのだとする解釈である。真の意味についても、俗との関わりから同様に捉えられる。

この四種釈義のうち、随名釈は世間で通行している解釈なので、ここで取り立てて問題とする必要は無かろう。因縁釈の考え方は、「あれ」と「これ」や是と非といった区別を相待的なものと捉えて同一視する郭象の見解に窺える。

顗道釈の考え方は、大を大ならざる大とし小を小ならざる小とする郭象の見解に窺える。無方釈の考え方は、「あれ」でないものは無く「これ」でないものは無いとし、「自得」している点で万物の区別を同一だとする郭象の見解に窺えるとして良かろう。

吉蔵においては、俗は真だとか俗は不俗だとかいう具合に、郭象が提示していた見解が明確に概念化され、また順序立てて整理・体系化されていると見ることができる。そしてまたそのことにより、前の三つの随名釈・因縁釈・顗道釈が正しい認識へと至る過程として、最後の無方釈が正しい認識に立脚して教えを提示する働きとして、捉えられていると言えよう。

ところでまた吉蔵は、そうした教えの説き方について、教えを説く相手との関係に注目して次のような四つの「仮」の意味を確認する。

一に因縁仮とは、空と有との二諦のような場合。有はそれ自体として有なのではなく、空に因るから有である。空はそれ自体として空なのではなく、有に因るから空である。従って空と有とは因縁仮の関係にある。

二に随縁仮とは、三乗の素質に随って三乗の教門を説くような場合。

三に対縁仮とは、常を対治するために無常と説き、無常を対治するために常と説くような場合。

四に就縁仮とは、現象が有ると執着している外道に対し、諸仏菩薩が、その有について探し求めても結局得られないことを検証して見せるような場合、就縁仮と名づける。

一因縁仮者、如空有二諦。有不自有、因空故有。空不自空、因有故空。故空有是因縁仮義也。

二随縁仮者、如随三乗根性説三乗教門也。

三対縁仮者、如対治常説於無常、対治無常是故説常。

四就縁仮者、外人執有諸法、諸仏菩薩、就彼推求検竟不得、名就縁仮。(『三論玄義』、大正蔵四五巻・一三頁上)

第三章の揚州時代の思想を考察する中で取り上げた資料で繰り返しになるのだが、因縁仮は現象の因縁・相待の関係を説くもの、随縁仮は衆生の持つ素質の違いに即して説くもの、対縁仮は衆生が執着している偏見に対して逆のことを説いて偏見を打ち破るもの、就縁仮は衆生が執着している偏見が成立しえないことを示して正しい認識へと導くものである。

言葉や概念がかりそめのものであるとすることは、先に見た魏晋期の固有思想にも窺える考え方である。すなわち、「あれ」と「これ」といった区別、是非・好悪といった違いが相待的な関係にあり、固定的に定まったものではなくて次々と変化していくのだとする見解が、郭象や嵆康に認められる。また「道」が実は名づけようがないもので、それを「道」と呼ぶのはかりそめの名称だとする見解が、郭象や王弼に認められる。だが、郭象は相待的な関係にある是や非にとらわれずに「無是無非」であるべきだとし、嵆康は外界の事物を「借」りずに内面を充足させるべきだと主張する。また郭象は「道」というかりそめの名称にとらわれずに「無名無言」のところで「自得」を実現しなければならないとし、王弼は「無為」「無名」の「道」を摑むべきことを主張すると共に、目に見える姿形や名称に「仮」りる行為が万物の「自然」の持ち前を損なうものだと述べている。

もとより「自得」や「道」といった真実を実現するためには、現実の「あれ」や「これ」、是や非、「道」などといった言葉・概念を手掛りとせざるをえないわけだが、かれらの思想においては、そうしたかりそめのものにとらわれずにそれを乗り超えていくべきことが、より強調されていると考えられるのである。

そうした固有思想の見解と同様に、吉蔵も、次に見るように「仮」であることにとらわれてはならないとし、また窮極的には言葉や思慮を超え出た「言忘慮絶」の境涯に至ってこそ真の悟りだと主張する。(7) だがその一方、四つの

「仮」の意味に見えるように、あらゆる言説をかりそめの教えと規定した上で、さまざまな衆生の素質それぞれに対して積極的に働き掛けうるものとして意味づけている。かれのこの見解は、固有思想の見解を一歩進めていると見ることができよう。

さて、かりそめの言説について、吉蔵は次のようにそれに「依る」ことを戒める。

本より性に対するために仮を説き、惑いを転換して悟らせるのである。それなのに性を捨て去って仮を残し、固着してこれが決定の窮極だと言う。これでは心に依る所が有るから、永遠に仏にまみえることができない。本為対性故説仮、令其迴悟耳。而遂捨性存仮、謂決定。為是心有所依故、永不見仏。(『中観論疏』巻二本、大正蔵四二巻・二五頁下)

現象が固定的な実体を持つとする誤った見解を改めさせるために仮の教えを説く。だがその仮の教えをまた固定的な定まったものと見なし、心がそこに「依」り安住してしまっては、悟りを得るすべもない。

如来が昔五乗を説いたのは、五ならざることを顕わそうとしたからである。既に五が無ければ、やはり五ならざることも無い。それ自体本来寂然としていて、依拠する所が無いのを、中道と名づけ、中道がつまりは妙法である。ただ教を受け取る連中が、昔五乗を説くと聞いて、結果五乗がそれぞれ異なっていると理解するから、さまざまな偏った見方に陥っている。人天乗を受け入れる者は、生死の辺に陥る。声聞縁覚乗を求める者は、涅槃の辺に陥る。三蔵教を学ぶ者は、小辺に陥る。摩訶衍を学ぶ者は、大辺に陥る。また昔五乗が異なっていると受け取り、異辺に陥る。今一乗を聞いて一乗にとらわれた理解をする者は、一辺に陥る。

如来昔説五乗、為顕不五。既無有五、亦無不五。本性寂然、無所依倚、名為中道、中道即是妙法。但禀教之徒、聞昔説五乗、遂作五乗異解、故堕在諸辺。禀人天乗者、堕在生死辺。求声聞縁覚乗者、堕在涅槃辺。学三蔵教者、堕在小辺。学摩訶衍者、堕在大辺。乃至昔禀五乗異、堕在異辺。今聞一乗作一乗解者、堕在一辺。（『法華遊意』、大正蔵三四巻・六三五頁下）

同様に、仏がかつて五乗の教えを説いたのは、実は五乗など無いことを明らかにするためである。従って五乗の教えに「依倚」せずとらわれなければ良い。だが教えを受けた衆生は、五乗が有ると執着し、それぞれの偏った立場に陥ってしまう。また、こうした「依る」という悪い事態は、かりそめの言説だけに限って問題とされるのではない。

いったい心にもしも生じるところが有れば、依る所が有る。依る所が有れば、縛られる所が有る。縛られる所が有れば、生老病死の憂悲苦悩を離れることができない。二乗すら得られないのだから、まして仏道は尚更だ。

夫心若有生、即有所依。有所依、即有所縛。有所縛、不得離生老病死憂悲苦悩。尚不得二乗、何況仏道。（『中観論疏』巻二本、大正蔵四二巻・二四頁下）

あらゆる現象は、もともと生起する何らの実体も持たない（無生）ものである。だがそれに対してひとたび「生」という観念が心に生まれそれに「依」り安住してしまうと、生老病死の苦悩を離れられなくなる。つまり、何かに「依る」ということは、執着する心の働きであり、衆生に苦悩を齎す根本的な原因に他ならないのだと言う。

ところが吉蔵は、「依る」こと全てを執着と見なしてひとしなみに退けるのではない。諸仏・菩薩の教えを成り立たせるものとして、それを肯定的に評価することがある。二諦についての所論を見よう。

二種類の二諦が有る。一は於諦、二は教諦である。……諸々の現象の実質は実体を持たず空なのだが、世間は誤って有だと言う。世間の人々に於いてはこの有を真実とし、諦と名づける。諸々の賢聖は誤った有の実質が空だと正しく知っている。聖人に於いてはこの空を真実とし、諦と名づける。これが二つの於諦であり、諸仏がこれに依って説くのを、教諦と名づける。

有両種二諦。一於諦、二教諦。……諸法性空、世間顛倒謂有。於世人為実、名之為諦。諸賢聖真知顛倒性空。於聖人是実、名之為諦。此即二於諦、諸仏依此而説、名為教諦也。(『二諦義』巻上、大正蔵四五巻・八六頁下)

もともと有でも空でもない現象の真実のありさまが、衆生に於いて有あるいは空と誤って固定的に捉えられている。そこで諸仏・菩薩は、そうした衆生の誤った捉え方に「依」り、有や空という言葉で教えを説く。衆生の誤った理解が於諦であり、諸仏の教える言葉が教諦である。そしてまたこの於諦と教諦には、次のような得失の差が認められる。

於諦が失だと言うのは、有は凡夫に於いて実体の有る有であり、空は聖人に於いて実体の有る空である。この空と有とは、凡夫と聖人とに於いてそれぞれ真実だとされるから、失とするのである。教諦が得だと言うのは、如来の真実まことの言葉は、凡夫の有に依って有と説くので、有は有に固着せず、有は有ならざるものを表わす。聖人の無に依って無と説くので、無は無に固着せず、無は無ならざるものを表わす。これはつまり、有無の二は非有非無の不二を表わすのである。

言於諦失者、有於凡是実有、空於聖是実空。此空有、於凡聖各実、是故為失也。言教諦得者、如来誠諦之言、依凡有説有、有不住有、有表不有。依聖無説無、無不住無、無表不無。此則有無二表非有非無不二。(『二諦義』巻上、

大正蔵四五巻・七八頁下）

凡夫に於いては有が真実で、聖人に於いては空が真実だと捉えられている。この有と空は、それぞれ凡夫と聖人に於いて固定的な実体を持つものと捉えられているから、「失」すなわち誤りである。仏は、凡夫の有という認識に「依」って有と説き、聖人の空という認識に「依」って空と説く。この有と空は、それぞれ不有・不無を表わしているから、「得」すなわち正しい。

「よる」という事柄は、先に見た魏晋期の固有思想にも窺える。すなわち、郭象は世間の是や非に「因」っていくことによって実は「無是無非」であることを明らかにするのだとし、そして「自然」な持ち前に「因」っていくことによって万物の理想的な「自得」の状態を実現すべきだと主張する。また王弼は、やはり万物の「自然」に対して殊更な作為をせず、それに「因」っていくことによって「道」と一体化した真実の境涯を実現できるのだと主張する。もとより是非や「自然」に固着してとらわれてはならないわけだが、かれらの思想においては、「因る」という行為が、刑罰や名称に「仮」りる行為とは対照的な、聖人のあるべき行為として捉えられ、重視されていると見ることができよう。

それに対して吉蔵は、一見したところ同じような「依る」という事柄を主張しながら、それをかりそめの言説の成立と関わらせ、衆生に於ける真実としての於諦と諸仏・菩薩の教えとしての教諦という、二つの方向から捉えている。そしてそれにより、於諦の有・無という誤った認識を、教諦の不有・不無という正しい認識へ導こうとするのである。こうした於諦・教諦の見解にも、やはり固有思想とはまた異なる見方が示されているとすべきであろう(8)。

三—四　むすび

魏晋期の老荘的な思想と吉蔵の思想を検討し、とらわれないこととかりそめであることとに関わる所論に注目して両者の共通点を指摘し、かりそめの言葉・名称に関わる見解に注目して両者の共通点と相違点とを明らかにした。郭象と王弼は、『荘子』や『老子』に説かれる「道」「自然」の主張をその思想の前提とし、一方吉蔵は、仏典に説かれる「空」の主張をその思想の前提としている。前提が異なっている以上、両者の思想が異なってくるのは当然だとも言えよう。だがその中身を仔細に検討してみると、両者の見解には、意外に大きな隔たりが認められないようである。郭象・王弼も吉蔵も共に、世間で通行しているさまざまな言葉・概念が相待的な関係の上に成り立っており、従って絶対的・固定的でないかりそめのものだとし、それにとらわれず乗り超えていくべきだと主張する点で、共通していると見ることができる。そして郭象・王弼では、かりそめであるものを手掛りとしながら、それにとらわれるべきでないことが注目され強調されている。それに対して吉蔵では、かりそめであることがより注目され、そのようにかりそめであるからこそ、衆生のさまざまな持ち前の素質に積極的に働き掛けうることが、より強調されていると言えよう。四つの「仮」の意味や於諦・教諦の主張には、かりそめであるものに対するとらわれをかりそめであることによって解消しようとする、かれなりの周到な戦略が示されていると考えられるのである。

（1）　魏晋期の思想が般若の「空」の思想を受け入れる素地となったことは、いわゆる格義仏教との関連から多くの研究者が指摘している。例えば鎌田茂雄『中国仏教史』（岩波全書三一〇、岩波書店、一九七八年）第一部第二章「魏・晋の仏教」では、王弼・何晏や竹林の七賢らの知識人たちが、老・荘思想に立脚しつつ漢代とはまた異なる思想運動を展開していったとする。そして魏晋期のそうした新しい思想が、外来宗教である仏教の教義を受容する精神的土壌となったと指摘する。また仏教との関わりから中国固有思想を論じたものとしては、伊藤隆寿『中国仏教の批判的研究』があり、特に序論第一章「中国における仏教受容の基盤――道・理の哲学」が参考になる。

(2) 郭象の思想と吉蔵の思想との関連については、中嶋隆藏「成玄英の「一中」思想とその周辺――隋唐時代道教の中道観」(平井俊榮監修『三論教学の研究』所収)で、「中」の思想について指摘されている。なお郭象『荘子注』の引用は、郭慶藩『荘子集釈』(新編諸子集成第一輯、中華書局、一九八五年)に拠った。

(3) 嵆康「答難養生論」の引用は、戴明揚『嵆康集校注』(人民文学出版社、一九六二年)に拠った。

(4) 嵆康の「声無哀楽論」では、主体の持つ哀楽喜怒といった感情と音声の善悪とが、直接に結びつくものではなくそれぞれ別個のものだとする。また「釈私論」では、外界の事物の是非にとらわれずに「無措」であるべきだとする。従ってこうした主体と外物との相待性の主張は、養生に関わる議論だけではなくてかれの思想全体を底流していると見なすことができる。詳しくは拙稿「嵆康に於ける世界認識と「理」」(『集刊東洋学』第六六号、一九九一年)を参照。

(5) 王弼『老子注』の引用は、楼宇烈『王弼集校釈』(中華書局、一九八七年)に拠った。

(6) 魏晋期の「無為」の思想については、中嶋隆藏「六朝時代における無為の思想」(仏教思想研究会編『仏教思想七 空 下巻』、平楽寺書店、一九八二年)で、王弼・嵆康・郭象におけるその展開を含めて詳論されている。

(7) 『中観論疏』で、「仮」にとらわれた立場の人々を「中仮師」と呼んで批判する(巻二本、大正蔵四二巻・二五頁中～下など)。また同じく『中観論疏』で四重の二諦を論じ、あらゆる言説を世諦とし「言妄慮絶」の状態を第一義諦とする(巻二末、大正蔵四二巻・二八頁中)。

(8) 「依る」ことによる教えの提示は、直接には『中論』巻四・観四諦品の「諸仏依二諦、為衆生説法。一以世俗諦、二第一義諦」(大正蔵三〇巻・三二頁下)に基づく。なお吉蔵の於諦・教諦については、平井俊榮『中国般若思想史研究』第二篇第四章第一節「二諦相即論」参照。

おわりに

本章では、鳩摩羅什訳の諸経論の思想、古訳般若経とそれに拠った道安・支遁の思想、魏晋期の老荘的な諸思想を検討し、そしてそれらとの同異を指摘して、吉蔵思想の基底を検証した。

吉蔵は、『中論』『百論』『十二門論』の三つの論書に主に依拠する、三論宗の系譜に連なる。だが、三つの論だけではなく、『大品般若経』『大智度論』『成実論』といった、羅什訳のさまざまな経論の思想を十分に踏まえ消化し、そしてそれらの所説を縦横無尽に駆使して自身の思想を組み立てていると見ることができる。『三論玄義』などで成実学派の見解を手厳しく批判しているが、その実『成実論』の所説をも取り入れている点は注意されるべきであろう。羅什訳経論とのこうした関わりには、かれ自身がそれと意識し自覚していた、吉蔵思想の一つの拠り所が確認できる。

また、古訳般若経や道安・支遁の思想には、吉蔵思想の主要な見解の原型が認められるではないか。勿論吉蔵は、『中観論疏』で魏晋期の般若解釈を批判しており、従ってそれらの思想から直接影響を受けているとか、あるいはそれらの思想を意識して踏まえているなどとは言えない。だが、そうしたいわゆる格義仏教とキッパリ訣別しているのではなく、やはり古訳以来の般若研究の流れの中で、羅什訳の経論に拠った自身の立場からそれを更に展開させていると見ることができる。

更にまた、魏晋期の老荘的な思想には、吉蔵思想と異なる見解だけでなく、共通する見解も認められる。勿論吉蔵は、『三論玄義』で老荘思想を手厳しく批判しており、従ってそれらの思想を意識して取り入れているなどとは考えられない。だが、そうしたいわゆる魏晋玄学と全く袂を分かっているわけではなく、やはり老荘以来の固有思想の流れに棹さし、般若空観に拠りつつそれを更に深化させていると言える。

古訳や老荘とのこうした関わりには、かれ自身がそれと意識し自覚してはいなかった、吉蔵思想のまた別の位置づけが窺われるのである。

第五章　吉蔵思想の位置

はじめに

本章では、これまで分析してきた吉蔵思想の位置づけを更に明らかにすべく、かれの思想と他の仏教思想との比較を試みる。

第四章で既に分析したように、吉蔵は、鳩摩羅什の翻訳経論の所説を十分に消化し取り入れて自身の思想を構築しているわけだが、羅什の弟子の中でも僧叡や曇影と並んで僧肇を重視していたことが指摘されている。[1]そこでまず、『維摩経』注釈を材料に、吉蔵と僧肇の思想を比較・検討する。これまでその思想の同質性が指摘されてきているが、[2]ここでは三乗の捉え方に注目して両者の見解の違いを窺う。

次いで、同じく『維摩経』注釈を材料に、ほぼ同時期に活躍した浄影寺慧遠と吉蔵の見解を比較・対照する。慧遠の『維摩義記』は、しばしば羅什門下の注釈に依拠しながらそれを敷衍しているのだが、その見解を比較してみると、やはり慧遠なり吉蔵なりの立場の違いが窺えるのではないか。

更に、これもまた従来の研究で、吉蔵の思想や著作が、天台智顗の撰述と今日伝えられている諸著作に、多大な影響を与えたことが指摘されている。[3]そこで吉蔵との比較を念頭に置きつつ、特に煩悩や智慧の捉え方に注目して、天台三大部の所論を検討する。

(1) 平井俊榮『中国般若思想史研究』第一篇第一章「三論学派の源流系譜」、第二章「三論伝訳と研究伝播の諸事情」。

(2) 伊藤隆寿『中国仏教の批判的研究』本論第五章「僧肇と吉蔵――中国における中観思想受容の一面」(原載は、『鎌田茂雄博士還暦記念論文集・中国の仏教と文化』、大蔵出版、一九八八年)。

(3) 平井俊榮『法華文句の成立に関する研究』(春秋社、一九八五年)は、智顗の撰述とされている現存する註疏の多くが、かれ自身の著述ではありえず、灌頂ら門人によって吉蔵の註疏を参照して書かれたものと指摘した上で、特に『法華文句』における吉蔵の『法華経』註疏の引用の実態を明らかにしている。

第一節　吉蔵と僧肇をめぐって――三乗観を中心に

吉蔵と僧肇(三八四～四一四)が共に注釈を著している経典に『維摩経』がある。『維摩経』は、大乗や菩薩のありかたを説き明かすことを主要なテーマの一つにしている。[1]そこでその注釈書を主な材料とし、僧肇と吉蔵の三乗観を検討する。最初に僧肇の三乗観を窺い、次いでそれと比較しながら吉蔵の三乗観を窺い、更にやはり僧肇の見解と比較しつつ菩薩の教化と悟りについての吉蔵の見解を検証する。

一―一　僧肇の三乗観

最初に主として『注維摩』(大正蔵三八巻所収。以下、本章の引用においても、経典名や著作名、大正蔵・続蔵の巻数を適宜省略する）に拠って僧肇の三乗観を見よう。[2] 声聞・縁覚といった小乗の聖者と大乗の菩薩のありかたがどのように異なると、僧肇は考えているか。

いったい、有と言っても無を見失わず、無と言っても有を見失わない。有と無と言説を異にしていても根本に乖らないのは、ただ大乗道だけでないか。

夫言有不失無、言無不失有。有無異説而不乖其本者、其唯大乗道乎。（『注維摩』巻四・菩薩品、三六四頁上）

大乗の菩薩は、諸々の現象が本来何も実体を持たず空であると弁えているので、有と無といった相い反する事態のいずれにもとらわれず、それらに自在に関わっていくことができる。またそうした態度は菩薩にだけ実現可能であり、小乗には実現不可能だと言う。

小乗は、滅尽定に入るので、形は枯木のごとく、さまざまな作用をなしえない。大士は、実相定に入るので、智慧の働きが永遠に滅していても、形は四方八方に現われ、衆生の素質に応じて作用し、自在に応対する。

小乗入滅尽定、則形猶枯木、無運用之能。大士入実相定、心智永滅、而形充八極、順機而作、応会無方。（『注維摩』巻二・弟子品、三四四頁下）

小乗は、現象を捉える際に、縁起の内に実質的な主体が無いのを空の意味とするので、空を観じることができるが、空において全てを無くすことができず、従って窮極ではない。大乗は、有に在っても有とせず、空に在っても空としないので、理を極め尽くし、従って空の意味を窮めている。

小乗観法、縁起内無真主為空義、雖能観空、而於空未能都泯、故不究竟。大乗在有不有、在空不空、理無不極、所以究竟空義也。（『注維摩』巻三・弟子品、三五四頁中）

そして、そうした有や無（空）といった相待的な概念分別を超越し、自在無碍な働きを持っているので、大乗の菩薩は二乗の聖者よりも優れており、空であることの本当の意味を窮め尽くしている。

小乗は、三界のさまざまな現象が盛んに有ることから、それを滅して無為を求める。そこでは現象が盛んに既に現われているので、滅すると言うのである。大乗は、現象が本来そのように有らず、今滅する所も無いと観じる。しかく有らず滅しもせず、かくてこそ真の寂滅なのだ。

小乗以三界熾然故、滅之以求無為。夫熾然既形、故滅名以生。大乗観法、本自不然、今何所滅。不然不滅、乃真寂滅也。（『注維摩』巻三・弟子品、三五四頁下）

八つの邪まなことと八つの解き放たれたこととは、そのもともとの実質は常に同一である。八つの邪まなことをよくよく観じるならば、そのまま八つの解脱に入るのだ。邪まなことを捨て去って更に解脱を求めることなど無い。もしもこのように観じることができれば、解脱に入ると名づけるのである。

八邪八解、本性常一。善観八邪、即入八解。曷為捨邪更求解脱乎。若能如是者、名入解脱也。（『注維摩』巻二・弟子品、三四八頁下）

従って、菩薩の悟りにおいては、諸々の現象が本来生じもせず滅しもせず空であるという意味で、さまざまな邪まなものはすなわち正しいものであり、煩悩はすなわち涅槃であると捉えられる。けれども小乗の聖者はその境涯に至りえておらず、よって真の悟りを得ているとは言えないとする。

さて、こうした菩薩の優れたありかたの特徴の一つに、次のような、人々を教え導き救済する化他行の実践が挙げられる。

二乗は、無常を固着して無常とするから、現実世界の善いことを忌み嫌う。苦を固着して苦とするから、生死の苦しみを悪む。無我を固着して無我とするから、人を教え諭すのを怠る。寂を固着して寂とするから、永遠に寂滅しようとする。菩薩は、無常を固着して無常とはしないから、善いことを忌み嫌わずにいられる。苦を固着して苦としないから、生死を悪まない。無我を固着して無我としないから、人を教え諭して倦むことが無い。寂を固着して寂としないから、永遠には寂滅しない。

二乗以無常為無常、故厭有為善法。以苦為苦、故悪生死苦。以無我為無我、故怠於誨人。以寂為寂、故欲永寂。菩薩不以無常為無常、故能不厭善本。不以苦為苦、故不悪生死。不以無我為無我、故誨人不倦。不以寂為寂、故不永寂也。(『注維摩』巻九・菩薩行品、四〇八頁下)

小乗は、ただ自ら己れの素質を修めるだけで、人の素質を善くしようとはしない。菩薩は、小乗と同じく自ら修めるのだが、善く人の素質をも弁え、他者も自分も共に正しい道に順わせる。

小乗唯自修己根、不善人根。菩薩雖同其自修、而善知人根、令彼我倶順也。(『注維摩』巻五・文殊師利問疾品、三八〇頁下)

この上無い無上心を発するならば、ただ自ら病を除くだけでなく、多くの衆生の病をも救うのである。

発無上心、豈唯自除病、亦済群生病。（『注維摩』巻二・方便品、三四三頁下）

菩薩は、あらゆる現象が無常で苦しみに満ちていること、また何も確たる実体を持たず空寂であることにとらわれない。そこで最高の悟りを求める心を持ち、良く衆生の素質を知ってたゆまず教え諭し、惑いから救い出すことができる。

二乗は、既に無為を見定め、正しい立場に安住し、心を虚にして静漠で、寂滅なる状態にゆったりと寛いでいる。既に生死の畏れが無く、無為の楽しみが有るので、サッパリと自足して、何も願ったり求めたりしない。一体誰がびくびくと大乗を志そうか。

二乗既見無為、安住正位、虚心静漠、宴寂恬怡。既無生死之畏、而有無為之楽、澹泊自足、無希無求。孰肯蔽蔽以大乗為心乎。（『注維摩』巻七・仏道品、三九二頁中）

維摩詰不思議経とは、思うに、微妙なところを窮め変化を尽くしており、この上無く霊妙なことの呼び名である。その趣旨は奥深く、言葉や譬えでは言い表わせない。その道は三つの空を超越しており、二乗の云々する所では無い。

維摩詰不思議経者、蓋是窮微尽化、妙絶之称也。其旨淵玄、非言像所測。道越三空、非二乗所議。（『出三蔵記集』巻八「維摩詰経序」、大正蔵五五巻・五八頁上）

かくて、有や無にとらわれた小乗の振る舞いと、有無や自他など全てに自在である菩薩の振る舞いとの間には、到底超え難い深い溝が横たわっていると言う。

このように見てくると、二乗の聖者は、結局大乗の菩薩のありかたに関わっていくことができず、大乗の教えから全く隔絶された、駄目な存在だと捉えられているように思える。それでは、二乗は菩薩のような優れた悟りを獲得できないのだろうか。更に僧肇の所論を追っていこう。

三乗のありかたの違いは、一体どのような事柄が原因で生じるのか。

三乗は同じく無生を観じるのだが、智慧の力の弱い者は現世の惑いを超え出ることができず、智慧の力の強い者は惑いを超え出てもそこに安住しない。

三乗同観無生、慧力弱者不能自出、慧力強者超而不証也。（『注維摩』巻五・文殊師利問疾品、三八〇頁上）

三乗はいずれも、現象には生じたり滅したりする実体が無く空であると捉えているのだが、それぞれの智慧の働きの強弱により、惑いから脱出できるできないの違いが生じてくる。

天の恵みに私心は無いが、枯木を潤すことは無い。仏の威信は遍く行きわたっているのだが、能力の無い者を確立しない。

天沢無私、不潤枯木。仏威雖普、不立無根。（『注維摩』巻一・仏国品、三二八頁下）

つまり、仏の教えは普くあらゆる衆生に行きわたっているのだが、それに応えられる素質を持たない衆生はその恩恵を受けられない。

仏は四諦の霊妙な教で、三乗の衆生を救う。教を受け取ると再び生死の苦しみに陥る者はいない。
仏以四諦妙法、済三乗衆生。無有既受還堕生死者。（『注維摩』巻一・仏国品、三三三頁中）

これに対して、三乗はいずれも仏の教えの恩恵を受け、生死の苦しみから遁れることができる。

仏は一つの声で一つの教を説くのだが、衆生はそれぞれが好む所に随って理解する。布施を好む者は布施の教を聞き、戒律を好む者は戒律の教を聞き、各々異なる受け取り方、異なる修行をして、異なる利益を獲得する。
仏以一音説一法、衆生各随所好而受解。好施者聞施、好戒者聞戒、各異受異行、獲其異利。（『注維摩』巻一・仏国品、三三二頁下）

ただ、仏はひとしなみに教えを説くのだが、三乗はそれぞれ自身の好みに従い、異なる教えを受け入れて異なる利益を得る。そこで小乗・大乗というありかたの違いが生じてくるのである。

婬らさ・怒り・痴かさを断ち切っているのが、声聞である。婬らさ・怒り・痴かさと共にあるのが、凡夫である。大士は、婬らさ・怒り・痴かさがそのまま涅槃だと観じるから、それらを断ち切らないし共にあるのでもない。
断婬怒痴、声聞也。婬怒痴倶、凡夫也。大士観婬怒痴即是涅槃、故不断不倶。（『注維摩』巻三・弟子品、三五〇頁上）

無常を観じないし厭離しないのが、凡夫である。無常を観じて厭離するのが、二乗である。無常を観じて厭離しないのが、菩薩である。
不観無常不厭離者、凡夫也。観無常而厭離者、二乗也。観無常不厭離者、菩薩也。（『注維摩』巻五・文殊師利問疾品、三七四頁下）

つまり、二乗の聖者は菩薩に比べれば劣っているが、貪り・怒り・愚かさに纏いつかれ、現象が無常であると理解できない凡夫と比較すると、完全ではないにせよ何がしかの真理を摑みえていると言える。

そうだとすると、二乗の聖者と大乗の菩薩のありかたの違いは、絶対的なものではなくて比較の上のことに過ぎず、従って二乗であっても何らかの手段によって智慧を深めていけば、大乗の菩薩の境涯へ至ることができるのではないか。

八万もの修行をし、併せて天下の人々をも誘い、一人も遺さないのが、大乗心である。上の三心（直心・深心・大乗心）は学び始めた者の次第である。いったい大いなる道を実践しようとするならば、必ずまずその心を真直ぐにしなければならない。心が真直ぐになって、初めて深い実践ができる。深い実践ができると、広く作用を現わして涯が無い。これが三心の次第である。この三心を備えて、初めて六波羅蜜を実践するのである。
乗八万行、兼載天下、不遺一人、大乗心也。上三心是始学之次行也。夫欲弘大道、要先直其心。心既真直、然後入行能深。入行既深、則能広運無涯。此三心之次也。備此三心、然後次修六度。（『注維摩』巻一・仏国品、三三五頁下）

さまざまな衆生はとらわれ・患いが根深いので、すぐにはそれらの患いを捨て去ることができない。そこで段階を踏んで次第に無くし、無くすものが無い状態になる。ここまでで現象によって我を取り除き、また空によって現象を取り除く。今窮極の空によって空であることをも空じるのは、患いの無い極致である。

群生封累深厚、不可頓捨。故階級漸遣、以至無遣也。上以法除我、以空除法。今以畢竟空空於空者、乃無患之極耳。(『注維摩』巻五・文殊師利問疾品、三七七頁上)

ここに見える直心から深心、更に大乗心へという修道の深まり、あるいは我についての空(我空)から現象についての空(法空)へと進み、最終的には空自体にもとらわれない(空空)ようになるという段階的な境涯の深まりは、初めて仏の教えを学ぼうとする者の階梯とされていることから、それぞれが凡夫・二乗・菩薩のありかたに相当し、従って凡夫から二乗、更に菩薩へという移り変わりが想定されているように一見したところ思える。

菩薩は心が既に真直ぐなので、他者を教化して己れと同じくさせる。

菩薩心既直、化彼同己。(『注維摩』巻一・仏国品、三三五頁中)

だが、そうした修道の最初の段階である直心について見ると、菩薩の直心のありかたが説かれるだけで、惑いの世界に沈んでいる凡夫がどうすれば心を真直ぐにし仏道に参入していけるかについては、全く触れられていない。

六住以下の菩薩は、心が未だ純一でない。有に在ると空を捨て、空に在ると有を捨て去ってしまう。未だ平等の真心によって有と無との両方に関わっていくことができない。だから国土を厳かにして人を教化する際に、愛し執着する心が混じってしまう。これでは巧みな方便で功徳に努めるとは言えないから、方便が無いわけだ。しかしながら三つの空によって自らを修めているので、智慧は備わっている。

六住以下、心未純一。在有則捨空、在空則捨有。未能以平等真心有無倶渉。所以厳土化人、則雑以愛見。此非巧便修徳之謂、故無方便。而以三空自調、故有慧也。（『注維摩』巻五・文殊師利問疾品、三七九頁上）

また、我空・法空・空空の三つの空の理解について見ても、窮極に至りえていない六住以下の菩薩がこの三つの空を修めて智慧を獲得すると言われるだけで、二乗の修道については全く顧慮されていない。つまり、惑いの世界にある凡夫や、とらわれた立場にある二乗が、如何に修道すれば優れた菩薩の立場に至り真の悟りを得ることができるかという問題については、全く顧慮されていないわけではないが、極めて冷淡であるように思われるのである。

結局、僧肇においては、大乗道を学ぼうとする意志を持たない凡夫や二乗の立場に在る者が菩薩の立場へと主体的に関わっていくことのできる手掛りはほとんど与えられておらず、従ってその三乗観において、大乗の菩薩のありかたは、二乗の聖者に向けて開かれていなかったと考えられよう。

一―二　吉蔵の三乗観

次いで『浄名玄論』（大正蔵三八巻）、『維摩経略疏』（続蔵一・二九・二）及び『維摩経義疏』（大正蔵三八巻）に拠って吉蔵の三乗観を見よう。

大士は能力が優れているので、空を明らかにすると有に達し、有を明らかにすると空を知る。従ってそのありかたは両方に通じ、空についての智慧と有についての智慧とが並立している。小乗は智慧が劣っているので、空を理解すると有を見失い、有に関わると空を捨て去る。既にあちらを取りこちらを捨て去っているから、真諦と俗諦とを並行して観じることが無い。

大士利根、照空即遊有、鑒有即知空。故道貫双流、二慧能竝。小乗智劣、入空即失有、出有即捨空。既取捨行心、故無真俗竝観。(『維摩経義疏』巻一・総論、九一二頁下)

菩薩は智慧が優れているから、有であることについて空を見、空であることについて有と捉えることができるが、小乗は智慧が劣っているから、有であることと空であることとにそれぞれとらわれ、取捨分別する心を抱いてしまう。

二乗は、空もやはり空だと知らずに、空を霊妙窮極とするから、但空と名づけ、従って空を証す。菩薩は、空もやはり空だと知るので、不可得空と名づけ、従って空を証さず、有に関わっていくことができるから、権と名づける。

二乗不知空亦復空、以空為妙極、故名但空、所以証空。菩薩知空亦空、名不可得空、故不証空、即能渉有、故名為権。(『浄名玄論』巻四、八七八頁下)

それで、二乗の聖者は空であることを窮極だとしてそこに安住してしまい、空も実は実体が無いと弁えないが、菩薩は空もやはり実体が無いと知るから、空にとらわれずに有であることに関わっていくことができる。より具体的に、患厭という事柄について見てみよう。

患厭については、三種の人の場合が有る。第一に、世間の凡夫である。この身が不浄だと知って憂い厭うのだが、それを捨て去らない。第二に、二乗の人である。生死の苦しみを憂い厭い、永遠にこの世を超え出た涅槃に入る。第三は、菩薩である。生死が無常で不浄であることを厭いながら、常楽我浄である仏身の功徳を求める。

患厭者、可有三種人患厭。一者、即世凡夫。雖知此身不浄患厭、厭而不捨也。二者、即二乗人。患厭生死、捨生死永入無餘涅槃。三者、即菩薩。厭生死無常不浄、而求仏身功徳常楽我浄。（『維摩経略疏』巻二・方便品、一一一丁左上）

このように菩薩は、諸々の現象が本来何も固定的な実体を持たないと弁え、有と無とのいずれに対しても自在に振舞えるから、有である現象の世界へと関わっていく働きを失わず、従って凡夫や二乗の聖者よりも優れているのである。

さて、そうした優れた菩薩のありかたは、より具体的には、次のような化他の慈悲行として現われる。

二乗は、ただ自らの煩悩を断ち切ることができるだけで、他者の煩悩を断ち切ることができないから、菩提とは言えない。菩薩は、自ら断ち切り他者をも断ち切るから、菩提と名づける。

二乗唯能自断、不能断佗、故非菩提。菩薩自断断佗、故名菩提也。（『維摩経略疏』巻三・文殊師利問疾品、一四三丁右上）

菩薩は二乗と違い、自分の煩悩だけではなく他人の煩悩をも断ち切ることができる。それが菩薩の悟りの智慧である。

素質の劣っている者は現世の身を厭っていても、楽しみが有るから捨て去らない。素質が中程度の者は現世の身を厭い、涅槃を獲得しようとする。素質の優れている者は現世の身を厭うけれども、同時に他者を教化することができる。

下根雖厭、楽故不捨。中根生厭、欲取涅槃。上根生厭、而能化物。(『維摩経義疏』巻二・方便品、九三四頁下～九三五頁上)

すなわち、素質の優れている菩薩は、自身の煩悩を厭いながら、しかも衆生を教え導く働きを失わない。

諸仏菩薩は、道は本来有や無に限定されないと既に体得し、衆生を悟らせようとして、有や無に限定されないと知りながら、仮に有や無と説く。仮に有や無と説いて、逆に有や無に限定されないものを表わす。

諸仏菩薩、既体道本非有無、欲令物悟、是故知非有無、仮説有無。仮説有無、還表非有無。(『浄名玄論』巻六、八九三頁下)

そして、その教化はもとより有や無といった概念分別に限定されない立場に拠るのだが、有無いずれかの惑いに陥っている衆生を悟らせるために、あえて有無などのさまざまな言葉を用いて行われると言う。

以上見てきた限りでは、二乗と菩薩のありかたについての吉蔵の見解は、先に見た僧肇の見解と全く齟齬するところが無いように見受けられる。だが果たしてそうだろうか。やはり何らかの違いが認められるのではないか。更に吉蔵の所論を追っていこう。

三乗のありかたの違いが何に起因すると吉蔵は考えているか。

三乗の実智は、いずれも般若から生じる。そのわけは、明らかにされる対象の実相が既に同一だから、明らかにする般若の働きに三つの区別は無いのだ。ただ持ち前の素質が堪えられないから、ただ一つの般若について、三乗の智慧を分ける。……諸仏菩薩が般若を体得して後に三乗の教を説くのを俟って、三乗は初めて同じく実相を観じることができるのだ。

三乗実智、皆従般若中生。所以然者、所照実相既一、則能照般若無三。但根性不堪、故於一般若、開為三乗智慧。……要由諸仏菩薩体悟般若、然後説三乗教、始得同観実相。（『浄名玄論』巻四、八七九頁上）

諸々の現象の空である真実のありさまを明らかにする般若の智慧は一つであり、従って声聞の智慧、縁覚の智慧、菩薩の智慧という区別は本来無い。だが持っている素質が異なり、諸仏・菩薩がその素質の違いに応じて説く教えを聞いて初めて皆なが空である真実のありさまを捉えることができるので、そこで三乗の智慧を分けるのである。

道の入口自体に大小は無い。如来が大小の素質に対応するから、大と小という方便が有るのだ。

欲明道門未曾大小。如来趣大小縁、故有大小方便也。（『維摩経義疏』巻一・仏国品、九一五頁下）

つまり、大乗・小乗は衆生の素質の違いに応じて説く仏の方便教化の手段に他ならないのだが、それでは衆生それぞれの素質の違いはどのように捉えられるのか。

とらわれた有得の大乗・小乗は、どちらも批判しなければならない。とらわれない無依の大乗・小乗は、当然どちらも歎じなければならない。

有得大小、宜並双呵。無依二衆、理応倶歎。（『維摩経義疏』巻一・仏国品、九二〇頁上）

一には理外。すなわち、凡夫・二乗及びとらわれた有所得の大乗の人と教、修行のありよう、智慧のありよう、説く所の教門、これらは全て有所得であり間違っているから、不思議とは言えない。二には理内。諸仏菩薩の修行のありよう、智慧のありよう、説く所の教門、これらはいずれも凡夫・二乗・有所得の大乗の境涯を超え出ているから、まさしく不可思議なのである。

一者理外。謂凡夫二乗及有所得大乗人法、若所行之境、能行之智、所説教門、皆是有所得顛倒、故非不思議。二者明理内。諸仏菩薩所行之境、能行之智、所説教門、並絶凡夫二乗有所得境界、故方是不可思議。（『浄名玄論』巻三、八六八頁上）

大乗だから全てが優れており、凡夫・二乗だから全てが駄目なのではない。すなわち、取捨分別する心にとらわれていて（有所得）真理の埒外に堕している（理外）衆生は、大乗・小乗・凡夫といった素質の優劣にかかわらず、全て非難されるべきなのである。

凡夫や二乗、とらわれた有所得の立場で大乗を学ぶ人は、全て理外である。有だと聞くと有だと理解し、無だと聞くと無にとらわれた心を起こす。従って諸仏菩薩の挙足動出の事を思い量ることができない。深妙なる道については尚更だ。

凡夫二乗有所得学大乗人、皆是理外。聞有作有解、聞無起作無心。故不能思量仏菩薩挙足動出之事。況深妙道耶。（『浄名玄論』巻三、八七二頁上）

もしもこの心において凡夫の見解を起こすならば、凡夫と名づける。二乗の見解を起こすならば、二乗と名づける。菩薩の見解を起こすならば、菩薩と名づける。未だ波若と相応しない時に、一念一念において、多くこの三つの見解に陥り、そこで三つの惑いを起こす。もしも先念にこの三つの見解を起こしておきながら、後念に解消することができれば、前念を煩悩と名づけ、後念は浄名と同じなのだ。

若於此心、起凡夫見、名凡夫也。起二乗見、名二乗也。起菩薩見、名菩薩也。未与波若相応以来、於念念中、多堕三見、便見三惑。若先念起此三見、後念能浄此三見、則前念名為煩悩、後念即是浄名。(『浄名玄論』巻二、八六七頁上)

なぜならば、とらわれた有所得の立場にある衆生は、たとい大乗の素質を持っていたとしても、「有る」と聞けば「有る」、「無い」と聞けば「無い」という見解を起こし、また自身の心中に凡夫とか二乗とか菩薩とかにとらわれた見解を抱いてしまう。そしてこのようにとらわれた見解が、まさしく悟りを妨げる煩悩だからである。

つまり、菩薩と二乗の区別について、既に見たような菩薩は二乗よりも素質が本来優れているとする見方の他に、ここで見た取捨分別の心にとらわれているか否かという心のありかたが判断の基準として設定され、その基準に則って優劣・得失が評価される。だとすると、同じ小乗・大乗であっても一様でなく、心のありかたに応じてさまざまな素質を持つ者が存在すると言えるだろう。

またおおよそ声聞には二種類有る。一は実行、二は権行である。実行の中にまた二種類有る。一つ目は大乗から堕落して小乗を学ぶ者、二つ目は本から小乗を学ぶ者である。大乗から堕落して小乗を学ぶ者に、教化の始終について、四つの時が有る。一つには大乗の素質が未だ熟していない時、二つには小乗の素質が既に出来上がった時、三つには小乗への執着が薄れて、大乗の素質が萌し始めた時、四つには小乗への執着が解消されて、大乗の素質が熟した時である。……ここで次に権行の声聞について解釈すると、菩薩であることを内に秘めて、声聞という外見を現わしている場合である。これには二つの意味が有る。一には大道を讃揚するため、二は諸々の小乗の修行を導くためである。

又大判声聞、凡有二種。一者実行、二者権行。実行之中、復有二種。一退大学小、二本学小乗之人。退大学小、約一化始終、凡有四時。一大機未熟、二小根已成、三小執当移、大機遠動、四小執正傾、大機正熟。……今次就権行声聞釈者、内秘菩薩、外現声聞。有二種義。一是讃揚大道、二引諸小行。(『浄名玄論』巻七、八九九頁中～九〇〇頁上)

問い。声聞と縁覚には何人有るのか。答え。始終合わせて六人有る。一つ目は本来の声聞である。初めから声聞の心を発し、終に声聞の果を悟る。二つ目は本来でない声聞である。二つの場合が有る。本来縁覚であって、縁覚の心を発し、縁覚の行をしていながら、途中で仏に出会い、教に因って道を得る場合、転じて声聞と名づける。……三つ目は本来菩薩なのだが、堕落して声聞と成る場合である。……縁覚にもやはり三人有る。一つ目は本来の縁覚である。機縁が有って教を受けていながら、果を自然と悟る場合である。二つ目は本来でない縁覚である。二つの場合が有る。一つには本来声聞なのだが、仏のいない世に出会ったので、縁覚と成る場合である。二つには本来菩薩なのだが、仏の世に出会わず、堕落して小乗と成る場合、やはり縁覚と名づける。

問。声聞縁覚、有幾人耶。答。始終凡有六人。一本乗声聞。始則発声聞心、終証声聞果。二非本乗声聞。開為二人。本是縁覚、発縁覚心、行縁覚行、中間値仏、因教得道、転名声聞。……三本是菩薩、退取声聞。……縁覚亦三。一本乗縁覚。因則禀教、果則自然。二非本乗縁覚。有二人。一者本是声聞、値無仏世、故成縁覚。二本是菩薩、無値仏世、退取小乘、亦名縁覚。(『浄名玄論』巻七、九〇一頁上~中)

すなわち、声聞には、もともと小乗を学ぶ(実行)声聞と、もともとは菩薩なのだが仮に声聞の姿を現わしている(権行)声聞とがいる。またもともと小乗を学ぶ声聞には、もともと声聞の素質を持つ者と、もともとは縁覚なのだが途中で声聞に転じた者と、もともとは菩薩なのだが大乗から堕落して小乗の教えを受けている(退大学小)者とがいる。そしてまた縁覚にも、もともと縁覚の素質を持つ者と、もともとは声聞なのだが縁覚に転じた者と、もともとは菩薩なのだが縁覚に堕落した者とがいる。

菩薩蔵にやはり三人有る。一つ目は直ちに往く菩薩である。菩提心を発し、菩薩の行をする。二つ目は小乗を経由して大乗へと赴く場合である。二つの場合が有る。一つには本来声聞なのだが、小乗を改めて大乗と成る場合、菩薩と名づける。二つには本来縁覚なのだが、先と同様に大乗と成る場合である。この二人についてまた二種類有る。一には本来二乗なのだが、小乗を改めて大乗を求める場合である。……二には本来菩薩でありながら、大乗から堕落して小乗と成っていたのが、再び小乗を捨てて大乗を求める場合である。

明菩薩蔵、亦有三人。一直往菩薩。発菩提心、行菩薩行。二迴小入大。凡有二人。一本是声聞、改小成大、故名菩薩。二本縁覚、其義亦然。但此二人、復有二種。一本是二乗、改小求大。……二本是菩薩、退大作小、今還捨小求大。(『浄名玄論』巻七、九〇一頁中)

同様に、菩薩にも、もともと大乗の素質を持ちそのまま菩薩の修行をする(直往菩薩)者と、小乗を経由した後に大乗の教えを受ける（迴小入大）者とがいる。小乗を経由する菩薩には、もともとは小乗なのだが大乗へ改心した者と、もともとは大乗であり小乗に堕落していたのだが再び大乗を求めるようになった者とがいると言う。

このように、同じく声聞・縁覚・菩薩と呼ばれる衆生それぞれに、さまざまな素質を持つ者が存在し、しかもそうした素質の違いが絶対固定的なものではなく、いずれにも変化しうるものならば、凡夫が二乗へ、また小乗が大乗へと転じることも可能だとすべきであろう。

また生死の患いを説いて、凡夫の惑いを打ち破り、法身の功徳を讃えて、二乗の偏見を斥ける。また生死の患いを説いて、常住だとする偏見を打ち破り、法身の功徳を讃えて、断滅だとする偏見を斥ける。教を受ける輩に、二つのどちらかに偏った見解を捨てさせ、中道に悟入させるのだ。

又説生死過患、破凡夫惑、讃法身功徳、斥二乗見。又説生死過患、破於常見、讃法身功徳、斥於断滅。令受化之徒、捨於二辺、悟入中道。（『維摩経義疏』巻二・方便品、九三三頁下）

すなわち、誤った見解を持つ凡夫、とらわれた見解を持つ二乗は、それぞれ仏の教化を受けて心の惑いが打ち破られることにより、いずれも中道の真理を悟って菩薩道への悟入を果たすのである。

以上見てきたように、吉蔵の三乗観においては、小乗から大乗へとつながる道筋が明らかに見出せる。つまり、大乗の菩薩のありかたが、劣った凡夫・二乗に対して開かれたものとして捉えられており、従ってその大乗の捉え方は、小乗をも意識下に置きながら成立していたと考えられるのである。

一―三　化他行をめぐる吉蔵と僧肇の見解

ここまで僧肇と吉蔵の三乗観を検討してきた。そこでやはり『維摩経』注釈書に拠り、優れた菩薩のありかたの特徴の一つである化他行の実践についての両者の見解を更に検討しよう。菩薩は一体何のために化他行を実践するのか。菩薩に限らず修道者の窮極的な目標が覚者、すなわち悟りを得ることにあるならば、自分が悟りを得てしまえばそれで十分であり、わざわざ衆生を教え導く必要など無いではないか。菩薩のありかたにおいて、自らの悟りを求める自利行と、他者を救済する化他行とは、どういう関係にあるのか。

まず吉蔵の見解を見よう。

菩薩の行とは、下は衆生を教化し、上は仏道を求めるものだ。……上に仏道を求めるには、仏道を知っていなければならない。……ただ仏道を求めるために、衆生を救済する。衆生を救済するのは、ただ仏道に安置しようとするからである。

菩薩行者、下化衆生、上求仏道。……上求仏道、応須識仏道。……只為求仏道故、度衆生。度衆生者、只為安置仏道。(『維摩経略疏』巻四・仏道品、一五九丁左上〜下)

菩薩の化他行は、ひとえに菩薩自身が仏道を得ようとするために実践される。すなわち、化他行は菩薩が悟りを得るための前提であり手段だと言える。だがその一方で、次のようにも言う。

また菩薩は自行であっても化他行であっても、全て化他行である。そのわけは、他者を教化しようとするために、自行を修めるからである。自行が成就しないと、他者を教化できない。他者を教化しようとするならば、自行に励まなければならない。だからあらゆる行は、全て他者を教化するためなのだ。

又菩薩若自行若化他、皆是化他。所以然者、為欲化他故、修自行。自行不成、不能化物。今欲化物、要須自行。故一切行、皆為化他。（『浄名玄論』巻八、九〇七頁上）

菩薩の化他行はそれ自体が目的であり、自利行は化他行を実践するために必要な前提であり条件である。自利行と化他行の関係についてのこの二つの所論は、一見したところ矛盾しているように思われる。それでは、吉蔵は何故にこうした二つの見解を提示するのか。

解脱には、おおよそ二つ有る。一つ目は、法身の境涯に登って、煩悩にまみれた身体を捨て去るもので、果の解脱のことである。二つ目は、そのありかたが有と無との両方に通じ、二つの智慧が常に並び立ち、ほしいままに自在で、塵累にとらわれないもので、因の解脱のことである。

解脱者、略有二。一、登法身之位、捨結業之形、謂果解脱。二者、道貫双流、二慧常竝、縦任自在、塵累不拘、謂因解脱也。（『浄名玄論』巻一、八五三頁中）

因中の二つの智慧を、有為の解脱と名づける。果門の権と実との二つの智慧を、無為の解脱と言う。

因中二智、名為有為解脱。果門権実、謂無為解脱。（『浄名玄論』巻三、八七五頁下）

吉蔵は、解脱には因（有為）としての解脱と果（無為）としての解脱とが有ると言う。この二つの解脱は、それぞれ「因」「果」と名づけられていることから原因と結果の関係にあり、従って因としての解脱がもとになって果としての解脱が生じると捉えられているようである。

もしも仏の得た解脱を果の解脱とし、菩薩の得たものを因の解脱とするならば、これは解脱そのものについて名づけたのである。

若以仏所得解脱為果解脱、菩薩所得為因解脱者、此当体以立名也。（『浄名玄論』巻三、八七三頁中〜下）

だとすると、因としての解脱は窮極的な解脱に至る前の菩薩の境涯に相当し、果としての解脱は修道の最終目標である仏の境涯に相当すると考えられる。そしてそのように解脱を因果関係に分けて捉えるならば、菩薩は修道の終点ではなくてあくまでも仏の悟りを志向し希求する途上の位置にあるわけだから、化他行を含めた菩薩の実践は、全て菩薩自身の修道が円満に成就するためになされるとすべきであろう。

大乗の教では、二つの智慧について解脱を捉える。その智慧は二ならざる二なのだが、あえて因と果とを分けるのである。

大乗法中、明二智以為解脱。不二而二、開因果不同。（『浄名玄論』巻三、八七五頁下）

けれども、一応因と果とに分けるとは言っても、この二つの解脱はそれぞれ独立して固定的に有るわけではない。あくまでも因が有っての果、果が有っての因という相待的な関係にあるに過ぎない。つまり、因と果との二つの解脱は、もともと一つである解脱の智慧を二つの方向から捉え名づけたものである。だとすると、菩薩の解脱は窮極的な仏の解脱と実は二ならざる一体のものであり、従って菩薩の化他行は窮極的な境涯を示すものに他ならないので、それ自体を目的と見なすことができる。

このように吉蔵は、仏を志向する求道者としての面と、化他行の実践を目的とする救済者としての面と、二つの方向から菩薩を捉えている。それで先のような二つの見解を提示しているのである。

いったい、あらゆる現象が空であり何も固定的な実体を持たないとすれば、修道者の全ての実践は、やはりこの空に立脚してなされなければならない。慈悲という事柄について見よう。

凡夫が慈悲を起こすのは、梵天に生じるためである。二乗は功徳を求めるためである。菩薩は仏道を求めるために、衆生を救い解脱させる。

凡夫起慈、為生梵天。二乗則為求功徳。菩薩則為求仏道、度脱衆生。(『維摩経義疏』巻四・菩薩品、九五三頁下)

凡夫が慈悲の心を起こすのは、より良い梵天の世界に生まれるためである。また二乗が慈悲の心を起こすのは、優れた功徳を得るためである。すなわち、両者の慈悲は、いずれも有の次元に止まっている。これに対して菩薩は、仏道を求めるために衆生を救済する。すなわち、空に立脚しているので、凡夫や二乗とは異なり、より優れていると言える。

自らの病と衆生の病とが真でも有でもないと了解して慈悲を起こす者は、正しく誤りが無い。ただこうした観じ方が純粋でなく、衆生に愛着を持って慈悲を起こす者は、愛見の大悲と名づける。……これは悲心だとはいえ、愛着が混じっているので、捨て去った方が良いのだ。

了自病及衆生病非真非有、而起悲者、則唯得不失。但此観未純、見衆生愛之而起悲者、名愛見大悲。……此雖悲心、雑以愛見、故宜応捨之也。(『維摩経義疏』巻四・文殊師利問疾品、九五九頁下)

また、菩薩の慈悲であっても、自らの思いと衆生の思いがいずれも実体を持たないと弁えて慈悲を施せば良いのだが、衆生に対して愛し執着する気持ちが働いたならば、その慈悲はとらわれた行為であり捨て去らねばならない。つまり、菩薩の慈悲は優れているには違いないのだが、その全ての慈悲が無条件に良しとされるわけではなく、それを行う菩薩自身の心のありようが得失を左右するのだと言う。

化他行についての吉蔵の所論は、こうした心のとらわれとの関わりから理解すべきではないか。つまり、仏道を得るために衆生を救済するのであれば、化他行は自利行のための手段ということになるのだが、自利行が目的で化他行が手段だと固執してしまうと、また心がとらわれてしまう。そこで逆に、自利行が手段で化他行が目的だと説くことにより、執着を打ち破ろうとするのである。

さてそれでは、自利行と化他行について僧肇はどのように考えているか。

さまざまな衆生は、窮まり無く流転するもの。冥冥に生を受け続けて、本源に立ち返ることができない。だから大士が優れた功徳を打ち立てるのは、自分の身のためでなく、一念の善行も、全て衆生のためになすのである。衆生のためだから、願と行とが共に果たされる。行が果たされれば己れの功業が成り、願が果たされれば衆生が益を蒙る。己れの功業が成れば衆生を救う働きが有り、衆生が益を蒙れば流転する生から立ち返る。だとすると、菩薩が最初に功徳を打ち立てた時点で、衆生は既に益を蒙っていることになる。くだくだしく養ったり教え導いたりして初めて利益を齎すわけではないのだ。菩提とは、広く救済する道である。

群生流転、以無窮為路。冥冥相承、莫能自反。故大士建徳、不自為身、一念之善、皆為群生。以為群生故、願行俱果。行果則己功立、願果則群生益。己功立則有済物之能、群生益則有反流之分。然則、菩薩始建徳於内、群生

已蒙益於外矣。何必待哺養啓導、然後為益乎。菩提者、弘済之道也。（『注維摩』巻四・菩薩品、三六八頁中～下）

菩薩がさまざまな実践を積み功業を建てるのは、全て衆生を教え導き救済するためである。しかも、何らかの実践を積んだ上でそれを前提として衆生を教化救済するのではなく、自身の修道実践を積むことがとりもなおさず他者を救済することであり、そしてそれが菩提に他ならないのだと言う。

修道を始めたばかりの者には、まず方便によって功徳を積んでから、空についての智慧を修める者が有る。またまず空についての智慧を修めてから、功徳を積む者が有る。それぞれが丁度良い所に従っているので、その解脱は異ならない。煩悩を離れて三空を実現するのは、自ら修める所。功徳を積んで菩提に向かうのは、国土を厳かにして人を教化する類。前後が異なってはいるが、互いに美を尽くしている。

始行者、自有先以方便積徳、然後修空慧者。亦有先修空慧、而後積徳者。各随所宜、其解不殊也。離煩悩即三空、自調之所能。積徳向菩提、即厳土化人之流也。前後異説、互尽其美矣。（『注維摩』巻五・文殊師利問疾品、三七九頁中）

勿論、修道の過程で、自利行と化他行とが相い前後することが有るとも述べる。だが、二つの行のうちどちらかが原因でどちらかが結果であるというように明確には分けられていない。

道の窮極を、菩提と呼ぶ。……だからそのありかたは、微妙で無相であって、有だとは言えないし、作用が尽きることが無いので、無だとは言えない。そこで幽かに万物に働いていながら輝かないし、世俗を超え出たところに奥深く通じていながら何も無いわけではないし、大いに天地を包んでいながら寄り掛ることが無く、つぶさにさまざまな惑いを救済するが私心が無い。

道之極者、称曰菩提。……故其為道也、微妙無相、不可為有、用之弥懃、不可為無。故能幽鑑万物而不曜、玄軌超駕而弗夷、大包天地而罔寄、曲済群惑而無私。(『注維摩』巻四・菩薩品、三六二頁下)

また、菩提の智慧は道の窮極であり、有るとも言えず無いとも言えず、その働きは良く空と有とにわたるとする。自利行と化他行についての『注維摩』の記述はさほど多くないのだが、その限られた資料から窺ってみると、僧肇は、化他行を菩提という悟りの智慧に結びつけ、修道の目的と捉えていると言えそうである。

ここで、菩薩の化他行の捉え方について纏めておこう。吉蔵においては、化他行を窮極的な目的とする見解が示される一方で、化他行を固定的に捉えるのではなく、自利行の手段と捉えることにより、化他行に対する修道者の執着を断ち切ろうとする見解が示されている。それに比べて僧肇においては、化他行を菩薩の悟りと結びつけ、修道の目的と捉えようとする意識がより強く、従って吉蔵のように優れた菩薩の立場に対する執着をも乗り超えていかねばならないとする意識は希薄であったと言えよう。

一―四　悟りについての吉蔵と僧肇の見解

更に吉蔵の『法華玄論』(大正蔵三四巻)と僧肇の『肇論』(大正蔵四五巻)及び『注維摩』とに拠り、三乗観の根底に有ってその見解の相違を生み出すもとになったと思われる、両者の悟りの捉え方の違いを検討しよう。

『法華経』は三乗・一乗を説くことを主要なテーマの一つとする。そこで吉蔵は、『法華玄論』でやはり三乗について述べ、そしてその三乗を等しく悟りに導くにはどうしたら良いかを論じている。以下に見ていこう。

既に見たように、三乗は衆生の素質の違いであると同時に、その素質の違いに応じて説かれる教えの違いである。

また理によって推し測ると、衆生の素質に二種類有る。一は大いなる仏道を受け取るのに堪えられる者。二は大いなる道を受け取るのに堪えられない者である。大いなる道を受け取るのに堪えられる者のために仏乗を説くのを、大乗と名づける。受け取るのに堪えられない者のために小乗を説くのである。

又以理推之、衆生根有二種。一堪受仏道。二不堪受大道。堪受大道、為説仏乗、名為大乗。不堪受者、為説小乗。

（『法華玄論』巻三、三八二頁下）

すなわち、大乗と小乗は衆生の素質の違いに応じた仏の方便教化の手段である。

心に安住する所が有ると、情に頼る所が有るようになる。情に頼る所が有ることを、得る所が有ると名づける。得る所が有る者は、縛られる所が有る。縛られる所が有るのは、思うに、多くの患いの府蔵、あらゆる苦しみの林苑である。

心有所安、則情有所寄。情有所寄、則名有所得。有所得者、則有所縛。有所縛者、蓋是衆累之府蔵、万苦之林苑。

（『法華玄論』巻二、三八一頁中～下）

そこで、仏のそうした方便教化に心が安住しとらわれてしまっては、多くの患いや苦しみを招くことになる。

また仏が教を説くのは、心を教に添わせるのであり、教を心に添わせるのではない。心は姿形を保持するのをその実質とし、教はとらわれの無い無得をその実質とする。もしも心が教に添っていくならば、教は既に無得なので、心もとらわれの無い無所得になり、かくて教を説くと名づける。もしも教が心に添っていくならば、心が既に姿形を保持しているので、教もとらわれとなる。

又仏説教者、令心同教、不令教同心。心以存相為根、教以無得為主。若心同教、教既無得、即心無所得、乃名説教。若教同心、心既存相、即教成住著。(『法華玄論』巻一、三六三頁上)

従って、心のありようを仏の教えに添わせていき、執着を無くすことが肝要だと言う。

こうした衆生のさまざまな心の執着を無くすには色々な方法が考えられようが、吉蔵は否定を積み重ねることにより、衆生の固着した認識を次々と打ち破ろうとする。

三種類の煩悩を打ち破る。だから最初は生死の中の煩悩を打ち破り、二番目には涅槃の中の煩悩を打ち破る。また最初は邪まな教の中の煩悩を打ち破り、次いで正しい教の中の煩悩を打ち破る。また最初は凡夫の煩悩を打ち破り、次いで二乗の煩悩を打ち破る。また最初は有にとらわれた見解を打ち破り、次いで空にとらわれた見解を打ち破る。このように相い対する二つのことにとらわれた煩悩を全て打ち破り、そこで初めて中道の正しい信を獲得し、菩提心を発する。三番目に如来の寂然たる法身の自在で霊妙なる作用を広く説き明かし、中道の微細な煩悩を打ち破るのである。

破三種煩悩。故初引破生死中煩悩、第二破涅槃中煩悩。又初引破邪法中煩悩、次引破正法中煩悩。又初凡夫煩悩、次破二乗煩悩。又初引破有見、次破空見。如是等皆是破二辺煩悩、然後得中道正信、発菩提心。第三引広説如来寂然法身無方妙用、破其中道微細煩悩。(『法華玄論』巻一〇、四四四頁中)

すなわち、初めに凡夫の煩悩、次に二乗の煩悩、最後に菩薩の煩悩を打ち破り、正しい悟りへと衆生を導き入れる。

人天乗から一乗に入らせるから、凡夫の立場を離れる。声聞・縁覚から一乗に入らせるから、二乗の立場を離れる。凡夫と聖人の二つの立場を離れるから、菩提心を発し、段々と修行を積み重ねて十信・十住・十行・十廻向・十地、ひいては等覚へと入る。かくして修道の因が円満に成就する。

人天乗入一乗、故離凡夫地。声聞縁覚入一乗、故離二乗地。離凡聖二地、故発菩提心、漸漸修行、入十信十住十行十迴向十地、乃至等覚。此則因義円満也。(『法華玄論』巻二、三七三頁上)

また、凡夫・二乗・菩薩それぞれの固着した立場を脱却させることにより、悟りの智慧を獲得させるのである。

こうした否定の積み重ねは、吉蔵の著作の随所に窺えるのだが、今現在の心の執着や固定的な認識を否定することにより、更に優れた立場を予想させ、それに心を向けさせると同時に、次々と新たな否定を積み重ねることにより、それ以前の否定に対して単なる否定・排斥に止まらない意味を与えるという、往反二重の構造を持っている。『法華玄論』に見える三重の二諦(3)や『中観論疏』に見える四重の二諦(4)に、その否定の重層構造が手際良く示されている。そしてこうした否定の論理に基づき、凡夫から二乗、二乗から菩薩へという道筋が開かれ、教えとしての三乗観も成立しえたと考えられるのである。

さて、このように心の執着に注目し、その執着を打ち破って衆生を悟りへ導こうとする主張は、次のように僧肇にも見受けられる。

いったい衆生が長い間生死を流転するわけは、全て欲に執着するからである。もしも欲が心に無くなると、生死の苦しみに立ち返ることが無い。

夫衆生所以久流転生死者、皆由著欲故也。若欲止於心、即無復於生死。（『肇論』[5]涅槃無名論、一五七頁上～中）

すなわち、欲望にとらわれることによって生死の輪廻が引き起こされると言い、

いったい真は離れることから起こり、偽は著、すなわちとらわれることに因って生じる。とらわれるから得るところが有り、離れるから名が無い。そこで真に則っていく者は真に同じくなり、偽に法っていく者は偽に同じくなる。あなたは得るところが有ることを「得る」とするから、得るところが有ることを求めるばかり。私は得るところが無いのを「得る」とするから、得るところが無くなってこそ「得る」と言うのだ。

夫真由離起、偽因著生。著故有得、離故無名。是以則真者同真、法偽者同偽。子以有得為得、故求於有得耳。吾以無得為得、故得在於無得也。（『肇論』涅槃無名論、一六一頁中）

また、心のとらわれによって虚偽が生み出されるので、そのとらわれを離れるのが「無名」であり「無得」である真の涅槃なのだと述べる。

如来は常を無くすために無常と説くのであり、それは無常そのものを言うのではない。楽を無くすために苦と言うのであり、それは苦そのものを言うのではない。実を無くすために空と言うのであり、それは空そのものを言うのではない。我を無くすために無我と言うのであり、それは無我そのものを言うのではない。相を無くすため

に寂滅と言うのであり、それは寂滅そのものを言うのではない。これら五つのことを無言の教、無相の談と言うべきなのだ。

如来去常故説無常、非謂是無常。去楽故言苦、非謂是苦。去実故言空、非謂是空。去我故言無我、非謂是無我。去相故言寂滅、非謂是寂滅。此五者可謂無言之教、無相之談。（『注維摩』巻三・弟子品、三五三頁中）

そこで仏は、常・楽・実・我・相というとらわれ誤った見解を無くすために、それぞれに逆の事態である無常・苦・空・無我・寂滅を提示する。

有と言うのは、有を仮りて無ならざることを明らかにし、無を借りて有ならざることを弁じるのである。

言有、是為仮有以明非無、借無以辨非有。（『肇論』不真空論、一五二頁下）

重大な誤りには、有以上のものは無く、有であることを絶ち切った称は、無に他ならない。そこで無を借りて有ならざることを明らかにする。有ならざることを明らかにするのであり、無そのものを言うわけではないのだ。

篤患之尤、莫先於有、絶有之称、莫先於無。故借無以明其非有。明其非有、非謂無也。（『肇論』涅槃無名論、一五九頁中）

従って、そうした仏の言説の意味は、有は無でないこと（非無）を表わしまた無は有でないこと（非有）を表わすという自在なものであるとする。かく基本的な発想は、僧肇も吉蔵とほとんど変わり無く、吉蔵はそれを敷衍しているに過ぎないように一見したところ思える。

だが僧肇は一方で次のようにも言う。

如・法性・真際という三空は、実質が同一である。ただ観じ方に深浅が有るから、三つの名を分けるのだ。最初に現象の実質を見る、……如と名づける。現象の見方がやや深くなる、……法性と名づける。現象の実質を窮め尽くす、……実際と名づける。

如法性真際、此三空同一実耳。但用観有深浅故、別立三名。始見法実、……名為如。見法転深、……名為法性。窮尽法実、……名為実際。（『注維摩』巻二・弟子品、三四六頁下）

諸々の現象の空である真実のありさまについて、捉え方の浅い深いによって如・法性・真際という区別を立てる。つまり衆生の智慧の深まりが、如から法性へ、法性から真際へという具合に、後者が前者を否定するという形ではなくて肯定的な言葉の積み重ねを用いて示されている。

涅槃の道は、微妙に適うもの。微妙に適い尽くすのは、唯一のものに冥合することに本づく。

涅槃之道、存乎妙契。妙契之致、本乎冥一。（『肇論』涅槃無名論、一六一頁上）

道は遠いことはなく、万事に触れて真なのだ。聖は遠いことはなく、体得すれば神なのだ。

道遠乎哉、触事而真。聖遠乎哉、体之即神。（『肇論』不真空論、一五三頁上）

同様に、悟りについても、「妙契」「冥一」であり「真」「神」であるといった、窮極的な到達点を示すような表現で述べられる。この点は、「無所得」「無所著」といった否定を強調する吉蔵とは対照的だと思われるのである。

　こうした表現の仕方の違いは、両者の悟りの捉え方の違いを明らかに表わしているではないか。つまり、僧肇においては、窮極的な悟りの境涯が到達すべき目標として捉えられ、そこでそれが否定ではなくて肯定的な言葉によって提示され、従ってまた二乗が凡夫を乗り超え、菩薩が二乗を乗り超えていく道筋が吉蔵のように明確には示されないことになったと考えられる。これに対して吉蔵においては、心がとらわれているか否かが悟りの関鍵だとされ、そこで二乗や菩薩といった素質の違いにかかわらず、今現在の自己のありようを絶えず否定し乗り超えていくことが要請されたのだと言えよう。いわば吉蔵にとって悟りとは、到達すべき目標では決してなく、限りない否定を繰り返す自己自身に他ならなかった。かれの無限重層的な否定の論理は、その実現を可能にするための重要な方法論だったのである。(6)

一―五　むすび

『維摩経』注釈書を主要な材料とし、三乗の問題についての吉蔵と僧肇の所論を比較・検討した。両者の三乗観には、共通点と共にいくつかの相違点が認められる。吉蔵が僧肇を高く評価していることと、同じく『維摩経』に注釈していることとが原因となって、共通の思考が齎されたのであろう。一方相違点については、それぞれの時代に手にすることのできた経論の所説の影響が当然考えられよう。思想を組み立てていく際に参照することのできた経典や論書は、明らかに吉蔵の方がはるかに数が多かったからである。だが三乗の問題だけでなく、衆生の持つ素質や悟りのありかたといったより基本的な問題について、僧肇に無い捉え方が吉蔵にはハッキリと認められる。とらわれないことを徹底し貫徹せんとした吉蔵が、僧肇を重視し評価しながらもやはりそれにとらわれずに乗り超えていこうとしたために、こうした違いが生じてきたと見ることができよう。

(1) 中国における大乗思想の全般的な情況については、横超慧日『中国仏教の研究』第一（法蔵館、一九五八年）「中国仏教に於ける大乗思想の興起」に概観されている。
(2) 『注維摩』の思想については、中嶋隆藏『六朝思想の研究』（平楽寺書店、一九八五年）下篇第二章第四節「僧肇の仏教理解」に詳しい。
(3) 『法華玄論』巻四「自摂嶺相承、有三種二諦。一以有為世諦、空為真諦。次以空有皆俗、非空非有為真。三者二不二為俗、非二非不二為真」（大正蔵三四巻・三九六頁上）。
(4) 『中観論疏』巻二末「二者、他但以有為世諦、空為真諦。今明。若有若空、皆是世諦、非空非有、始名真諦。三者、空有為二、非空非有為不二。二与不二、皆是世諦、非二非不二、方名為真諦。四者、此三種二諦、皆是教門、説此三門、為令悟不三、無所依得。始名為理也」（大正蔵四二巻・二八頁中）。
(5) 『肇論』の解釈及び思想については、塚本善隆編『肇論研究』（法蔵館、一九五五年）を参考にした。
(6) 平井前掲書は、僧肇の体用相即的な思想が吉蔵に至って完成されたと指摘する。同書第一篇第二章第二節「羅什門下の三論研究」の三「僧肇」の項を参照。

第二節　吉蔵と浄影寺慧遠をめぐって——維摩経解釈を中心に

『維摩経』注釈を主な材料とし、浄影寺慧遠（五二三～五九二）と吉蔵の思想を比較・検討する[1]。まず慧遠と吉蔵がさまざまな仏教の教えの中で『維摩経』の思想をどのように位置づけ、またその宗旨をどのように捉えていたかを確認する。次いで経典中の所説のうち特に重要だと両者が考えていたと思われる事柄をいくつか取り上げ、その見解を比較・分析する。その際、慧遠の『大乗義章』、吉蔵の『浄名玄論』『大乗玄論』という、両者の代表的な著作の所論をも視野に入れつつ、考察を進める。

二―一　仏の教えの捉え方と維摩経の位置づけ

『維摩経』理解の具体的な検討に入る前に、まず、慧遠と吉蔵が仏の教えをどのように捉え、その中で『維摩経』の教えをどのように位置づけているか、確認しておこう。

慧遠は、仏の教えを声聞に対する教えと菩薩に対する教えとの二つに大別する。このうち声聞には、本来声聞である声聞（声聞声聞）と、本来縁覚である声聞（縁覚声聞）という区別が有るのだが、いずれも小乗の果報を望む点では変わりないので、両者に対する教えはどちらも声聞の教えである。また菩薩には、段階を踏んで深い理解へと至る（漸入）菩薩と、直ちに大乗の教えを理解できる（頓悟）菩薩との区別が有るのだが、いずれも大乗の教えを受ける点ではやはり変わりなく、両者に対する教えはどちらも菩薩の教えである。そして、『維摩経』は菩薩に対する教えであり、教えを受ける素質の非常に優れた衆生に対する教えだと言う（『維摩義記』巻一本・総論、大正蔵三八巻・四二一頁上〜中）。

かれの『大乗義章』の記述に拠ると、仏の教えは、因縁宗（立性宗）、仮名宗（破性宗）、不真宗（破相宗）、真宗（顕実宗）の四つに分けられる。このうち、因縁宗と仮名宗とは小乗に対する教え、不真宗と真宗とは大乗に対する教えである。『維摩経』は、真宗に属する経典だが、但し不真宗に属する諸経典と比べて教えの深浅に違いが有るわけでなく、不真宗と真宗との両方の中身を含む。そして、「不思議解脱」をその宗旨とすると見なす（巻一・二諦義、大正蔵四四巻・四八三頁上〜中）。

一方吉蔵は、慧遠と同じく『維摩経』を菩薩に対する教えとするのだが、小乗が劣っていて大乗が優れていることを明らかにする経典と見なし、実は大乗だけでなく小乗をも密かに教化する働きを持つ（顕教菩薩、密化声聞）と述べ

る（『維摩経義疏』巻一・総論、大正蔵三八巻・九〇九頁中〜九一〇頁上）。

かれの『浄名玄論』に拠ると、声聞には本来そうである（実行）声聞と仮にそうした姿を取っている（権行）声聞とが有る。本来そうである声聞の中にまた、大乗の素質を見失って小乗の教えを学んでいる（退大学小）声聞が有り、更にそのうち小乗に対する執着がゆらいで大乗の素質が発揮されようとしている衆生は、『維摩経』の教化を受けることができる（巻七、大正蔵三八巻・八九九頁中〜九〇〇頁上）。また菩薩の教えを受ける素質を持つ衆生について、直ちに菩薩の境涯へ至ることのできる衆生（直往菩薩）と声聞や縁覚の境涯を経由した後に菩薩の境涯へ至ることのできる衆生（迴小入大）との区別が有り、後者には更に、本来の素質が小乗であった者と菩薩であった者とが存在すると言う（巻七、大正蔵三八巻・九〇一頁中）。

慧遠も吉蔵も、『維摩経』を大乗に対する教えと位置づける点は同じであるが、その意味合いについては違いが認められる。慧遠は、『維摩経』を素質の優れた大乗に対する経典と見なすが、吉蔵は、声聞・縁覚・菩薩といった衆生の素質の変化のありさまをより細かく捉える立場から、『維摩経』を、直接には菩薩に対する教えではあるが実は密かに声聞に対する教えをも兼ね備えていると見なすのである。慧遠に比べて吉蔵の方が、衆生の持つ素質のありようにより注目し、それと経典の教えとの関係をより細かく分析していると見ることができそうである。

さて、先に指摘しておいたように、慧遠は、『維摩経』の宗旨を「不思議解脱」と捉えている。そこで次に、かれの言う「不思議解脱」の中身を検討しよう。

ところでこの不思議解脱の門は、神通変化の作用の根本である。諸仏菩薩は、この門から悟入すると、通常の知恵の働きが永遠に無くなり、取捨分別する心が無くなる。ただ解脱の法門の力により、種々の神通変化の事を現わすことができる。……解脱の真実の功徳は、間違った情を霊妙に超え出て、心も言葉も及ばないから、不可思議と名づけるのである。

然此不思議解脱之門、乃是神通化用之本。諸仏菩薩、証入此門、神知永亡、取捨心滅。直以解脱法門之力、能現種種神通化事。……解脱真徳、妙出情妄、心言不及、是故名為不可思議。(『維摩義記』巻一本・総論、大正蔵三八巻・四二二頁上)

「不思議解脱」の「不思議」とは、解脱が心による思慮や口による言説を超越していることを表わす。諸仏・菩薩は、この解脱の力によって神通を現わし、衆生を教化する。

真実の功徳はあらゆる患いを超越し、自由自在であるから、解脱と称する。それには三つの面が有る。一には体について論じる場合。真心は実質が清浄であり、そのものとしてあらゆる穢れを離れ、それ自体として縛られることが無いから、解脱と名づける。二には相について説く場合。あらゆる束縛が永遠に無くなり、清浄なる功徳に患いが無いから、解脱と言う。三には用について弁じる場合。霊妙な作用が妨げられること無く、仕業が自在であるから、解脱と称する。

真徳絶累、無礙自在、故称解脱。分別亦三。一就体論。真心体浄、性出塵染、自体無縛、故名解脱。二就相説。羈礙永除、浄徳無累、故曰解脱。三就用辨。妙用無方、所為自在、故称解脱。(『維摩義記』巻一本・総論、大正蔵三八巻・四二二頁中)

また、「解脱」には「体」「相」「用」という三つの面がある。「体」とは、解脱の実質である「真心」が清浄であり、束縛の無いことである。「相」とは、解脱に束縛の無い清浄な功徳が備わっていることである。「用」とは、解脱に自在無碍な神通の働きが備わっていることである。このうち特に「体」と「相」ということについては、慧遠が注釈の中でしばしば言及しているので、注意しておきたい。

〔不思議解脱の門が〕束ねる教は沢山有るが、要するに二種類である。一は理についての教、二は行についての教である。理とは真如のこと。真如は捉え方によって異なり、種々の区別が有る。だから以下の文中で、或る時は如・法性・実際を述べて理についての教とする。或る時は三空と説き、或る時は二諦と説き、或る時は二無我とか不二門などと説く。行とは因果のこと。因とは法身浄土の原因を言い、果とは法身浄土の果報を言う。

〔不思議解脱之門〕所摂之法、雖復衆多、要唯二種。一是理法、二是行法。理謂真如。如随詮異、門別種種。故下文中、或時宣説如法性実際以為理法。或説三空、或説二諦、或二無我、不二門等。行謂因果。因謂法身浄土之因、果謂法身浄土之果。（『維摩義記』巻一本・仏国品、大正蔵三八巻・四二二頁下）

そしてまた、「不思議解脱之門」には、「理」についての教えと「行」についての教えとが有る。「理」についての教えとは「真如」のことだが、その他に「如」「法性」「実際」「三空」「二諦」「二無我」「不二門」などとも説く。また「行」についての教えとは、仏としての真実の実質（法身）を獲得して浄土へと至る原因と結果のことである。つまりこの『維摩経』は、真理をさまざまな言葉で広く説き示し、そして正しい浄土へと至る因果・因縁のことを明らかにしていると言う。

一方吉蔵は、『維摩経』の宗旨をどのように捉えているか。

ある人が言うには、この経は不思議解脱と名づけるので、不思議解脱を宗旨としている、と。……吉蔵が言う。

これらさまざまな意味が無いわけではない。ただわが師資相承して、権と実との二つの智慧を、この経典の宗旨とする。……実相を明らかにするのを実の智慧と名づけ、神通を現わすのを方便の智慧と言う。だから二つの智慧を、この経典の宗旨とするのである。問い。どうしてただ実相と神通とを明らかにするのか。答え。実相を道に入る根本とし、神通を衆生を教化するおおもととする。実相を動かずにいながら、神通を現わすことができる。神通を現わすといっても、実相に乖らない。従って動と寂とが不二であって、権と実とがそのまま成り立っている。この二つのことが要なので、宗旨とするのである。

有人言、此経名不思議解脱、即不思議解脱為宗。……吉蔵謂。非無上来諸義。但師資相承、用権実二智、為此経宗。……照実相名為実慧、現神通謂方便慧。故用二慧、為此経宗。問。何故但明実相及以神通。答。実相為入道之本、神通為化物之宗。不動実相、而能現通。雖現神通、不乖実相。故動寂不二、権実宛然。斯二既要、用為宗旨。(『維摩経義疏』巻一・総論、大正蔵三八巻・九一六頁中〜下)

吉蔵は、「不思議解脱」を宗旨と見なす見解を全く否定するわけではないが、自身の師資相承の立場として、現象の真実の姿を明らかにする実の智慧(実慧)と神通を現わして衆生を教化する方便の智慧(方便慧)という二つの智慧を『維摩経』の宗旨と見なす。

「智度菩薩母、方便以為父、一切衆導師、無不由是生」とは、実智は内側の照らし出す働きなので母とし、そしてまた度と言うのは、智慧の本源を窮めているからである。外に働き掛ける方便を父とする。方便には二つ有る。一は、空を理解していながら証しを取らないこと。二は、実相の理は奥深く、信受できる者がいないので、必ず方便で誘い、悟りを得させること。一つ目は理に順っていく巧みさを明らかにし、二つ目は素質に適応する霊妙さを弁じたものだ。どちらも実智より勝っているから、父と称する。……諸仏菩薩は、いずれも衆生を導く師であるのだが、ここから生じるのである。

智度菩薩母、方便以為父、一切衆導師、無不由是生、実智内照為母、而言度者、窮智之原也。方便外用為父。方便有二。一、解空而不取証。二、実相理深、莫能信受、要須方便誘引、令物得悟。前明順理之巧、此辨適機之妙。勝於実智、故称為父。……仏与菩薩、並是導物之師、由此而生。(『維摩経義疏』巻五・仏道品、大正蔵三八巻・九七三頁上)

そして、現象の真実の姿が空だと捉えながらそこに安住せず、衆生に空なる真実の姿を悟らせる、方便による教化の働きを特に高く評価し強調する。

ところで『浄名玄論』では、慧遠が『維摩経』の宗旨と見なす「不思議解脱」の「不思議」について、次のように述べる。

一には理外。すなわち、凡夫・二乗及びとらわれた有所得の大乗の人と教、修行のありよう、智慧のありよう、説く所の教門、これらは全て有所得であり間違っているから、不思議とは言えない。二には理内。諸仏菩薩の修行のありよう、智慧のありよう、説く所の教門、これらはいずれも凡夫・二乗・有所得の大乗の境涯を超え出ているから、まさしく不可思議なのである。

一者理外。謂凡夫二乗及有所得大乗人法、若所行之境、能行之智、所説教門、皆是有所得顛倒、故非不思議。二者明理内。諸仏菩薩所行之境、能行之智、所説教門、並絶凡夫二乗有所得境界、故方是不可思議。(『浄名玄論』巻三、大正蔵三八巻・八六八頁上)

「不思議」とは、心のとらわれない真理の枠内（理内）での現象の捉え方、智慧のありかた、教えの説き方のことであり、それが凡夫・二乗や大乗のとらわれた境涯を超え出た諸仏・菩薩の事柄だとするのである。

以上、『維摩経』の宗旨について、慧遠は、それを「不思議解脱」と見なしつつ、「真如」「二諦」「不二門」などと説かれるその理論的側面と、法身浄土の「因果」というその行為的側面とに言及している。これに対して吉蔵は、自身の拠って立つ三論の立場から、『維摩経』の宗旨を実と方便との二つの智慧と見なし、そのうち凡夫や二乗、またとらわれた大乗の境涯を超え出ている、諸仏・菩薩のとらわれない方便教化の働きの重要性に特に注目しているようである。

二―二　解釈の検討

ここまで慧遠と吉蔵の『維摩経』の位置づけ、及びその宗旨の捉え方を確認した。ここで改めて、経文の注釈を比較しつつ、両者の理解を検討していこうと思う。その際取り上げるべき事柄はさまざまに考えられようが、先の資料で慧遠が「不思議解脱之門」の教えとして述べているいくつかの事柄のうち、吉蔵思想の中でも重要な概念と思われる「二諦」をまず取り上げ、次いでそれとの関連から「不二」についての見解を分析し、更に悟りへと至る道程の捉え方を両者の因縁観に即して見てみたい。

(一)　二諦について

最初に、「二諦」についての両者の見解を見よう。

【経文】説法不有亦不無、以因縁故諸法生、無我無造無受者、善悪之業亦不亡。（巻上・仏国品、大正蔵一四巻・五三七頁下）

［慧遠］「説法不有亦不無」とは、真諦を説くこと。これは現象が空だと明らかにするのを真諦としている。真諦は相を離れ、また性を離れているので、不有と名づける。不有だが有なのであり、つまり実性が有るから、不無と言うのだ。

説法不有亦不無者、能説真諦。此明法空為真諦矣。真諦離相、亦復離性、名為不有。不有而有、而有実性、故曰不無。（『維摩義記』巻一本、大正蔵三八巻・四三二頁下）

［吉蔵］「説法不有亦不無」とは、先には俗諦を説く際に真諦に違わないことを嘆じ、ここでは説くことが中道に適っていることを明らかにしている。三つの意味が有る。第一に、先の二諦を合わせて中道とする。俗諦だから、無としてはならないし、真諦だから、有としてはならない。如来が二諦を打ち立てたのは、有と無という二つの見解を打ち破るためである。……第二に、有と無との二諦により、有でも無でもない中道を明らかにする。……第三に、二諦のそれぞれについて、中道を明らかにする。俗諦は因縁関係にある仮の有であり、仮の有は固定的な有ではありえず、仮の無は固定的な無ではありえないから、有でもなく無でもなく、かくて中道なのである。真諦についても同様に、仮の有は固定的な有ではありえず、仮の無は固定的な無ではありえず、つまりは中道なのだ。

説法不有亦不無、前嘆説俗不違真、此明言会中道。有三。一、即上二諦、合為中道。以俗諦故、不可為無、真諦故、不可為有。如来立二諦、為破有無二見。……二者、以有無二諦、為明非有無中道。……三者、単就二諦、各明中道。俗諦是因縁仮有、仮有不可定有、仮無不可定無、非有非無、即是中道。真諦亦爾、仮有不可定有、仮無不可定無、即是中道。（『維摩経義疏』巻二、大正蔵三八巻・九二五頁中）

経文の「不有亦不無」について、慧遠は、真実の真理である真諦を説くものだとし、それは現象が何ら実体を持たず空であることを明らかにしていると言う。そして、その真諦は、現象の姿（相）も実体（性）も超越しているのだが、まさしくそのように超越しているという形で真実の実質（実性）を備えているのだと見なす。

一方吉蔵は、同じ経文について、とらわれない中道に適った境涯を明らかにしていると言う。そして、その中道が俗諦と真諦との二諦によって明らかにされるのだとした上で、有と説く俗諦と無と説く真諦とを合わせて有と無という偏見を打ち破って有でもなく無でもない（非有非無）中道を明らかにしたり、俗諦と真諦との二つがそのまま直接に中道を明らかにしたりするだけでなく、仮に有と説く俗諦、仮に無と説く真諦それぞれが単独に中道を明らかにしうるのだと見なす。

【経文】 知諸法如幻相、無自性無他性、本自不然、今則無滅。（巻上・弟子品、大正蔵一四巻・五四〇頁中）

［慧遠］「知法如幻、無自他性」とは、性空を観じることを教えている。幻は固定的な性が無く、諸々の現象はこれに似ている。幻のような現象には実体が無いので、自性が無いと名づける。この幻のような現象のうち、実体を持つと惑って捉えられた我や人といったものは無いから、他性が無いと名づける。「本自不然、今亦不滅」とは、相空を観じることを教えている。先に見た幻のような因縁関係にある現象の姿は、とどのつまり空寂である。ただ性が無いだけではなく、相もやはり無いのだ。相が無いから、生じるはずの現象が無いので、本来そうではないとする。尽きるような現象が無いので、今も滅しないとする。……また現象が幻のようだと知ると言うのは、世諦を知ることを明らかにする。自性などが無いと言うのは、真諦を悟ることを明らかにする。自性も他性も無いと言うのは、性空の真諦である。本来そうではなく、今も滅しないと言うのは、相空の

真諦である。

知法如幻、無自他性、教観性空。幻無定性、諸法像此。幻法無体、名無自性。此幻法中、亦無妄計我人等実、名無他性。本自不然、今亦不滅、教観相空。如彼幻化因縁法相、畢竟空寂。何但無性、相亦不有。以無相故、無法可生、故本不然。無法可尽、故今不滅。……又復知法如幻相者、明知世諦。無自性等、明解真諦。無自他性、性空真諦。本自不然、今亦不滅、相空真諦。(『維摩義記』巻二本、大正蔵三八巻・四五〇頁上)

[吉蔵]「知諸法如幻相、無自性無他性」とは、諸々の現象は因縁から生じるので、自性も他性も無い。指を合わせて拳を作るから、拳に自性が無く、指もやはり拳と同様なので、自性も他性も無いようなものだ。「本自不然、今則無滅」とは、先の自性が無いことを悟るから、他性も無いのである。燃えるものが有るから消えるものが有るのであり、本来燃えないのだから、今も消えるものが無いのと同様。自性が有るから他性が有るに他ならず、本来自性が無いのだから、他性など有るはずも無い。

知諸法如幻相、無自性無他性、諸法従因縁生、故無自他性。如会指成拳、故拳無自性、指亦如是、故無自他性。本自不然、今則無滅、喩向無自、故無他也。如有燃故有滅、本自不燃、今則無滅。有自故有他耳、本無自、何有他耶。(『維摩経義疏』巻三、大正蔵三八巻・九三九頁中)

経文の「知法如幻、無自他性」「本自不然、今亦不滅」について、慧遠は、この二箇所の経文がそれぞれ現象の実体が空であること(性空)と、現象の姿が空であること(相空)とを明らかにしており、かくて「性」が空であることについての真諦と、「相」が空であることについての真諦と、二つの真諦を説いていると言う。この慧遠の見解には、前項で見た「体」「相」「用」という捉え方が反映していると考えられるのだが、「用」についてここでは特に触れられていないことに注意したい。

一方吉蔵は、同じ経文について、さまざまな現象が因縁によって成り立っていることからそのものとしての実体を持たず、そこでまたそのもの自体としての実体が無いこととの対比から他物・他者自体も何ら実体を持たないことを明らかにしていると述べる。つまり、「自」と「他」との対比を通して、現象が何物をもその実体として持たないことを明らかにしていると見なすのである。

【経文】 法本不然、今則無滅、是寂滅義。（巻上・弟子品、大正蔵一四巻・五四一頁上）

［慧遠］「法本不生、今亦不滅、是寂滅」とは、涅槃を教えている。涅槃に三つの意味が有る。第一に、拠って立つ事が無く、なすべき理屈が無いのを、涅槃と名づける。……第二に、衆生の素質について実質を顕らかにする。相を打ち破って空寂だと悟るのを、涅槃と名づける。現象の実質は常に空寂なのだが、妄想煩悩に覆われている。そこで八聖道を修め、これを機縁にして、惑いを除き去り、現象の実質を悟る。ひとたび悟れば永遠に空寂だから、涅槃と言う。……第三に、実質について実質を論じる。真実の実質は常に空寂であり、涅槃と名づける。この涅槃は、因でも果でもない。……三つの中の第一番目は、声聞も解る。二番目、三番目は、二乗は解らない。

法本不生、今亦不滅、是寂滅者、教涅槃義。涅槃有三。一、事尽無処、数滅無為、名為涅槃。……二、約縁顕実。破相証寂、名為涅槃。法性常寂、而妄想煩悩所覆。修八聖道、以為了因、滅除闇惑、証本法性。一証永寂、故曰涅槃。……三、就実論実。真体常寂、名曰涅槃。此一涅槃、非因非果。……三中初一、声聞亦解。後之両門、二乗不知。（『維摩義記』巻二本、大正蔵三八巻・四五五頁中）

［吉蔵］「法本不然、今則不滅、是寂滅義」とは、……小乗は、生死がこのように尽き果てるから、寂滅なる涅槃が有る、と言う。大乗は、生死は本来そのようであらず、今も滅しない、そこで初めて寂滅なのだ、と明ら

かにする。
法本不然、今則不滅、是寂滅義、……小乗謂、生死然尽、故有寂滅涅槃。大乗明、生死本不燃、今則不滅、始是寂滅義也。（『維摩経義疏』巻三、大正蔵三八巻・九四三頁下〜九四四頁上）
【吉蔵】問い。声聞はとらわれた有得の心でとらわれの無い無得の教を説くので、非難されるが、仏はとらわれの無い無得の心でとらわれた有得の教を説くのだから、やはり非難されなければならないのではないか。解説して言う。同じではない。声聞は有得の心で無得の教を説くので、無得の教が転じて有得と成ってしまう。だから非難される。無得の心で有得の教を説く仏のような場合は、その意は有得にはなく、有得を説いて無得を成し遂げる。だから非難されないのだ。
問。声聞有得心説無得法、既被呵、仏無得心説有得法、亦応被呵。解云。不例。彼有得心説無得法、無得法翻成有得。是故被呵也。若仏無得心説有得法、意不在有得、説有得乃成無得。是故不被呵也。（『維摩経略疏』巻二、続蔵一・二九・二・一二〇丁左下）
慧遠は、涅槃について、あらゆる事柄が尽き果ててよるべ無くまた理屈が滅んで仕業の無いこと、現象の姿（相）を打ち破って空寂であると悟ること、現象の真実の実質（真体）に即して空寂であると悟ること、という三つの事柄として解釈する。そして後の二つの事柄は、二乗には理解できないものだと述べる。これに対して吉蔵は、生死を繰り返す現象が本来生じも滅しもしないと捉える大乗の涅槃の捉え方を提示し、そしてとらわれない仏の境涯だからこそそうした現象の真実のありさまを説き明かすことができるのだと言う。
『大乗義章』「二諦義」の中で、慧遠は、先に見た真宗（顕実宗）の教えに関わり、二諦を「依持」と「縁起」という二つの方向から解説する。「依持」とは、衆生の惑いによって現われる現象の誤った姿（妄相）が、実は真実に依拠して成り立っているとする捉え方であり、そこでは、現象の姿が有であり真実が無であることが世諦、有である現象が実は空寂であり真実の実質が本当の有であることが真諦だとされる。「縁起」とは、清浄なる如来蔵の実質が生死や涅槃を生み出すもとだとする捉え方であり、そこでは、真実の実質（真性）そのものが真諦、真実から生み出される生死や涅槃が世諦だとされる。仮名宗（破性宗）や不真宗（破相宗）の教えでは、単に有を明らかにするのが世諦、無を明らかにするのが真諦だとされるのだが、この真宗の教えでは事柄はそう単純でないと言うのである（巻一、大正蔵四四巻・四八三頁下）。現象が真実に依拠しているという観点と、真実が現象を生み出すという観点から、有と無との関わりがより複雑に捉えられている。ここにも、先に指摘しておいた「体」「相」という捉え方が窺える。

一方、『浄名玄論』の記述に拠れば、吉蔵は、諸仏・菩薩が、有や無に限定されない中道を体得し、衆生にそのことを悟らせるために仮に有や無と説いて、有でも無でもない真実の中道を明らかにするのだと言う。そして、有は有としてまた無は無としての実体をそれぞれ持つとするとらわれた（有所得）立場では、有や無に限定されない中道を表わしえないと主張する（巻六、大正蔵三八巻・八九三頁下）。有と無とが、仮という事柄を媒介として、有でもなく無でもない中道を表わす手立てとして捉えられている。

以上、慧遠と吉蔵の二諦についての見解を見てきた。慧遠は、現象が空であることを明らかにする真諦について、現象の実体（性）が空であることと現象の姿（相）が空であることとの、二つの面から説明する。また、「相」を打ち破って空寂であると悟ることと、現象の真実の実質（実性、真体）に即して空寂であると悟ることとは、二乗には不可能だと言う。「体」「相」という捉え方に沿いつつ、二乗に対する大乗の優越性を主張していると言えよう。これに対して吉蔵は、慧遠と同様に大乗や菩薩の優れていることを述べるのだが、有や無に規定されない中道に対して有や無を仮のものと捉え、そうした仮の有や無を説き示す前提として諸仏・菩薩のとらわれない境涯を提示する。そしてまた、仮に有と説く俗諦と仮に無と説く真諦とが、それぞれ単独で中道という真理を表わす働きを持つとするのである。

(二) 不二について

『維摩経』は、「入不二法門品」という一品を設け、さまざまな菩薩たち、また維摩居士の「不二」の見解を載せる。かく重要な概念の一つだと考えられる「不二」を、慧遠と吉蔵はそれぞれどのように理解しているか。[2] 品名についての両者の見解から見よう。

[慧遠]「入る」ということについて、四つの意味が有る。第一は信について。……第二は解について。……第三は行について。……第四は証について。情を無くして実質に適うのを、証と名づける。証を得る時、真如の外に観じる主体としての心が有るのを見ない。既に心が無ければ、心の外に観じられる対象としての真如など有るはずもない。観じる主体を見なければ、妄想が起こらず、観じられる対象を見なければ、虚偽が起こらない。虚偽が起こらないと、真如は心を離れず、妄想が起こらないと、心は真如を離れない。これがつまり真に不二の門に入るということだ。

言其入者、義別有四。一就信明入。……二就解説入。……三就行論入。……四就証辨入。亡情契実、名之為証。於得証時、不見如外有心能観。既無有心、寧復心外有如所観。不見能観、妄想不行、不見所観、虚偽不起。虚偽不起、如不離心、妄想不行、心不離如。是則真名入不二門。(『維摩義記』巻三末、大正蔵三八巻・四九二頁中)

[吉蔵] 唯一の道は清浄だから、不二と名づける。従うべき真実の窮極を、法と称する。極めて微妙で遍く通じることを、門と言う。この理を悟るのを、入ると言う。……そのわけは、不二の理を体得するから、不二の観が有る。不二の観に由るから、自在に教化できる。自在に教化し、窮極のところに立ち返らせるのだ。だから法華経で、「究竟の涅槃は、常に寂滅相たり」と説く。結局空に帰するのであり、空がつまりは不二の理な

のである。

一道清浄、故名不二。真極可軌、称之為法。至妙虚通、謂之為門。了悟斯理、曰為入也。……所以然者、由体不二之理故、有不二之観。由不二之観故、能適化無方。適化無方、令帰斯趣。故法華云、究竟涅槃、常寂滅相。終帰於空、空即不二理也。（『維摩経義疏』巻五、大正蔵三八巻・九七五頁上～中）

慧遠は、「不二」に「入」るということを、信・解・行・証という四つの観点から説き、そのうち特に証、すなわち悟りということに注目し、心の妄想が成立しえないということと、認識対象であり虚偽であるさまざまな現象が成立しえないということとの二つの面から、心と真如とが離れて有りえないことを明らかにし、それが真の不二の実現だと言う。一方吉蔵は、不二とは空のことだとし、そしてこの不二の道理を体得し、不二の認識を持って、自由自在に教化を施すという、教化へと向かう働きとして不二を捉える。

【経文】 会中有菩薩、名法自在、説言、諸仁者、生滅為二、法本不生、今則無滅、得此無生法忍、是為入不二法門。（巻中・入不二法門品、大正蔵一四巻・五五〇頁下）

［慧遠］「法本不生、今則不滅」とは、不二の意味を解釈している。不生不滅について、四つの解釈が有る。第一は、生死の穢れた現象は、空虚であって性が無い。性が無いから、生に生じる所が無く、滅に滅する所が無い。第二は、生死の穢れた現象は、妄相という形で存在する。妄相の実質は空なので実は相が無い。相が無いから、生に生じる所が無く、滅に滅する所が無い。第三は、生死の穢れた現象は、妄想によって有る。夢に見る所のように、心の外に現象は無い。妄想であり情が有ると捉えても、道理として実は無い。実は無いから、生に生じる所が無く、滅に滅する所が無い。第四は、生死の穢れた現象は、如来蔵によって起こるので、突き

詰めていくと実質が有る。実性は平等であり、生は生じるところが無く、滅は滅するところが無い。これらのことから、現象には本来生じる所が無く、今も滅する所が無いのだ。不生不滅であるから、不二と言うのである。

法本不生、今則不滅、解不二義。不生不滅、汎解有四。一、生死染法、虚集無性。以無性故、生無所生、滅無所滅。二、生死染法、妄相而有。妄体空相則無相。以無相故、生無所生、滅無所滅。三、生死染法、妄想而有。如夢所見、心外無法。妄想情有、道理実無。以実無故、生無所生、滅無所滅。四、生死染法、如来蔵起、窮之即実。実性平等、生則無生、滅則無滅。以是義故、本無所生、今無所滅。不生不滅、故曰不二。(『維摩義記』巻三末、大正蔵三八巻・四九三頁上)

[吉蔵] 不生不滅には、三つの意味が有る。第一は、実体を持つ生滅が無いから、不生不滅と言う。これは世諦の捉え方である。第二は、因縁関係にある生滅は、すなわち不生不滅である。これは真諦の捉え方である。第三は、世諦では有だから生とし、真諦では無だから滅と称するのだが、真でも俗でもなくなって、そこで真理の実質なのであり、これを不生不滅と名づける。ここで経の意味を詳らかにすると、最後の捉え方を明らかにしている。この真でも俗でもないことを、不二の理とするのだ。この理を悟ることで、不二の観を獲得し、かくて無生忍と名づける。これを「入る」と称するのである。

不生不滅者、可具三義。一者、無性実生滅、故云不生不滅。此世諦門無生滅也。二、因縁生滅、即是不生不滅。此真諦門無生滅也。三、以世諦有故為生、真諦無故称滅、非真非俗、即是理実、名不生滅。今詳経意、明後門也。此非真俗、為不二理。因悟斯理、得不二観、名無生忍。称之為入。(『維摩経義疏』巻五、大正蔵三八巻・九七五頁中~下)

[吉蔵] ここで無生忍と言うのは、生滅の生でなく、この生は全てに通じるもの。なぜなら、生について心を

生じず、滅について心を生じず、あらゆることについて心を生じないから、無生法忍と名づけるのである。

此言無生忍、非是生滅之生、此生即通。何者、於生不生心、於滅不生心、一切不生心、故名無生法忍也。(『維摩経略疏』巻五、続蔵一・二九・二・一六六丁右下)

また慧遠は、現象に実体が無いと捉え、そこで現象が誤った姿(妄相)であると理解し、そしてさまざまな現象が心の誤った働き(妄想)によって有るのだと見なし、そしてまた現象は如来蔵によって有りその実質は実性に他ならないと悟るという、認識の深まる過程に即して不二を捉える。一方吉蔵は、現象に実体が無いとする世諦から、現象は因縁によって有るとする真諦へと至り、更に世諦にも真諦にも規定されない真理を悟る、という認識の深まりを考え、かくて生じたり滅したりすることに対してとらわれた心を生じないことを主張する。

『大乗義章』「入不二門義」の記述を見ても、先の『維摩義記』の記述と同じく、慧遠はあくまでも、心と真如とが離れて有りえないと捉えることを不二の境涯と見なす(巻一、大正蔵四四巻・四八二頁中)。一方『浄名玄論』に拠れば、吉蔵は、不二には心のとらわれを無くす働きが有ると見なし(巻一、大正蔵三八巻・八五四頁下)、そこで衆生と仏、あるいは六道と法身といった区別に対して邪まな偏見を無くし、それら二つのもの・ことが別々に実体を持つとしないことを不二と捉え(巻一、大正蔵三八巻・八五九頁上〜中)、そしてそうした不二の道理を悟って不二の認識を得、不二の智慧を獲得して不二の教えを説くという、教えを提示する面と、不二の教えによって不二の道理を悟り、不二の智慧を実現するという悟りへと向かう面と、二つの方向から説明する(巻一、大正蔵三八巻・八六二頁上)のだが、不二を見失っている衆生に対し、それを教え導く諸仏・菩薩の大悲方便の働きを特に強調する(巻一、大正蔵三八巻・八六二頁中)。

以上、不二についての慧遠と吉蔵の見解を見てきた。慧遠は、現象に実体が無いとする認識から、現象を「妄相」

と捉え、「妄想」が現象を生み出すとし、更に「実性」の認識へ至るという、認識の深まりを想定している。かく現象が虚偽であることと心の妄想が生じることと、二つの事柄を分けて説明しながら、最終的には心と真如とが離れて有りえないことを主張するのである。(3) これに対して吉蔵は、慧遠と同様に心のありかたに注目するのだが、現象に実体が無いことを説く世諦から、因縁を説く真諦へ、そしてまた真諦にも世諦にも規定されない真実の真理へと至るという深まりを考える。そこで世諦にも真諦にもとらわれないことを主張し、またそうしたとらわれない心が諸仏・菩薩の教化の働きとして現われるとする。このように見てくると、慧遠に比べて吉蔵の方が、さまざまな場面で心がとらわれないことに注意していると言えるのではないか。

(三) 因縁をめぐって

「二諦」についての見解を分析する中で触れたように、慧遠は、二諦を「依持」という面と共に「縁起」という面から捉える。また続いて「不二」についての見解を分析する中で触れたように、吉蔵は、現象が「因縁」によって有るとする立場を提示する。このことから、縁起ということ、因縁ということが、慧遠と吉蔵の思想において、やはり重要な位置を占めていることを確認できよう。そこでここでは、因縁についての見解を分析し、悟りへと至る道程についての両者の見解を検討しよう。

【経文】 随順法相、無所入、無所帰、無明畢竟滅、故諸行亦畢竟滅、乃至生畢竟滅、故老死亦畢竟滅、作如是観、十二因縁、無有尽相。(巻下・法供養品、大正蔵一四巻・五五六頁下)

【慧遠】 初めに「無明畢竟滅、故行畢竟滅」と言うのは、始めについて観じている。因縁関係にある現象について、その観じ方に二種類有る。一は順、二は逆である。逆と順とは同じでないが、これについて四つの解釈が有る。第一は、事相の順序次第について区別する。前から後に向かい、因から果に趣くのを、順と名づける。後より前に向かい、果から因を推し測るのを、逆と説く。第二は、法相の生滅について区別する。十二因縁が生じるさまを観じるのを順と名づけ、滅するさまを観じるのを逆とする。第三は、理相によって性を打ち破ることについての区別である。十二因縁が仮の有だと観じるのを、順と名づける。現象が有ることに順うからである。性が無く空寂であるのを、逆と説く。有であることと逆だからである。第四は、理義によって相を打ち破ることについての区別である。十二因縁が惑った姿で実は空虚だと観じるのを、順と名づける。まるで虚空中の華、陽炎の水のように、相には実は相が無いと観じるのを、逆と名づける。陽炎の水のように、本来無だと観じるならば、ただ性が無いだけでなく、相もやはり無いのだ。かくて因縁の本来の姿に立ち返るから、逆と説く。四つの中の前の三つは、大乗も小乗も理解できるのだが、最後の一つは大乗だけが解る。

初言無明畢竟滅、故行畢竟滅、就始観也。因縁法中、観法有二。一順、二逆。逆順不同、汎釈有四。一、就事相次第分別。従前向後、尋因趣果、名之為順。従後向前、尋果推因、説之為逆。二、就法相生滅分別。観十二縁集生名順、散滅為逆。三、就理相破性分別。観十二縁仮有、名順。順法有故。無性空寂、説以為逆。逆於有故。四、就理義破相分別。観十二縁妄相虚有、名之為順。如空中華、如陽炎水、相即無相、名之為逆。如陽炎水、就観本無、不但無性、相亦不有。此反縁相、故説為逆。四中前三、大小同知、後一唯大。(『維摩義記』巻四末、大正蔵三八巻・五一六頁下)

[吉蔵] 問い。滅とは尽きることで、今尽きることが無いと言っているのに、どうしてその前で畢竟滅すると言えるのか。答え。前では虚妄であるものについて生じることが有ると言っているから、畢竟滅するとするわけだ。ところが十二因縁は、本来生じることが無く、従って今も滅することが無い。滅することが無いから尽きることが無いと言うのである。また前で畢竟滅すると言っているのは、生じることが有るとする凡夫の見解

を打ち破っている。今尽きることが無いとしているのは、滅することが有るとする二乗の見解を斥けている。そこで後の部分で、復た見を起こさず、と言っているのだ。復た見を起こさずというのは、凡夫の生についての見解を離れると共に、二乗の滅についての見解を起こさないことなのだ。

問。滅即是尽、今既云無尽、上何得云畢竟滅耶。答。前対虚妄謂有生、故畢竟滅耳。然十二因縁、本自不生、故今無滅。無滅故言無尽。亦上云畢竟滅、破凡夫有生。今称無尽、斥二乗有滅。是以後句云、不復起見。不復起見者、上離凡夫生見、今不起二乗滅見。（『維摩経義疏』巻六、大正蔵三八巻・九九〇頁上）

慧遠は、「因縁」について、さまざまな事柄の順序次第（事相次第）に即した捉え方、現象の生滅（法相生滅）に即した捉え方、真実の姿に即して実体を打ち破る（理相破性）捉え方、真実の意味に即して姿を打ち破る（理義破相）捉え方という、四つの捉え方を提示する。そして、現象が実体を持つとする見解を打ち破って空寂であることを悟る三番目の境涯から、現象の虚妄の姿を打ち破って本来無であることを悟る四番目の境涯へと至れるのは、ただ大乗のみなのだと言う。一方吉蔵は、現象に生起する実体が有るとする凡夫の見解を打ち破り、また現象に滅する実体が有るとする二乗の見解をも打ち破って、生じることにも滅することにもとらわれない菩薩の見解へと至るという、認識の深まりを主張する。

因縁を正しく捉えて悟りへと向かうことについて、『大乗義章』の記述に拠り、慧遠の見解を確認しよう。現象には実体（性）が無いだけでなく、それ自体としての姿（相）さえも有りえないと捉え、妄想に纏いつかれた惑った心が惑いの連環である十二因縁として顕現すると捉えるべきである（巻三末・八識義、大正蔵四四巻・五三二頁下）。そこで、実は有でも無でもない因縁について、現象には何らの実体も無いと捉える実性観と、心の妄想によって現象が有ると理解する実相観により、真実を把握しなければならないと言う（巻四・十二因縁義、大正蔵四四巻・五五一頁下～五五二頁上）。

ところでまた慧遠は、因縁がどのように生起するかについて、次のように述べる。因縁とは、真実と誤りとが依り合わさって成立しているものなので、誤り（妄）という観点から見れば諸々の現象は全て「妄心」の所産であり、一方真実（真）という観点から見れば全てが「真心」の所産である（巻四・十二因縁義、大正蔵四四巻・五五一頁上）。つまり、心には、そのものの実質として「真如」であるという面と、その姿として「生滅」が有るという面と、二つの側面がある（巻三末・八識義、大正蔵四四巻・五二五頁下）。そこで、真如が無明を生み出し、そこから惑った心（妄心）、虚偽である現象（妄境）が次々と生み出され、苦しみに満ちた生存が齎される（巻三末・八識義、大正蔵四四巻・五三三頁下）。すなわち、心が全ての現象を生み出す根本であり、惑った心こそ根本的な煩悩である無明に他ならず、そこから虚偽であるあらゆる現象が生じるわけである（巻四・十二因縁義、大正蔵四四巻・五五〇頁上）。先に既に指摘・注意しておいた「体」「相」という捉え方が、やはりこうした因縁の捉え方にも窺える。

さてここで目を転じ、『大乗玄論』『浄名玄論』の記述に拠り、吉蔵の見解を確認しよう。解脱と惑いとの両者の区別にとらわれないことが肝要であり、それはまた生じたり滅したりする実体が無いという煩悩の真実の姿（実相）を捉えることに基づく（『大乗玄論』巻四・二智義、大正蔵四五巻・六〇頁上～中）。そうした「実相」に即して大悲の働き、方便教化の働きが現われる（『大乗玄論』巻四・二智義、大正蔵四五巻・五六頁上～中）。その際、現象の「実相」と主体の智慧とを因縁関係にあるものと認識しなければならない（『浄名玄論』巻五、大正蔵三八巻・八八三頁上）。そこでまた、主体の心の働きと現象の姿とを両方ともに無くさなければならない（『浄名玄論』巻二、大正蔵三八巻・八六七頁中）。かくて、有や無といった現象に固定的な実体が有る（定性）とせず、有と無とは因縁関係にあると捉えることから、正しい智慧が生じる（『大乗玄論』巻一・二諦義、大正蔵四五巻・二三頁中）。すなわち、現象には実体が有るとするとらわれ（性執）を打ち破り、全てが仮名として成り立っていると認識しなければならない（『大乗玄論』巻五・論迹義、大正蔵四五巻・六八頁中）と言う。

以上、因縁についての慧遠と吉蔵の見解を見てきた。慧遠は、現象を生み出す「真心」を「体」と「相」との二つの面から捉える。そのことからまた因縁の正しい認識について、「性」を打ち破って現象には実体が無いと捉える認識から、「相」を打ち破って現象が本来無であると捉える認識へ至るという深まりを考え、本来無であると認識できるのは大乗のみだとする。これに対して吉蔵は、凡夫から二乗、更に大乗へと至る認識の深まりを考える。そして、現象の有と無、更に現象の真実の姿（実相）と智慧とが因縁関係にあると捉え、そうした相い対する二者の区別にとらわれないことを主張し、そしてまたそれが実相に即した大悲の働き、方便教化の働きとして現われるとする。両者の見解を比べると、慧遠も凡夫のことに言及しないわけではないが、吉蔵の方が凡夫から二乗へ、更に菩薩へという、凡夫をも視野に入れた形で、真実についての認識の深まりを考えているように思われる。

二―三　むすび

本節では、浄影寺慧遠と吉蔵の『維摩経』注釈の見解を比較・検討した。最後に、両者の思惟のありようについていくつかの点を指摘し、結びとしたい。

本文中でも指摘したことで繰り返しになるが、慧遠は、「性」を打ち破って空であると悟ることから、「相」を打ち破って空であると悟り、更に「実性」「真体」に即して空であると悟るという、認識の深まりを考える。一方吉蔵も、世諦から真諦へ、更に世諦にも真諦にも規定されない「中道」へと至るという、あるいは凡夫から二乗へ、更に大乗へと至るという、認識の深まりを考えており、その点で両者の考え方は近いようにも見える。しかしながら、「相」を打ち破って真実を悟ることと「真体」「実性」に即して真実を悟ることとが二乗には不可能だとする慧遠に対し、吉蔵は、有と説く俗諦と無と説く真諦とがそれぞれ単独でとらわれない「中道」という真理を明らかにしうるのだと言う。つまり、大乗菩薩だけでなく、世諦に拠る凡夫、真諦に拠る二乗それぞれが、それぞれの立場から真実を悟りうると見なしているのではないか。一見したところ近いように見える真理へと至る道程の捉え方、ひいては真理そのものの捉え方が、慧遠と吉蔵とではやはり余程異なっていると見るべきではないか。

慧遠は明らかに、『大乗起信論』などで説かれる「心真如」「心生滅」という考え方、真実と誤りとが依り合わさって（真妄相依）因縁が生じるとする考え方に依拠している。『中』『百』『十二門』の三論に依拠し、「中道」「無所得」というとらわれない境涯を主張する吉蔵とは、所依の経典や論書が異なっており、従って両者の見解に違いが認められるのは当然のことだとも言える。だが、『起信論』で説かれる「体」「相」「用」という捉え方について見てみると、このこと『維摩経』注釈を見る限り、慧遠は、「体」と「相」、「性」と「相」ということにしばしば論及し、この二つの捉え方を分けつつそれぞれに即した解釈をしていることを指摘できるのだが、意外にも「用」についてはさほど立ち入った説明をしていない。これに対して吉蔵は、慧遠の言う「体」「相」「用」の三つの中では「用」に相当すると考えられる、諸仏・菩薩の大悲の働き、教化を施す働きを特に強調している。大乗の境涯を主要なテーマとする『維摩経』の性格、またその宗旨についての捉え方の違いによるところが大きいのかも知れないが、少なくとも慧遠と吉蔵はこの点に関し、その所論の力点の所在を違えているように思われるのである。

また、真実の実質について、慧遠は、「実相」に言及しないわけではないが「実性」「真体」と表現することが多く、これに対して吉蔵は、「実相」と表現することが多いようである。またそのこととの関連で見ると、慧遠は「相」を打ち破ることに盛んに言及し、それを大乗の優れた境涯に結びつけているが、一方吉蔵は「性」を固定的に捉える「定性」「性執」を打ち破り、仮名と認識しなければならないと述べる。勿論これも、両者の拠って立つ経論の違い、またそれに基づく『維摩経』観の違いの影響が考えられようが、「性」に拠る慧遠と「相」に拠る吉蔵が、あたかも互いの立場を超克せんことを目論んでいたようにも思えるのである。(4)

（1）慧遠の『維摩経』理解については、菅野博史「浄影寺慧遠『維摩経義記』の研究――注釈の一特徴と分科」（『東洋学術研究』第二三巻第二号、一九八四年）が、慧遠の訓詁学的な注釈とかれの『維摩経』の捉え方とを手際良く整理していて参考になる。だが、注釈の内容について具体的な考察はなされていない。吉蔵については、平井前掲書が、「二諦」「二智」「仏性」といったその思想の枠組を総合的に分析している（同書第二篇第四章「三論教義に関する二、三の問題」）。だがやはり、『維摩経』理解についての纏まった論及は無い。

（2）慧遠の「不二」をめぐっては、鎌田茂雄『中国仏教思想史研究』（春秋社、一九六八年）第二部第一章「浄影寺慧遠の思想」が、大乗思想の展開の中で慧遠の思想を論じ、「真性・如来蔵縁起」という考え方に基づきつつ、真理に即して現実の現象を不二と捉えることと、現象自体に即して不二と捉えることとの二つの面から不二相即が説かれているとし、そうした不二相即すなわち「融相思想」がその思想の特徴だと指摘する。『大乗義章』を主な材料としながら、慧遠の思想全体を見通した論である。しかしながら、氏の言う「融相思想」の中身については、なお不分明な点が残されているように思われる。また吉蔵については、平井前掲書第二篇第二章第一節「無得正観の根本基調」及び第二節「吉蔵教学の基礎範疇」が、「無所得」や「中道」との関わりから「不二」を論じていて参考になる。

（3）青木隆「地論宗南道派の真修・縁修説と真如依持説」（『東方学』第九三輯、一九九七年）が、「真修」「縁修」ということに注目して、慧遠の見解、及びかれと同時代に著された敦煌文献の所論を分析し、いわゆる地論宗南道派と北道派の心識説の中身を指摘している。特に慧遠に代表される南道派の真如依持説の考察が参考になる。

（4）藤井教公「慧遠と吉蔵――両者の『観無量寿経義疏』を中心として」（『三論教学の研究』所収、春秋社、一九九〇年）は、吉蔵が慧遠の注釈を参照援用していたことを指摘し、無量寿仏の応身の内容や観仏についての見解に共通点が窺われ、それが両者の思想構造の近似性によるものであることを示唆している。だが本文中で論じた通り、『維摩経』注釈に注目して見ると、両者の思考の道筋にはやはり見逃せない隔たりが認められるとすべきであろう。

第三節　吉蔵と天台三大部をめぐって——煩悩観・智慧観を中心に

本章の冒頭で述べたように、これまでの研究で、吉蔵の思想や著作が、ほぼ同時期に活躍した天台智顗（五三八〜五九七）の撰述と今日伝えられている諸著作に、多大な影響を与えたことが指摘されている。またこのことに関わり、吉蔵の思想と智顗や天台の思想とを比較・対照する研究が近年進められてきているのだが[1]、煩悩や智慧といった観点からの研究は、意外にも余り見受けられないようである。そこで、吉蔵との比較を念頭に置きつつ、『法華玄義』『法華文句』『摩訶止観』のいわゆる天台三大部の煩悩や智慧についての所論を検討し、吉蔵の見解との相違点を指摘して、吉蔵思想の位置づけを検証する。

三—一　煩悩をめぐる吉蔵と天台三大部の見解

(一)　吉蔵の煩悩観

まず最初に、長安時代の著作を材料に、煩悩についての吉蔵の見解を見よう。それ以前の会稽時代、揚州時代の見解を踏まえつつ、それを更に展開深化させた、最も円熟したかれの思想を、それらの著作に窺うことができるのである。

さて論じよう。生きとし生けるものがさまざまであるのは、虚懐を失うからであり、六趣がそれぞれであるのは、まことに封滞に由るのである。そこで、苦しみの世界をさまようのは、住著を本源とし、彼岸に超然としてあるのは、とらわれない無得を根本とする、と知れる。

夫論。四生擾擾、為失虚懐、六趣紛紛、寔由封滞。故知、迴流苦海、以住著為源、超然彼岸、用無得為本。(『法華遊意』、大正蔵三四巻・六四三頁下～六四四頁上)

「封滞」や「住著」といったとらわれが原因となり、さまざまな生存の苦しみ、六道を輪廻する苦しみが齎される。従って、そうした苦しみを乗り超え彼岸に至るためには、そうしたとらわれを無くすことが肝要である。

患いの根本は、とらわれることを言う。現象の姿形に執着するから煩悩を生じる。煩悩に由って業を起こす。業に由って苦しみを齎す。……そこで、とらわれた著が六道の根本であり、また三乗の区別を齎すもとだ、と知れる。累根者、謂取著也。由取相故生煩悩。由煩悩故起業。由業故致苦。……則知、著是六道之本、亦是三乗之根。(『法華統略』巻上本・釈経題、続蔵一・四三・一・二丁右上)

すなわち、認識の対象となる現象の色々な姿形に執着しとらわれることによって煩悩を生じ、さまざまな仕業を起こし、苦しみを招くのであり、そこで「著」という心のとらわれる働きこそが、衆生の苦しみ・惑いを生み出す根本的な原因だと主張する。

今挙げた資料にも見えることだが、こうしたとらわれについて、まずは現象が「有る」とする見解が問題となる。すなわち、「相を取るは是れ諸煩悩の根なり」(『十二門論疏』巻下之本・観有無門、大正蔵四二巻・二〇三頁上)というように、さまざまな現象の姿形が「有る」としてそれにとらわれ執着することが煩悩のもとであると言う。

現象が有ると思い込むのが、つまりは無明である。現象が有ると捉えるので、現象に浄と不浄とが有るとするから、現象について浄と不浄という間違った見解を起こす。これが無明から間違いを生じるということだ。浄という間違いを生じるから、貪りを起こし、不浄という間違いを生じて、そこで瞋りを起こす。貪りと瞋りとが因縁となり、さまざまな業を起こす。業を起こすから、生死の苦しみを齎す。これを苦集諦と名づける。

想謂有塵、即是無明。以見有塵、便見塵有浄不浄、故於塵起浄不浄倒。即是従無明生於顛倒。以生浄倒、是故起貪、生不浄倒、即便起瞋。貪瞋因縁、是故起業。起業、故感二生死苦。名苦集諦。（『百論疏』僧肇序疏、大正蔵四二巻・二三七頁上）

そこで、そうした「有る」とする見解が、誤り惑った見解、貪り怒る心の悪い働き、さまざまな仕業を次々と生み出し、そして衆生の苦しみに満ちた生存を齎す原因である無明に他ならない。いったい、全ての現象はそのものとしての実体を持たない空なるものと捉えられるわけだから、それらが「有る」とするのは、次に見るように、妄想であり誤った分別なのである。

認識対象としての現象が実は無いのに惑って有ると思い込むから、妄想と言い、無明と名づける。正しい観じ方が明らかでないから、現象が有ると見なすわけで、これを分別とも名づける。認識対象としての現象など実は無いのに、ほしいままに分別を生じて、現象が有ると言うのだ。

以実無外境妄作境想故、云妄想、亦名無明。以不得正観明故、見有外塵、亦名分別。実無塵境、横生分別、言有塵境。（『百論疏』僧肇序疏、大正蔵四二巻・二三六頁下～二三七頁上）

ところでまた、こうした妄想は、現象が「有る」とする見解だけに限られない。

正しい道は区別が無く平等で、本来清浄である。涅槃に異なる生死など有ろうはずがない。ただ衆生が間違って文言に執着して実体を探し求めるから、名称を聞いてもその真実を見極められないのだ。そこで或る者は涅槃は有だと言い、或る者は無だと思い込む。或る者は二諦に含まれると言い、或る者は二諦の外に有ると思う。或る者は生死の無常を超え出ると思い、或る者は涅槃は常住だと思う。これに因って誤ってさまざまな分別をし、かくてとらわれ、生死が有るようになる。

正道平等、本自清浄。豈有生死異於涅槃。特由衆生虚妄執文求実、聞名仍不見其真。或云涅槃是有、或意是無。或言二諦所摂、或意出二諦之外。或意出生死無常、或意涅槃常住。因此謬造種種異計、便成繋縛、致有生死。

（『涅槃経遊意』、大正蔵三八巻・二三〇頁中）

涅槃が「有」であるとすることだけでなく「無」であるとすることも、また同様に、生死が「無常」であるとか、涅槃が「常住」であるとすることも、やはり誤った分別である。かくて、「有と無とは是れ諸見の根、道を障ぐるの本なり」（『十二門論疏』巻下之本・観有無門、大正蔵四二巻・二〇二頁下）というように、「有る」とする見解と「無い」とする見解とのいずれもが、正しい道理を妨げるもとだと言う。

さて、こうした有や無についてのとらわれは、次に見るように、さまざまな立場の衆生に広く認められる。

また小乗は多く有の病に執着し、大乗を学ぶ者は多く無の病に滞る。また凡夫は有に執着し、二乗は空に滞る。また愛の多い者は有に執着し、見の多い者は空に執着する。

又小乗多著有病、学大者多滞無病。又凡夫著有、二乗滞空。又愛多者著有、見多者著空。（『十二門論疏』僧叡序疏、

大正蔵四二巻・一七二頁中）

小乗は有に大乗は無にとらわれ、また凡夫は有に二乗は空にとらわれる。時にそのとらわれは、現象が有であると執着する「愛」と現象が空であると執着する「見」という、心や認識の状態として現われる。

一は凡夫の惑い、二は聖人の誤りである。凡夫の惑いとは、九十六術と愛を起こす連中のこと。聖人の誤りとは、小乗に執着する者ととらわれた有所得の大乗である。この二つで全ての誤りを兼ね合わせている。前者は自ら起こす誤り、後者は教を受けた結果起こす惑いである。……いったい滞惑とは、滞とは滞著のこと、すなわち愛を起こす輩である。惑とは迷惑のこと、見を起こす連中である。生死に纏いつかれている衆生は、在家の場合愛を起こし出家すると見を起こす。……やはり生死の根本は、ただ愛と見となのだ。

一凡迷、二聖失。凡迷者、謂九十六術及起愛之流也。聖失者、執小乗及有所得大乗者也。斯二無失不該。初謂自樹失、次稟教迷。……夫滞惑者、滞謂滞著、則起愛之流也。惑謂迷惑、起見之流也。生死衆生、以在家起愛出家起見。……亦生死根本、唯愛与見。（『中観論疏』僧叡序疏、大正蔵四二巻・二頁下）

そこで、こうした「愛」と「見」とが、生死の苦しみを引き起こすもとであり、「愛」は凡夫が自ら引き起こす惑いであるから「凡迷」、「見」は出家者が教えを受けた結果引き起こす過ちであるから「聖失」だと言えるのだが、いずれにしてもそれが心のとらわれ執着した状態であることに変わりが無い。

仏法はやはり、衆生の煩悩の病を治めることのできる薬である。ただ病に二種類有るので、薬にも二つ有る。二種類の病とは、一は凡夫の病、二は聖人の病である。唯一の本源を見失って六道を成すのを、凡夫の病と言う。唯一の理を見失って三乗の違いに執着するのを、聖人の病と言う。薬に二つ有るとは、昔は三乗が真実だと説いて凡夫の病を治め、六道から本源に立ち返らせる。今は三乗が方便だと説いて聖人の病を治めるから、三乗が向かうべきところを見定める。だから昔は凡夫を救う経で、今は聖人を救う教とする。

仏法亦爾、能治衆生煩悩病薬。但病有二種、薬亦両門。病二種者、一者凡病、二者聖病。失一原而成六道、謂凡病也。喪一理而執三乗、謂聖病也。薬有二門者、昔説三乗真実治凡病、令六道迴宗。今説三乗方便治聖病、故三乗徙轍。故昔是救凡之経、今為済聖之教。(『法華統略』巻上末・方便品、続蔵一・四三・一・二〇丁右上)

この「凡迷」「聖失」は、仏法が治療する対象としての煩悩の病である「凡病」「聖病」にそれぞれ相当すると見て良かろう。

吉蔵は、心のとらわれる働きそのものを衆生の煩悩の根本的な原因と捉えている。そしてこのとらわれは、衆生が対象として認識するさまざまな事柄が間違いなくそのものであるとする妄想や誤った分別として現われる。そこでは、対象を固定的に捉えようとする認識の仕方が、とらわれているかいないかという主体の心の働き具合の観点から、捉え直され問題とされていると言えよう。

さて、こうした心のとらわれる働きは、種々の場面で現われ、悟りへと至る道筋を妨害して惑いの世界へと衆生を誘う。吉蔵はそうした悪い事態について、やはりさまざまな形で言及している。更にその所論を追っていこう。

心の執着しとらわれる働きは、「性は即ち執著の義なり、猶お是れ有所得の異名のみ」(『十二門論疏』巻下之本・観性門、大正蔵四二巻・二〇五頁上)と、現象がそのものとしての固定的な実体を持つと捉え、分別しとらわれる「有所得」の態度を言う。

もしも因果といった見解が有れば、とらわれた有所得である。有所得は、麁と名づけ、妙とは名づけない。有所得は、非法と名づけ、法とは名づけない。有所得は、不浄のとらわれであり、蓮花ではない。

若有因果等見、即是有所得。有所得、名之為麁、不名為妙。有所得、名為非法、不名為法。有所得、即是不浄染著、非是蓮花。(『法華遊意』、大正蔵三四巻・六三七頁下)

それはより具体的には、現象のありさまについて因果の見解を持つこと、すなわちこれこれの原因が有ってこれこれの結果が必ず生じる、そしてその関係の中で、原因は原因として結果は結果として固定的に存在すると見なすことを指す。

他の見解では、止めるべき悪が有り、行うべき善が有るから、有所得と名づける。ここで明らかにしよう。正しい道の教に立てば、本来清浄であり、止めると止めないとの違い、行うと行わないとの区別が無い。ただ空について間違っている衆生は、悪が有って善が無いので、今その空についての間違いを無くそうとするから、悪を止め善を行わせるのである。これは間違った善によって間違った悪を無くすもの、軽度の間違いで重度の間違いを正すものである。また他の見解では、止めることと行うこととを全く異なる二なるものと決めつける。ここで明らかにしよう。止めることはすなわち行うことなのであり、あらゆるとらわれた有所得の心の働きを止めるのを止と名づけ、結局行う所が無いのを行と称するのだ。今一往衆生の機縁とするために、二つを分ける。二つを説くとはいっても、衆生に二なることに因って不二を悟らせるのである。

他有悪可止、有善可行、故名有所得義。今明。就道門、本性清浄、未曾止与不止、行与不行。但空倒衆生、有悪無善、今欲抜其空倒、故令止悪行善耳。此是以倒善抜其倒悪、以軽出重也。又他謂止行決定為二。今明。止即是行、止一切有所得生心動念、名之為止、畢竟無所行、称之為行。今一往為縁、故開之為二。雖説於二、為令衆生因二了於不二。（『百論疏』巻上之中・釈捨罪福品、大正蔵四二巻・二四九頁上）

かくて、悪を止めて善を行うことにとらわれることを、「有所得」の行為として戒める。つまり、何らかの悪を行えば悪い果報を受け、悪を止めて何らかの善を行えば良い果報を受けるといった、固定的な見解を持つことを嫌うのである。

道理はただ一つだから、あらゆる教を説くのは、いずれも一つのことを顕わすためである。道理には多くのことが無いから、多くのことを顕わさない。だとすると惑いを斥ける一往の言葉として、有や無を定めるのである。もしもかえって有や無に対して固着し決定した理解をするならば、偏った二見を免れない。

以道理唯一故、説一切教、皆為顕一。道理無多、故不顕於多。然此一往斥奪之辞、判此有無耳。若還作有無決定解者、不免二見。（『法華統略』巻上末・方便品、続蔵一・四三・一・二八丁左下）

空であってもその空は固定的に定まった空でないと知る。既に固定的な空でないので、有もまた固定的な有ではありえない。また空だから有でなく、有だから空でない。これが真諦の中道である。俗諦も同様。有だから空に執着せず、空だから有にとらわれない。これが俗諦の中道である。

雖空則知空非定空。既非定空、豈復定有。又空故不有、有故不空。即真諦中道。俗亦爾。有故不著空、空故不住有。即俗中也。（『中観論疏』巻八本、大正蔵四二巻・一二二頁下～一二三頁上）

あるいはまた、正しい道理について、有とか無、時には有とか空といった説明がなされるけれども、それに対して「決定」「定」なる認識を持ってはならない。有や無といった説明の仕方は、有には有としての実体が、また無には無としての実体が、それぞれ定まっているからそう言われるのではなく、一応有とか無とかいう言葉で表明されるに過ぎない。

本より性に対するために仮を説き、惑いを転換して悟らせるのである。それなのに性を捨て去って仮を残し、固着してこれが決定の窮極だと言う。これでは心に依る所が有るから、永遠に仏にまみえることができない。是非とも打ち破らなければならない。

本為対性故説仮、令其迴悟耳。而遂捨性存仮、謂決定。為是心有所依故、永不見仏。宜須破之。(『中観論疏』巻二本、大正蔵四二巻・二五頁下)

そこで、そうしたあくまでも仮の言葉に「決定」に安住してしまっては、やはり心が「有所依」というとらわれに陥ってしまう。

いったい心にもしも生じるところが有れば、依る所が有る。依る所が有れば、縛られる所が有る。縛られる所が有れば、生老病死の憂悲苦悩を離れることができない。二乗すら得られないのだから、まして仏道は尚更だ。

夫心若有生、即有所依。有所依、即有所縛。有所縛、不得離生老病死憂悲苦悩。尚不得二乗、何況仏道。(『中観論疏』巻二本、大正蔵四二巻・二四頁下)

そして、「有所依」というとらわれた状態になると、やはり心が束縛され、結局生老病死という苦しみから離れられなくなる。

道は未だ曾て偏ってもいず中道でもない。ただ昔の偏った病に対処するために、中道を説くのである。そのわけは、如来が昔五乗を説いたのは、五ならざることを顕わそうとしたからである。既に五が無ければ、やはり五ならざることも無い。それ自体本来寂然としていて、依拠する所が無いのを、中道と名づけ、中道がつまりは妙法である。ただ教を受け取る連中が、昔五乗を説くと聞いて、結果五乗がそれぞれ異なっていると理解するから、さまざまな偏った見方に陥っている。人天乗を受け入れる者は、生死の辺に陥る。声聞縁覚乗を求める者は、涅槃の辺に陥る。三蔵教を学ぶ者は、小辺に陥る。摩訶衍を学ぶ者は、大辺に陥る。また昔五乗が異なっていると受け取り、異辺に陥る。今一乗を聞いて一乗にとらわれた理解をする者は、一辺に陥る。

道未曾偏中。但為対昔偏病、是故説中。所以然者、如来昔説五乗、為顕不五。既無有五、亦無不五。本性寂然、無所依倚、名為中道、中道即是妙法。但禀教之徒、聞昔説五乗、遂作五乗異解、故堕在諸辺。禀人天乗者、堕在生死辺。求声聞縁覚乗者、堕在涅槃辺。学三蔵教者、堕在小辺。学摩訶衍者、堕在大辺。乃至昔禀五乗異、堕在異辺。今聞一乗作一乗解者、堕在一辺。（『法華遊意』、大正蔵三四巻・六三五頁下）

かくして、せっかく仏の五乗の教えを受け取ったとしても、五乗がそれぞれ異なると決めつけて理解してしまい、生死と涅槃、小乗と大乗、あるいは異なっていることと同一であることのいずれか一「辺」にとらわれた見解に陥ってしまって、かくてとらわれの無い「中道」を悟ることができないと言う。

以上見てきた「有所得」「決定」「定」「有所依」「辺」とは、実体を持たず相待的な関係にある因と果、有と無、生死と涅槃、小乗と大乗、異と一とが、それぞれ固定的な実体を持つと認識してとらわれることであり、従って「著」という心のとらわれる働きの現われだと見なすことができる。つまり吉蔵は、心のとらわれる働きを煩悩の根本的な原因として位置づけた上で、その現われである固着し偏ったさまざまな認識の仕方を、それと明言していないがまさしく煩悩と捉え、多角的にかつ繰り返して言及している。それほどかれにとって心のとらわれの問題が重要だったと言えるではないか。

(二) 天台三大部の煩悩観

智顗の代表作と伝えられてきた『法華玄義』『法華文句』『摩訶止観』のいわゆる天台三大部は、筆録者である灌頂(五六一～六三二)によってかなり改変が加えられているとされる。また本章の冒頭で触れたように、吉蔵の見解や著作に依拠した部分のあることが指摘されている。従って、それらを材料として智顗自身の思想をどれだけ見極めることができるかについては、判断が難しい。著作の成立の問題自体慎重に検討する必要があろうが、ここではそれに立ち入ることをせず、天台三大部に窺われる思想を考察するという立場から、論を進めることにしたい。

衆生が生死の苦しみに陥っている原因を、天台三大部ではどのように捉えているか。

四取が有るから心に依拠するところが有り、依拠するところが有れば是非を判断し、是非を判断すれば愛したり恚ったりし、愛したり恚ったりするからあらゆる煩悩を生じ、煩悩が生じるからさかしらな分別口論が生じ、口論が生じるから身・口・意の業を起こし、業を起こすから苦しみの世界を輪廻して、解脱の当ても無い。四取が生死の根本だと知るべきである。だから龍樹はこれを打ち破っているのだ。諸々の現象はそれ自体として生じないから、対象と智慧とが自生することは有りえない。他から生じないから、対象と智慧とが互いに生じることは有りえない。同時に生じないから、対象と智慧とが因縁関係では有りえない。原因無しに生じないから、対象と智慧とが自然に生じることは有りえない。もしも四つの見方に執着するならば、愚かな惑いがはびこり、智慧など問題にしようがない。

有四取則有依倚、依倚則是非、是非則愛恚、愛恚生一切煩悩、煩悩生故戯論諍競生、諍競生故起身口意業、業生故輪廻苦海、無解脱期。当知、四取是生死本。故龍樹伐之。諸法不自生、那得自境智。無他生、那得相由境智。無共生、那得因縁境智。無無因生、那得自然境智。若執四見著、愚惑紛綸、何謂為智。(『摩訶止観』巻三下、大正蔵四六巻・二九頁上〜中)

衆生は、「四取」がもとになって心にとらわれを生じ、苦しみに纏いつかれ、そこから逃れる当ても無い。ここで言う「四取」とは、認識対象とそれを認識する智慧とが如何に生じてくるかについて、それぞれが自ら生じる(自生)とか、一方が他方から生じる(他生)とか、両方同時に生じる(共生)とか、原因無しに自然に生じる(無因生)とかと捉えようとする、四つの誤った分析態度である。

誤り偏った見思の惑いが無明であり、また無明がつまりは法性である。見思の惑いが打ち破られれば無明が打ち破られ、無明が打ち破られれば法性が明らかとなる。

見思即是無明、無明即是法性。見思破即是無明破、無明破即是見法性。(『摩訶止観』巻六下、大正蔵四六巻・八〇頁中)

そこで、誤り偏った分別思慮が、苦しみの原因である無明であり、従ってこうした分別思慮を打ち破ることができれば、現象の真実の実質を悟ることができる。

どうして見の根本を知るか。我見を諸見の根本とする。一念の惑いの心を、我見の根本とする。この惑いの心から、数多くの見を起こし、それが縦横無尽に行きわたって、数え切れなくなる。この見のために、多くの穢れた業をなし、三途に堕落し、沈み込んで已むことが無い。丁度松明を振り回すようなもの。もしもこれを止めようとしたら、当然手を止めるだろう。心には実体が無く、妄想のために心が起こると知り、また我には実体が無く、間違いのために我が生じると知る。間違いと妄想とが無くなれば、根本が取り払われ、枝葉も自ずと無くなるのだ。

云何知見根本。我見為諸見本。一念惑心、為我見本。従此惑心、起無量見、縦横稠密、不可称計。為此見故、造衆結業、堕墜三途、沈迴無已。如旋火輪。若欲息之、応当止手。知心無心、妄想故心起、亦知我無我、顚倒故我生。顚倒及妄想息者、即是根本息、枝條自去。(『摩訶止観』巻六上、大正蔵四六巻・七六頁上)

そしてこうした誤り偏った分別思慮のうち最も重大な誤りとして位置づけることのできるのが「我見」、すなわち現象にはそのものとしての実体が有るとする分別であり、そして更にその根本には、衆生が刹那に起こす惑いの心が有ると言う。つまりこの惑いの心が無明を齎す根本的な原因なわけだが、それはまた「無明に因有り、正しく思惟せざるを謂う」(『法華玄義』巻二下、大正蔵三三巻・六九九頁中)という、現象の真実のありさまについての正しくない思惟のありように他ならないと考えられる。

ところで天台三大部では、こうした真実についての誤った態度・思惟と共に、衆生の行うさまざまな悪い仕業についても、詳しく言及している。次の記述を見よう。

いったい惑いは突き詰めれば三種類である。第一は、苦しみの果報について起こす惑い。第二は、穢れた業について起こす惑い。第三は、真理について起こす惑いである。

夫迷惑不出三種。一、約苦果起惑。二、約結業起惑。三、約諦理起惑。(『法華文句』巻八上・法師品、大正蔵三四巻・一〇八頁中)

衆生の誤り・惑いについては、苦しみについての誤り、穢れた仕業についての誤り、真理についての誤りという、三つに分けることができる。

ここで明らかにしよう。凡夫の心の一念に十の法界を備えている。一つ一つの世界にいずれも煩悩の性相、悪業の性相、苦道の性相が有る。

今但明。凡心一念即皆具十法界。一一界悉有煩悩性相、悪業性相、苦道性相。(『法華玄義』巻五下、大正蔵三三巻・七四三頁下)

そして、凡夫の刹那に起こす心に、六道・声聞・縁覚・菩薩・仏というあらゆる生存の世界(十法界)が備わっているのだが、それぞれの世界にこの三つの誤りが、煩悩としての性質と姿、悪い仕業としての性質と姿、苦しみとしての性質と姿として現われている、と見なすことができよう。そしてまたこのうち悪い仕業について、さまざまな悪・悪い事態は、次に見るように衆生のなす仕業だけに止まらず、心の内外、身体の内外などに、色々な形で起こりうると言う。

順流の十の心とは、一は、はるかな昔から、素質が愚かで惑い、煩悩に冒され、妄りに人とか我とかを見、人や我を見るから身見を起こし、身見が有るから間違って妄想し、間違うから貪り・瞋り・痴かさを起こし、痴かだから諸々の業をなし、業によって生死を流転する。二は、内に煩悩を備え、外に悪友に出会い、邪まな教を扇動し、我に惑う心が増して、ますます盛んになる。三は、内外の悪い機縁が備わり、内に善心を無くし、外に善事をなさず、また他人の善事について、全く喜ばない。四は、身・口・意の三業をほしいままにし、あらゆる悪業をなす。五は、事柄は多くないが、広く悪心を抱く。六は、悪心が連続し、昼夜断じることが無い。七は、過失を覆い隠し、人に知られないようにする。八は、徹底して愚かで、悪道を畏れない。九は、恥じ悔やむことが無い。十は、悟りへの因果を無くし、一闡提と成る。この十を生死の流れに順って、惑って悪をなすこととする。

順流十心者、一、自従無始、闇識昏迷、煩悩所酔、妄計人我、計人我故起於身見、身見故妄想顚倒、顚倒故起貪瞋痴、痴故広造諸業、業則流転生死。二者、内具煩悩、外値悪友、扇動邪法、勧惑我心、倍加隆盛。三者、内外悪縁既具、能内滅善心、外滅善事、又於他善、都無随喜。四者、縦恣三業、無悪不為。五者、事雖不広、悪心遍布。六者、悪心相続、昼夜不断。七者、覆諱過失、不欲人知。八者、魯扈底突、不畏悪道。九者、無慚無愧。十者、撥無因果、作一闡提。是為十種順生死流、昏倒造悪。(『摩訶止観』巻四上、大正蔵四六巻・三九頁下〜四〇頁上)

煩悩によって起こる悪い仕業は勿論のこと、悪い友人、さまざまな形で出会う悪い事柄、更には他人の善を否定し、また他人が善をなしても喜ばない、そうした悪が積み重なり、悟るすべをも見出せない悪道に陥るのである。

しかしながら、こうした悪い仕業としての性質と姿については、また次のようにも言う。

また凡夫の心の一念に十界を備え、いずれも悪業の性相が有る。ただ悪の性相はすなわち善の性相である。悪に由って善が有り、悪を離れて善は無い。諸々の悪を翻すと、善が出来上がる。竹の中に火の性質が有るようなもの。未だ火事にならないから、有っても焼けないが、機縁が有ってひとたび火事となれば、物を焼くことができる。悪は善の性質である。未だ善事ではないが、機縁が有って善事となれば、悪を翻すことができる。竹に火の性質が有って、火が出て竹を焼くようなもの。悪の中に善が有り、善が出来上がると悪を打ち破る。従って悪の性相そのものが、善の性相なのである。

又凡夫心一念即具十界、悉有悪業性相。秖悪性相即善性相。由悪有善、離悪無善。翻於諸悪、即善資成。如竹中有火性。未即是火事、故有而不焼、遇縁事成、即能焼物。悪即善性。未即是事、遇縁成事、即能翻悪。如竹有火、火出還焼竹。悪中有善、善成還破悪。故即悪性相、是善性相也。(『法華玄義』巻五下、大正蔵三三巻・七四三頁下~七四四頁上)

凡夫の心に備わっている、あらゆる世界の悪い仕業としての性質と姿は、実は善なるものである。それは、竹の中に焼ける性質が備わっているが、それが表に現われて初めて竹が焼けるようなものである。悪には善なる性質が備わっており、何らかの因縁によってその善なる性質が現われ、そこで悪が打ち破られるのだと言う。

悪の中に正しい道が有るから、さまざまにそれを覆い隠しても、結局聖人と成ることができる。だから、悪は道を妨げず、また道は悪を妨げない、と知れるのだ。

以悪中有道故、雖行衆蔽、而得成聖。故知、悪不妨道、又道不妨悪。(『摩訶止観』巻二下、大正蔵四六巻・一七頁下)

同様に、悪にも実は正しい道理が確かに備わっており、従って悪い仕業が正しい道理の成就を妨げるものではない。

善悪のさまざまな業は、いずれも得られるような実体が無く不可得で、結局は清浄なのである。それなのに善悪の業と言うのは、世間の文字によった仮名の分別なのだから、名を聞いて実体が有ると思い込んではならない。

善悪諸業、倶不可得、畢竟清浄。而言善悪業者、但以世間文字仮名分別、不可聞名而謂為実。（『摩訶止観』巻八下、大正蔵四六巻・一一四頁中）

そもそも、善悪いずれの仕業もそのものとしての実体を持たず、窮極的には清浄なものなのだが、世間に合わせて仮に善悪と名づけるのであり、そうした仮の言葉にとらわれて清浄であることを見失ってはならない。

貪欲はすなわち道だと仏が説くのは、仏が素質を見計らい、ある種の衆生が極めて福徳が乏しく、善の中で道を修めることができないことを知っているからである。もしもその罪に身を任せていけば、生死を流転して已むことが無い。そこで貪欲について止観を修習させようとするのだ。極めて止むを得ずに、こうした説き方をするのである。

仏説貪欲即是道者、仏見機宜、知一種衆生底下薄福、決不能於善中修道。若任其罪、流転無已。令於貪欲修習止観。極不得止、故作此説。（『摩訶止観』巻二下、大正蔵四六巻・一九頁上）

そこで、貪り欲する悪い働きがすなわち正しい道理に他ならない、と仏が説くわけだが、それは善を行うことのできない愚かな衆生に配慮し、それら衆生に貪り欲するという事態を正しく捉えさせるためなのである。

このように天台三大部では、現象の真実のありさまについての誤り偏った態度・思惟が根本的な原因となって心のとらわれを生み出し、そこからさまざまな煩悩や仕業が生じて、衆生の苦しみが齎されると考えている。また、衆生がさまざまな形で出会いまた引き起こす色々な悪い事柄を取り上げて詳しく分析し、その悪に実は善が備わっているとし、更にそうした悪や善が仮に名づけられたものであると主張する。心のとらわれる働き自体を煩悩の根本的な原因と捉える吉蔵に比べ、天台三大部では、真実とそれに向き合う主体との関わりにより注目し、そこでさまざまな悪や善を如何に捉えるべきかという問題を提起していると見なせよう。

三—二　智慧をめぐる吉蔵と天台三大部の見解

(一)　吉蔵の智慧観

先に検討したような極めて多種多様な形を取って現われる心のとらわれる働きを解消し、悟りへと至るためにはどうすれば良いと、吉蔵は考えているか。

昔、教を受け取る輩は、皆な惑いを滅ぼし解脱を生じなければならないと言った。これは生滅に偏った見方だから、失と名づける。ここで諸仏の解釈を明らかにすると、惑いは本来生じないし、今滅する所も無い。だから生滅が無いと説いて、その得であることを示すのである。

昔禀教之流、皆言、惑之可滅、解之可生。謂此生滅、故名為失。今明諸仏所解、惑本不生、今無所滅。故辨無生滅、以示其得。(『法華統略』巻上末・方便品、続蔵一・四三・一・二七丁右上)

惑いが本来生じも滅しもしないとするのが正しい仏の見解である。

末世の大小乗の人々は、仏は煩悩を断ち切ったと言うが、それは仏を謗るものだ。また世間の人々は、仏が惑いを断ち切るのが実で、断ち切らないのが方便だ、と言う。ここでは逆に、断ち切らないのが実で、断ち切るのが方便、罪を無くすのが方便で、無くさないのが真実だとしよう。

末世大小乗人、言仏断煩悩、皆是謗仏也。又世間人云、仏断惑是実、不断是方便。今反之、不断是実、断是方便、滅罪是方便、不滅是真実。（『法華統略』巻中末・信解品、続蔵一・四三・一・六〇丁右上）

従ってまた、世間の人々とは逆に、惑いを断ち切っていないのが仏の真実で断ち切っているのが方便だとするのだ、と述べる。かくしてここで、実智と方便の二つの智慧が問題となってくる。第三章第三節と重複するところも有るが、以下に確認しておこう。

実相を明らかにするのを実の智慧と名づけ、神通を現わすのを方便の智慧と言う。……問い。どうしてただ実相と神通とを明らかにするのか。答え。実相を道に入る根本とし、神通を衆生を教化するおおもととする。実相を動かずにいながら、神通を現わすことができる。神通を現わすといっても、実相に乖らない。従って動と寂とが不二であって、権と実とがそのまま成り立っている。

照実相名為実慧、現神通謂方便慧。……問。何故但明実相及以神通。答。実相為入道之本、神通為化物之宗。不動実相、而能現通。雖現神通、不乖実相。故動寂不二、権実宛然。（『維摩経義疏』巻一・総論、大正蔵三八巻・九一六頁下）

現象の真実の姿を明らかにするのが実智（実慧）、神通を現わすのが方便（方便慧）である。そして、現象の真実の姿に立脚しつつ神通を現わし、そこで神通を現わしても真実の姿に違うことが無いので、実智と方便とは二ならざる一体のものだと言う。そしてまた特に方便について詳しく論じる。

方便とは、巧みな方便の智慧である。小徳を積んで大功を獲得する。有に処りながら静寂に乖らず、無に居りながら教化を失わず、無為にして為さざる無きもの、これが自在な方便なのだ。(2)

方便者、巧方便慧也。積小徳而獲大功。処有不乖寂、居無不失化、無為而無不為、方便無礙也。（『維摩経義疏』巻二・仏国品、大正蔵三八巻・九二九頁上）

方便とは、有であることに関わっていても静寂であることを離れず、また無であることに関わっていても教化の働きを失わず、かくて有であることにも無であることにもとらわれずに自由自在に働く巧みな智慧である。

方便には二つ有る。一は、空を理解していながら証しを取らないこと。二は、実相の理は奥深く、信受できる者がいないので、必ず方便で誘い、悟りを得させること。一つ目は理に順っていく巧みさを明らかにし、二つ目は素質に適応する霊妙さを弁じたものだ。

方便有二。一、解空而不取証。二、実相理深、莫能信受、要須方便誘引、令物得悟。前明順理之巧、此辨適機之妙。（『維摩経義疏』巻五・仏道品、大正蔵三八巻・九七三頁上）

そこで、空であると理解していながらそこに安住しない巧みさと、衆生を適宜導いて真実を悟らせる巧みさとを備えている。その衆生の導き方はさまざまであり、先のような不可思議な神通の働きとして現われることも有る。

仏は二つの意義を備えているから独り尊と称する。一は内なる徳、実相を知ることである。二は外なる徳、巧みな説法で素質に合わせることである。内に実相を知るのが波若、外に巧みに説くのが慈悲である。また内に実相を知るのを実の智慧、外に巧みに説くことができるのを方便の智慧と名づける。

仏具二義故独称尊。一者内徳、知於実相。二者外徳、巧説随縁。内知実相即是波若、外能巧説所謂慈悲。又内知実相即是実慧、外能巧説名為方便。(『百論疏』巻上之中・釈捨罪福品、大正蔵四二巻・二四四頁下)

またある場合には、巧みな弁舌で衆生を教化する大いなる慈悲の行いとして現われることも有ると言う。

そしてまたこのような方便は、

二乗は無常を観じて、生を厭い死に惓み、涅槃に入ろうとするから、方便が無いと名づける。大士は無常を観じて、厭わずにいられると同時に、上手に厳しく困難なところに入っていくから、巧みな方便と名づけるのである。

二乗観無常、而厭生惓死、欲入涅槃、名無方便。大士観無常、而能不厭、即善入嶮難、故名巧方便也。(『維摩経義疏』巻四・文殊師利問疾品、大正蔵三八巻・九六〇頁下)

というように、生死の苦しみを厭い涅槃の安らぎを希求する二乗には認められないが、生死を厭わずに険しい道をたどっていくことのできる菩薩には認められる能力である。

二乗は空もやはり空だと知らずに、空を霊妙窮極とするから、但空と名づけ、従って空を証す。菩薩は空もやはり空だと知るので、不可得空と名づけ、従って空を証さず、有に関わっていくことができるから、権と名づける。……この二つの智慧について見ると、異なる実質は無い。初め観心が未だ深くないから、ただ空に関わっていくことができるだけだが、段々と精巧になっていくと、空もやはり空だと知る。空もやはり空だと知って、仮名を壊さないままに、有に関わっていくことができる。始終を通じて論じれば、一つの智慧である。巧みか未だ巧みでないかについて見るから、権と実とを分けるのである。

二乗不知空亦復空、以空為妙極、故名但空、所以証空。菩薩知空亦空、名不可得空、故不証空、即能渉有、故名為権。……就此二慧、更無異体。初観心未妙、故但能照空、既転精巧、即知空亦空。既知空亦空、而不壊仮名、即能渉有。始終論之、猶是一慧。約巧未巧、故分権実。（『浄名玄論』巻四、大正蔵三八巻・八七八頁下）

すなわち、とらわれの無い心のありかた（観心）が十分でない二乗は、空であることを窮極と見なして安住してしまうのだが、とらわれないことを徹底している菩薩は、空であることもやはり実体が無く空なのだと理解し、そこに安住せずに有であることに関わっていく。二乗の智慧と菩薩の智慧とはもとより同一なのだが、心のありかたの深浅によって方便と実智とを分けるのだと言う。つまり吉蔵は、修道による心のありかたの深化を示すものとして方便を捉えている。そこで、方便は菩薩の境涯の現われに他ならず、二乗よりも優れた何物にもとらわれない菩薩のありかたが、衆生を教化救済するというこの方便においてこそ、十分に実現されると考えているのである。

(二) 天台三大部の智慧観

煩悩や悪い仕業、また苦しみに満ちた世界をどのように捉えたら良いと、天台三大部では考えているか。既に見たように、善も悪もそのものとしての実体を持たず、仮に善や悪と名づけられるものだとすると、当然のことながら「仮」という事態を重視することになろうが、事柄はそう単純ではない。

周知のことだが、天台三大部では、現象が実体を持たず「空」であり、「仮」に名づけられたものであって、その実「空」にも「仮」にも偏らない「中」だと捉えられる、ということに関わり、次に見る三つの捉え方（三観）を主張する。

次に観のありさまを明らかにする。観に三つ有る。仮から空に入るのを、二諦観と名づける。空から仮に入るのを、平等観と名づける。この二つの観を方便道とし、中道に入ることができ、二諦を双方とも明らかにし、心が寂滅であって、自然と悟りの海に入っていくのを、中道第一義諦観と名づける。

次明観相。観有三。従仮入空、名二諦観。従空入仮、名平等観。二観為方便道、得入中道、双照二諦、心心寂滅、自然流入薩婆若海、名中道第一義諦観。（『摩訶止観』巻三上、大正蔵四六巻・二四頁中）

一番目の仮であることから空であることに到達するという二諦の捉え方は、現象が仮であると捉えることからそれらが実体を持たないと理解し、仮という世俗での偏った理解を打ち破って空という世俗を超え出た真実の理解を獲得する捉え方である。二番目の空であることから仮であることに到達するという平等の捉え方は、空という理解もなお偏った一応のものに過ぎないのでそれを打ち破り、仮であるという事態について自由自在となり、空にも仮にも偏らない捉え方である。三番目の中道であり第一義である捉え方は、二諦・平等という前の二つの捉え方を方便と認識し、仮であることも空であることも窮極的には実体を持たないと理解し、生死の苦しみと涅槃の安らぎとのいずれにもとらわれない捉え方である（『摩訶止観』巻三上、大正蔵四六巻・二四頁中〜下参照）。

この三つの捉え方は、それぞれさまざまな煩悩や悪い事態を打ち破り、正しい智慧を齎すのだと言う。

三つの観とは、もしも仮から空に入れば、空についての智慧に見合い、見思の惑いを打ち破ることができて、一切智を成就する。その智慧は真諦の実質を獲得する。もしも空から仮に入れば、薬と病の種々の教を弁え、無知を打ち破り、道種智を成就する。その智慧は俗諦の実質を獲得する。もしも二つの偏りを両方とも遮って中に入る方便とするならば、無明を打ち破ることができ、一切種智を成就する。その智慧は中道の実質を獲得する。

三観者、若従仮入空、空慧相応、即能破見思惑、成一切智。智能得体、得真体也。若従空入仮、分別薬病種種法門、即破無知、成道種智。智能得体、得俗体也。若双遮二辺為入中方便、能破無明、成一切種智。智能得体、得中道体也。（『摩訶止観』巻三上、大正蔵四六巻・二五頁下〜二六頁上）

すなわち、一番目の二諦の捉え方では、分別思慮の惑いを打ち破り、現象が空であるという世俗を超え出た次元での実質を獲得する。二番目の平等の捉え方では、無知の惑いを打ち破り、現象が仮であるという世俗の次元での実質を獲得する。三番目の中道の捉え方では、無明の惑いを打ち破り、中道という窮極的な次元での実質を獲得する、と言う。一番目の二諦から二番目の平等へ、更に三番目の中道へと、捉え方が深まることにより、認識の表層から深い無明へと煩悩が徹底して解消され、次第に深化する三つの智慧が生み出されるわけである(3)。

従ってまた、この三つの捉え方は、次に見る二乗・菩薩・仏のありかたに、それぞれ関わると思われる。

大乗ではまた、心があらゆる現象を生じることを明らかにする。十の法界のことである。心が有だと観じる時、善が有り悪が有る。悪には三品有って、三途の因果のこと。善には三品有って、修羅・人・天の因果のことである。この六品を観じる時、無常であり生滅し、観じる主体の心も、やはり一念一念止まっていない。あるいはまた観じる心も観じられる対象も、いずれも因縁から生じるもので、つまりは空である。これらはいずれも二乗の因果のことである。こうした空と有とを観じる時、二つの偏った見方に陥り、空に沈み込み有に滞るならば、大慈悲を起こし、仮に関わり衆生を教化する。実は身が無いのだが仮に身を成し、実は空が無いのだが仮に空を説いて、教え導く。これが菩薩の因果のことである。これら現象について救済の主体と対象とを観じる時、いずれも中道実相のことで、とどのつまり清浄であり、誰が善で誰が悪なのか、誰が有で誰が無なのか、誰を救い誰を救わないのか、あらゆる現象についてこのように区別が無い。これが仏の因果のことである。この十の世界は、連なっていて浅深の違いは有るが、いずれも心から出ているのである。

大乗亦明、心生一切法。謂十法界也。若観心是有、有善有悪。悪則三品、三途因果也。善則三品、修羅人天因果。観此六品、無常生滅、能観之心、亦念念不住。又能観所観、悉是縁生、縁生即空。並是二乗因果法也。若観此空有、堕落二辺、沈空滞有、而起大慈悲、入仮化物。実無身仮作身、実無空仮説空、而化導之。即菩薩因果法也。観此法能度所度、皆是中道実相之法、畢竟清浄、誰善誰悪、誰有誰無、誰度誰不度、一切法悉如是。是仏因果法也。此之十法、邐迆浅深、皆従心出。（『摩訶止観』巻五上、大正蔵四六巻・五二頁中〜下）

地獄・餓鬼・畜生・修羅・人・天の六道の善悪が無常であり因縁によって成り立っている空なるものだと捉え、またそのように捉える主体の心自体も空だと認識するのが二乗のありかたである。空であることや有であることに偏った立場に対し、慈悲を起こして仮に有や空であると説き示し、衆生を教化救済するのが菩薩のありかたである。善にも悪にも、空にも有にも、更には誰を教化救済するかしないかといったことにもとらわれないのが仏のありかたである。それぞれ、先の二諦の捉え方が二乗に、平等の捉え方が菩薩に、中道の捉え方が仏に相当すると見て良かろう。空であることも仮であることもいずれも方便であるとしてそれらを乗り超え、また教化救済することにもとらわれない仏の立場が、ここに提示されていると言える。(4)

ところで、前の資料にも見えることだが、空・仮・中という三つをその実質とするあらゆる世界は、全て心が生み出すものに他ならない。

> いったい心はそれだけで生じるものでなく、必ず因縁によって起こる。意根が因で、意の対象となる穢れた現象が縁である。起こった心は、これも生じた現象の一つである。この意根と現象とが認識主体と対象なわけだが、絶え間無く移り変わる。すなわち窃かに起こり窃かに滅び、絶えず生滅を繰り返し、一念一念止まってはいないのだ。……この心は内にも外にも中間にも無く、またそれ自体として常住ではない。ただ名字が有るばかりで、これを心と名づける。この字に安住せず、また安住しないのでもない。なぜならそこに得られる実体が何も無く不可得だからだ。
>
> 夫心不孤生、必託縁起。意根是因、法塵是縁。所起之心、是所生法。此根塵能所、三相遷動。窃起窃謝、新新生滅、念念不住。……此心不在内外両中間、亦不常自有。但有名字、名之為心。是字不住、亦不不住。不可得故。
>
> (『摩訶止観』巻一下、大正蔵四六巻・八頁上~中)

だが実は、そうした心自体が、主体の認識する働きが因となり、対象である現象が縁となって生じる仮のものであり、従ってそれにとらわれてはならない。

虚空のようだと言うのは、ただ名字が有るだけで、字は得られる実体が何も無い。中道の観智も、やはりただ字が有るだけで、その実体を求めても何も得られない。

如虚空者、但有名字、字不可得。中道観智、亦但有字、求不可得。(『法華文句』巻九上・安楽行品、大正蔵三四巻・一二〇頁下)

そこでまた、現象を正しく捉えることから生じる智慧についても、実は仮に名づけられたものと捉え、それにとらわれてはならない。

二つの観じる智慧を観じてみると、惑いを打ち破ることについて、智慧と名づけるのだ。今中道について見ると、智慧がまた惑いと成る。この惑いは中道の智慧を目指す際の差し障りだから、智障と言う。またこの智慧が中道の智慧を妨げて、発しないようにさせるから、智障と名づける。……この二諦の智慧が、無明と合わさって、中道を妨げるのも、やはりこのような具合なのだ。また妨げるのは惑いであり、妨げられるのは中道の智慧である。妨げるものと妨げられるものとを合わせて論じるから、智障と言う。

観二観智、当彼破惑、名之為智。今望中道、智還成惑。此惑是中智家障、故言智障。又此智障於中智、中智不発、故名智障。……此二諦智、与無明合、障於中道、亦復如是。又能障是惑、所障是中智。能所合論、故言智障。(『摩訶止観』巻六下、大正蔵四六巻・八一頁下)

ところが、二諦や平等という捉え方から生じる智慧について誤った分別思慮を働かせ、それが実体を持って固定的に存在すると捉えてしまうと、智慧が逆に中道の実現を妨げる障害となってしまう。

空や仮についての智慧は、心と相応している。この二つの智慧を観じてみると、法性から生じるのか、無明から生じるのか、法性と無明とが合わさって生じるのか、離れて生じるのか。もしも法性から生じるとすると、法性には生じるということが無い。もしも無明から生じるとすると、無明は実体が無く、また中道に関わらない。もしも合わさって共に生じるとすると、二つのものが有るという間違いに陥る。もしも離れて生じるとすると、因縁が無くなる。……このように観じる時、すっかり清浄となり、心に依るところが無く、また安住しとらわれること無く、知らず識らずのうちに、観じる主体も対象も、まるで虚空のように、説き示すべきものが無い。未だ真実とは言えないが、四句の分別について、全く執着しなくなる。

空仮之智、与心相応。観此二智、為従法性生、為従無明生、為従法性無明合生、為従離生。若従法性、法性無生。若従無明、無明不実、亦不関中道。若合共生、則有二過。若従離生、則無因縁。……作此観時、泯然清浄、心無依倚、亦不住著、不覚不知、能観所観、猶若虚空、不可説示。雖未発真、於四句中、決定不執。（『摩訶止観』巻六下、大正蔵四六巻・八二頁上）

そこで、そうした智慧が、現象の真実の姿である法性から生じるものでもなく、煩悩の原因である無明から生じるものでもなく、法性と無明とが合して生じるものでもなく、また法性と無明とに関わり無く自然に生じるものでもないと弁え、智慧自体にとらわれずにそれを乗り超えていくことが必要なのだと言う。こうした智慧にとらわれない態度が、先に見た教化救済することにとらわれない仏の立場として提示されていると見ることができよう(5)。

さて、このような仏の立場に立った時、現象はどのように捉えられるか。

色であれ香であれ、全てが実相に他ならない。煩悩にまみれた業が生じるのを観じてみると、生じることが無い。生じることも生じないことも無いから、生じることが無いと言う。認識器官の苦しみは、法身である。現われることが無いから、法身と名づける。煩悩がつまりは法身である。貪り・恚り・痴かさは般若である。明らかにする主体でないから、般若と名づける。明らかにされる対象が無く、実質として自然と明らかなのである。さまざまに仕業に束縛されることを、全て解脱と名づける。束縛を断ち切って解脱を獲得するのではなく、また縛られる実質が無く、縛る主体も無いから、解脱と称する。解脱すると穢れた業が生じないし、般若であれば煩悩が生じないし、法身であれば苦しみが生じない。この三つが生じないのは、一つのものが生じないこと。この一つのものが生じないのは、三つが生じないこと。三でも一でもないから、生じないと言うのだ。

若色若香、無非実相。観煩悩業生、即無生。無生不生、故曰無生。陰入界苦、即是法身。非顕現、故名為法身。煩悩即法身。貪恚痴即般若。非能明、故名為般若。無所可照、性自明了。業行繋縛、皆名解脱。非断縛得脱、亦無体可繋、亦無能繋、故称解脱。解脱即業不生、般若即煩悩不生、法身即苦不生。是三不生、即一不生。是一不生、即三不生。非三非一、故言不生。(『法華文句』巻一下・序品、大正蔵三四巻・九頁中~下)

あらゆる現象がそのまま真実の姿であり、煩悩や悪い仕業はそれ自体生じる実体が無い。世俗での苦しみに纏いつかれた身体がそのまま仏の真実の姿である法身であり、貪り・怒り・愚かさがそのまま般若の智慧であり、さまざまな仕業によって生じるとらわれがそのまま苦しみからの解脱である。悪い仕業も煩悩も苦しみも、それ自体生じる実体を持たない点で同一であると知れる。

諸々の現象は実相の異名であり、実相そのものの実質である。また実相は諸々の現象の異名であり、諸々の現象そのものの実質である。霊妙な有であり破壊できないから、実相と名づける。諸仏であって見ることができるから、真善なる霊妙な色と名づける。他の物を雑えていないから、畢竟空と名づける。二つのことや区別が無いから、如如と名づける。悟っていて不変だから、仏性と名づける。諸々の現象を備えているから、如来蔵と名づける。寂滅なる霊妙な知恵だから、中実理心と名づける。さまざまな偏りを離れているから、中道と名づける。無上でそれ以上のものが無いから、第一義諦と名づける。このように、一つのものそのものの実質に随いながら、その作用についてさまざまな名称を立てると知れるのだ。

諸法既是実相之異名、而実相当体。又実相亦是諸法之異名、而諸法当体。妙有不可破壊、故名実相。諸仏能見、故名真善妙色。不雑餘物、名畢竟空。無二無別、故名如如。覚了不変、故名仏性。含備諸法、故名如来蔵。寂滅霊知、故名中実理心。遮離諸辺、故名中道。無上無過、名第一義諦。随以一法当体、随用立称、例此可知。(『法華玄義』巻八下、大正蔵三三巻・七八三頁中)

そこで、仏はその真実の実質そのものである現象について、「真善妙色」とか、他の余計な物が無い点から「畢竟空」とか、「如如」「仏性」「如来蔵」「中実理心」とか、諸々の偏りを離れている点から「中道」とか、それ以上のものが無い点から「第一義諦」とか、さまざまな言葉で説き示す。

素質のありように随い、種々に区別し、欲するところ宜しきところに赴き、治まるところ悟るところに導く。

随彼根機、種種差別、赴欲赴宜、赴治赴悟。(『法華玄義』巻八下、大正蔵三三巻・七八三頁下)

それは、衆生のさまざまな素質に合わせて真実を説き分けるからである。

諸々の経典の異名には、真善妙色とか、畢竟空とか、如来蔵とか、中道など、種々の異名が有り、いちいち挙げてはいられない。これらはいずれも実相の別の呼び名であり、悉く正しい印であり、それぞれを第一と呼ぶことができる。真実に由って印するからである。もしもこのことを見失うならば、仏法ではない。だから多くの経典の実質は同じだと言うのである。

諸経異名、或真善妙色、或畢竟空、或如来蔵、或中道等、種種異名、不可具載。皆是実相別称、悉是正印、各称第一。由実印故也。若失此意、則非仏法。故言衆経体同也。(『法華玄義』巻九上、大正蔵三三巻・七九三頁上)

従って、経典ではさまざまな言葉を用いて説かれているが、実はその説くところの実質は同一なのである。さまざまに異なる現象に即して同一である真実の実質を捉えようとする仏の立場が、こうした経典の所説の捉え方に窺えると言えよう。

三―三　むすび

本節では、煩悩や智慧についての吉蔵と天台三大部の見解を検討した。最後に両者の見解の違いについていくつかの点を指摘し、結びとしたい。

本文中でも触れたが、吉蔵は、心のとらわれる働きが根本的な原因となり、衆生のさまざまな煩悩が生じると考える。これに対して天台三大部では、真実に対する誤り偏った態度・思惟が根本的な原因となって心のとらわれが生じ、そこからまたさまざまな煩悩が生じると考える。心のとらわれに言及・注目する点で両者は軌を一にするものの、吉蔵に比べて天台三大部の方が、対象とそれに向き合う主体との関わり、またその関わりから生じる誤り偏った認識をより重視し、煩悩の根源を掘り下げて分析していると言えそうだが、こうした考え方の相違が、両者のさまざまな思惟のありようにも影響を及ぼしていると見ることができる。

第一に、悪についての捉え方である。吉蔵は、心のとらわれる働きに焦点を当て、そこで善と悪だけでなく、因と果、有と無、生死と涅槃、小乗と大乗、一と異といった、相待的な関係にあって仮のものであるそれら二つの事柄について、心がとらわれているか否かを主に問題とする。これに対して天台三大部では、吉蔵と同じく善と悪が仮のものであるとするものの、凡夫の惑った心に悪の性質が備わっているとした上で、悪に実は善が備わっているとし、そこで心や心に備わっている悪を如何に捉えるべきかを主に問題とする。仮であることを主張する点では両者とも同じだが、吉蔵に比べて天台三大部の方が、衆生の心の持つ悪の性質そのものにより注視していると考えられよう。

第二に、智慧に関わる方便の位置づけである。吉蔵は、空であることにとらわれずに有であることに関わっていく働きとして方便を捉え、そしてその方便が何物にもとらわれない菩薩の教化救済の行いとして現われるとする。これに対して天台三大部では、現象の空である実質と仮である実質とをいずれも方便としてそれらを乗り超え、そこで教化救済することにもとらわれない仏の立場を主張する。もとより吉蔵とて、仏の立場に言及しないわけではない。だが、あくまでも実智と方便の二つの智慧の働き具合の観点から菩薩の立場に連続させて仏の智慧を捉える吉蔵に対し、(6)天台三大部では、二諦・平等・中道という三つの捉え方に即し、空・仮・中という現象の三つの実質を明らかにした上で、方便を媒介としてそれらを心や智慧にさえとらわれないありかたへと収斂させ、菩薩をも超え出た仏の立場を提示していると言えよう。

第三に、これは第二の点とも関わるのだが、真実の実質についての捉え方である。吉蔵は、心のとらわれる働きに注目するので、相待的な関係にある惑いにも悟りにもとらわれないこと、また惑いを無くすことにも悟りを得ることにもとらわれないことを主張する。これに対して天台三大部では、本文中でも見たように、あらゆる現象の実質がそのまま真実であるとし、そこでさまざまに異なる現象に即して同一である真実の実質を捉える仏の立場を強調する。ただ一つの真実を目指す点では両者とも同じなのだが、心のとらわれを無くした中道を窮極的な真理とする吉蔵に対し、(7)天台三大部では、やはり真実とそれを捉える主体との関わりの中で真実の実質を追究し、先に指摘したような教化救済することにとらわれない仏の立場にそれを結びつけていると見なせよう。

このように煩悩や智慧についての見解を通して見た時、従来の研究では十分に明らかにされてこなかった両者の思惟のありようの違いを、これまでとはまた別の視点から指摘できるのではないかと思うのである。

(1) 比較的最近の研究としては、菅野博史『中国法華思想の研究』(春秋社、一九九四年)が、吉蔵の『法華経』理解を考察しつつ、智顗・灌頂の『法華玄義』『法華文句』の見解との違いに論及している。また、教判論を検討する中で吉蔵の経典の捉え方を考察し、それとの関連から智顗の法華経観の特徴を指摘した同じ菅野氏の「智顗と吉蔵の法華経観の比較」(『平井俊榮博士古稀記念論集・三論教学と仏教諸思想』所収、春秋社、二〇〇〇年)、天台の教判論が吉蔵思想の引用によって成り立っていることを検証した末光愛正「天台五時教判と三論教学」(平井俊榮監修『三論教学の研究』所収、春秋社、一九九〇年)などが挙げられる。

(2) 原文は「無為而為不為」。『老子』第四八章や『荘子』庚桑楚篇などに見え、老・荘でしばしば用いられる「無為而無不為」を踏まえていると考え、字を改めて解釈した。

(3) 石津照璽『天台実相論の研究——存在の極相を索めて』(創文社、一九八〇年)第四章「諸法実相の開顕」は、三大部を中心とする智顗撰述とされる著作を材料に、空・仮・中について、「中の実相、仮の実相、空の実相なるものが別々にある筈はない」とし、「実相の当処のありようをあらわすにつけては三諦の間に開きも次第もおかれるのではな」

く、「況んや実相のありようを表示する三諦の間に勝劣を問うがごときこともその意を得るものではない」と述べる（一六七頁）。現象の実相そのものに即して捉えた場合、空・仮・中の三つは確かに相即関係にあるのだが、ここでは衆生の惑いを分析する立場から、二諦・平等・中道の三観に即した智慧の深まりについて言及されていることに注目しておきたい。

（4）玉城康四郎『心把捉の展開――天台実相論を中心として』（山喜房仏書林、一九六一年）本論第二章「智顗における心把捉の主体性と超越性」は、智顗の撰述と伝えられる諸著作を材料に、衆生法と仏法と心法との関係を詳細に分析し、特に心と仏との関係について、心は現実態として十法界となっているのだが、自らが有無を離れているのを知ることで仏の知見が現われ、仏と相い通じると共に、心の善悪苦楽に対し、仏の向下的な慈悲が対応すると述べる。そこでは、仏が最高で超越的・第一義的立場にあることが指摘されているが、そうした仏の中道の立場の中身などについて具体的な説明は無い。新田雅章『天台実相論の研究』（平楽寺書店、一九八一年）第四章「『三大部』における実相論の構造」第一節第五項「観心の体系の基本構造」は、衆生の惑いに関わって取相・塵沙・無明の三つを取り上げて詳しく分析し、そしてそれと三観との関係を論じていて参考になる。

（5）智慧にとらわれるべきでないとする見解は、吉蔵にも見受けられる。すなわち『大乗玄論』巻三・仏性義に、「空を見ざれば空を除き、不空を見ざれば不空を除き、智を除き又た不智を除く。二辺を遠離するを、聖なる中道と名づく」（大正蔵四五巻・三七頁中）とある。現象について空であることと空でないこととにとらわれないと同時に、智慧そのものについても智であることと智でないこととにとらわれないのが中道だと言うのである。ここには、智慧にとらわれずにそれを乗り超えていこうとする姿勢が確かに窺える。しかしながら、そのように智慧を乗り超えることが、そのまま仏の教化救済のありかたを意味するとは考えにくい。吉蔵において智慧は、それと相待的な関係にある「智慧ならざる」事態と常に一対で問題とされるわけである。また、心が現象を生み出すという主張は、吉蔵には見られない。

（6）吉蔵『大乗玄論』巻四・二智義には、「八地より已上、二慧倶に巧なり。若し仏地に至らば、即ち両慧同じく反す。実慧は即ち反りて薩波若と名づく。一切智を謂うなり。方便慧は反りて一切種智と名づくるなり」（大正蔵四五巻・五五頁上）とある。仏の立場を十地の菩薩に連なるものとし、また一切智・一切種智を実智・方便の転換したものと捉えている。

（7）　吉蔵『大乗玄論』巻一・二諦義は、「此の真〔諦〕と俗〔諦〕とは是れ如来の二種の教門なり。能表もて名を為さば則ち二諦有るも、若し所表に従いて名を為さば則ち唯だ一諦なり」（大正蔵四五巻・一六頁中）と述べる。このただ一つの真理とは、中道を指していると考えられる。また同書巻四・二智義には、「貪欲は、本来寂滅、自性清浄たり、即ち是れ実相なり。斯くの如く了悟す、便ち波若と名づく。……貪欲は本より寂滅すと雖も、而れども衆生に於いて宛然として貪の有るを照らす、便ち方便と名づく」（大正蔵四五巻・五六頁上～中）とある。煩悩の真実の姿を本来清浄なものと見極めた上で、現実の衆生には煩悩が有ると弁え、その苦しみを除き喜びを与える、理想的な菩薩の智慧を述べるのである。

おわりに

本章では、僧肇の思想、浄影寺慧遠の思想、天台三大部の思想を検討し、それらとの同異を指摘して、吉蔵思想の位置づけを検証した。

僧肇と吉蔵の思想を比較してみると、三乗や悟りについての両者の捉え方には、共通点と共に相違点が窺える。確かに吉蔵は、いわゆる「関中の旧義」の有力な担い手の一人として僧肇を高く評価し、基本的にはその見解を踏まえている。だが、それにそのまま依拠するのでは決して無く、否定を積み重ねていく自身の中仮の論理を基盤とし、やはりかれなりの立場に立って取捨選択し整理しつつその思想を受け入れ、そして更に展開させていると言える。

また、『維摩経』解釈を材料に慧遠と吉蔵の思想を比較してみると、二乗は結局真実を悟りえないと主張する慧遠に対し、吉蔵は、菩薩だけでなくて凡夫・二乗もそれぞれの立場から真実を悟りうると見なしている。『大乗起信論』にその思惟の基盤を置く慧遠と、『中』『百』『十二門』の三論に主に依拠する吉蔵とで、その見解が異なるのは当然のことではあるのだが、若干先輩に当る慧遠の真実の捉え方を、吉蔵が批判的に乗り超えようとしていたと見ることもできるのではないか。

そしてまた、天台三大部が確かに吉蔵の見解や著作に依拠し多くの影響を受けているとしても、少なくとも煩悩や智慧の捉え方に注目してみると、その思想が吉蔵と同工異曲で全く同質のものだと断じるわけにはいかない。現実世界のさまざまな悪とそれを捉える智慧、また真実を体得した窮極的な仏の立場についての見解に、天台なりの立場から吉蔵の見解を取り入れながら更に深めていこうとする意図を、読み取ることができるのではないか。

僧肇や浄影寺慧遠との関わりには、かれ自身がそれと意識していた吉蔵思想の一つの意図を確認できる。そして天台三大部との比較を併せて見てみると、仏教思想の中で吉蔵思想の持っていた位置づけが、自ずと浮かび上がってくるように思うのである。

終章　吉蔵における「空」

第一章で吉蔵の生涯をたどりその著作を整理した上で、第二章から第五章までで吉蔵思想の中身を分析してきた。各章及び各節の末尾でそれぞれ既に纏めているので蛇足になるかとも思うが、最後に吉蔵の「空」の思想の位置づけを改めて確認し、総括としたい。

第二章では、『大乗玄論』を分析した。吉蔵思想の枠組を明らかにするためには、斯書が最も良い指南書となると考えたからである。その結果を見てみると、かれの思想が担っていた課題は、言葉による教えと衆生の素質とが如何に関わるのか、その両者の関わりの中でとらわれない「中道」という真理が如何に獲得・実現されるのか、そして「中道」という真理に立脚した智慧によって煩悩が如何に捉えられ解消されていくのか、という事柄に集約できる。

また、そうした課題を解決するために吉蔵が提示した論理が「中仮」であり、その「中仮」の特徴を教えと素質との関わりから表現したのが「破邪顕正」であることを指摘した。吉蔵思想の基調を「中仮」と見なすことについては、あるいは異論が有るかも知れない。しかしながら、「二諦」「仏性」「二智」といった主要な概念が論じられる際にその根底に有ること、従って真理観・素質論・経典観などかれの思想全てに通底していると認められることから、やはりこの「中仮」をかれの思想の基礎的な論理と見なして良いのではないかと考える。

第三章では、会稽時代、揚州時代、長安時代の三つに大きく分けられるかれの著述活動それぞれの時期の代表作を中心に分析し、またそれらを相互に比較・検討することを通して、吉蔵思想の展開を論じた。代表作の一つ『三論玄義』が著された揚州時代にとらわれない「中道」ということについての見解が深められ、それを転機として長安時代には衆生の素質についての見解が明確になり、衆生に対する菩薩の教化救済のありかたにとらわれない境涯が見出されるに至った、吉蔵の思索活動の展開を跡づけることができる。

余りに図式的に過ぎるとの批判も有ろうが、第一章で指摘したように、長安時代に『中』『百』『十二門』の三論の注釈書と共に、『維摩経』についての一連の注釈書の著されていることが、方便を実践するとらわれない菩薩のありかたを追究していった、かれの目指したところを明らかに示していると見なせるではないか。

また、第二章で取り上げた『大乗玄論』が、全てかれ自身の手に成るものかどうか断言できないとしても、その思想内容は吉蔵思想の展開・深化の到達点を示していることを確認できたと思うのである。

第四章では、吉蔵の「中仮」が思想史の中でどのように評価できるのかを論じた。「中仮」が羅什訳経論を踏まえて形作られていることを確認した上で、羅什以前の古訳般若経典とそれに拠っていた人々の思想、及び魏晋期の老荘的な固有思想の中身について、時間を遡る形でそれぞれ検討し、「中仮」の形成される基盤となったと思われる思想動向を明らかにしたのである。

本文中でも触れたが、その著作中の随所で成実学派の見解を批判しているにもかかわらず、実は吉蔵の「中仮」自体、その核心となる部分で『成実論』と共通する思考が認められることは、思想の衝突・交流という観点から見ても注目されよう。古訳経典と固有思想の分析については、なお不十分な点も有るかと思う。だが「中仮」が確かに吉蔵思想の基調であるにせよ、突如として生み出されたのではなく、その論理はやはりかれ以前、また羅什以前の思想のありようを受けつつ形成されたものであったと見ることができよう。

第五章では、仏教思想の中での吉蔵思想の位置づけを検証した。さまざまな素質を持つ衆生が如何に真理を獲得・実現できるかという事柄に主に注目し、吉蔵以前の僧肇、吉蔵とほぼ同時代の浄影寺慧遠、吉蔵の影響を受けたとされる天台三大部と、時間の流れをたどる形で、それぞれの思想を吉蔵思想と比較しつつ検討したのである。

僧肇と慧遠が、素質の劣った凡夫や二乗が菩薩へは到底至りえないとするのに対し、吉蔵は、凡夫や二乗といった素質は変化しうるもので、従ってとらわれないことを実現して両者ともに理想的な菩薩の境涯へと至りうることを強調する。そして天台三大部は、二乗と菩薩を両方とも乗り超え、そこで教化救済することにもとらわれない仏の立場を強調し、かくてそうした仏の立場に拠れば、あらゆる現象の実質をそのまま真実の実質と見なすことができると主張する。

吉蔵がその著作の随所で成実学派などの見解を批判していることを鑑みれば、仏教思想を取り上げ問題とするに当り、これら以外にも他のさまざまな仏教思想を視野に入れるべきではあろう。また本文中でも触れたように、それぞれの拠って立つ経典や論書の違いが有るし、特に天台三大部についてはその成立の問題が有るので、その中身を単純に比較するのはどうかとする見方も有るだろう。もとよりここでの考察は極めて限定されたものであるわけだが、しかしながらこうした素質論や真理観の比較を通して見ると、経論の所説や独特の教理とはまた異なるより根本的な次元で、それぞれの思惟のありようの特徴を指摘できると考える。

本書のタイトルを『中国中観思想論』としたのは、吉蔵思想の中身を通して見た時に固有思想や他の仏教思想をどのように捉えることができるか、また再びそこから立ち返って見直した時に吉蔵思想の位置づけをどのように理解できるか、そのように往還する分析考察の中で、隋から唐初にかけての「空」をめぐる思惟のありようを見定めたいと思ったからである。

仰々しいタイトルの割に中身は如何、との批判もあろう。また当該時期の思想状況を解明するためには、さまざまな仏教思想、固有思想の更なる解明が必要ではある。だが序章で述べたように、不完全な仏教理解を乗り超えているか否かといった評価にとらわれない視点からの研究も、やはり必要なのではないだろうか。不十分とは言え、中国仏教思想と固有思想との両方に眼差しを向けている筆者なりの立場から、吉蔵における「空」の核心を把んだつもりである。

後記

本書は、二〇〇二（平成十四）年十月に東北大学より博士（文学）の学位を授与された学位論文「吉蔵思想の研究」に加筆修正したものである。

学位論文は、以下の七つの拙論に基づいている。

○「吉蔵の夢――『大乗玄論』の理論」（一九八五年度修士論文、東北大学大学院文学研究科提出）
○「中国中世における真理観の一側面――吉蔵二諦論と中仮の論理」（『集刊東洋学』第五七号、一九八七年）
○「吉蔵の三乗観――僧肇との対比を通して」（『文化』第五二巻第一・二号、一九八八年）
○「吉蔵の中仮思想――羅什訳経論との関わりを軸に」（『三論教学の研究』、春秋社、一九九〇年）
○「吉蔵の「仏性」思想について――特に「中道」観を柱として」（『日本中国学会報』第四八集、一九九六年）
○「「とらわれない」ための戦略――中国思想のなかの吉蔵」（『平井俊榮博士古稀記念論集・三論教学と仏教諸思想』、春秋社、二〇〇〇年）
○「中国中世における言語観の一側面――郭象と支遁をめぐって」（『大久保隆郎教授退官紀念論集・漢意とは何か』、東方書店、二〇〇一年）

此度本書を纏めるに当って学位論文に改めて手を加えたのは、大きく以下の三点である。

第一に、学位論文で書き下し文にしていた引用資料を現代日本語訳に改め、またそれに伴い本文の論述を修正・整理した。序章で述べたように、難解な仏教の概念・術語をできるだけ平易に解釈し、吉蔵の追い求めた「空」の意味を解り易く説き明かして、中国思想史におけるその思想の位置づけを見定めたいとの本書の意図に鑑み、その方が適当だと判断したからである。仏教文献を翻訳することには多大な困難を伴い、こなれた日本語訳になったとはもとより言い難い。先学諸兄の批正を請うところである。

第二に、学位論文で不十分であった論述を補った。すなわち、第一章「吉蔵の伝記と著作」は、学位論文には無かったのだが、行論の都合上やはり必要であると考え、新たに書き下ろした。また第五章第二節及び第三節は、学位取得後にものした次の二つの論文に基づいて書き加えた。吉蔵思想の思想史上の位置を見定めるには、ほぼ同時代の浄影寺慧遠や天台の思想との比較・検討が、やはり必要不可欠だと考えたからである。

第二節：「浄影寺慧遠と吉蔵の維摩経解釈をめぐって」（『中国の思想世界』所収、イズミヤ出版、二〇〇六年三月）

第三節：「煩悩を如何に捉えるか――吉蔵と天台三大部の煩悩観・智慧観」（『集刊東洋学』第九三号、二〇〇五年五月）

第三に、学位論文の中身に基づいて発表した次の二つの論文に拠り、学位論文では冗長でしかも解り難かった論述を書き直した。第二章及び第四章第二節がそれに当る。

第二章：「菩薩への道――吉蔵『大乗玄論』の理論」（『岩手県立大学盛岡短期大学部研究論集』第六号、二〇〇四年

三月）

第四章第二節：「羅什以前の古訳般若経の思想をめぐって」（『集刊東洋学』第八八号、二〇〇二年十月）

他にも各部分、及び全体の論述の整合性を図るため、表現を改めたところが多々有るが、それらについて一々ここには記さない。

筆者が吉蔵思想の研究に取り組むことになったのは、一九八五（昭和六十）年、大学院前期二年の課程二年生の時であったと記憶する。中国の仏教思想を研究することに決め、「仏性」についていろいろ調べていく中で、『大乗玄論』に出会い、その難解な内容・論理に、逆に心惹かれたのである。論文を書き上げて文学修士の学位を得てから今日に至るまで二十五年余り、博士（文学）の学位を授与されてから数えても既に九年の歳月が経過している。途中魏晋期の固有思想の研究に従事した時期も有ったが、基本的には吉蔵思想に焦点を当てて研究を進めてきた。

本書の中でも述べたことだが、吉蔵には現存する数多くの著作が有り、従ってかれの思想についての問題の立て方、アプローチの仕方もさまざま有りうる。その中で筆者が終始一貫して興味関心を持ち、自らの研究テーマとして追究してきたのは、真理と言葉とをめぐる問題であった。

真理がたとい「言忘慮絶」なるものであるとしても、言葉や思慮によらなければそれを把握することができないし、また言葉や概念によらなければそれを説明することができないではないか。だが言葉や概念は真理そのものではなく、その働きには自ずと限界が有る。かく限界の有るものと弁えて言葉や概念にとらわれず、しかもそれらを媒介手段としながら真理そのものを獲得・実現するためには、どのようにしたら良いか。またそのように言葉や思慮についてのとらわれの無い、従ってそれらを超越している真理とは、一体どのようなものか。

こうした問題は、仏教思想、固有思想に限られないものであろう。とらわれに纏いつかれた一介の凡夫に過ぎない筆者ではあるのだが、これらのことについて吉蔵の所論に身を添わせつつ自分なりに思考した一つの成果が、本書である。

本書は、多くの先学の研究成果に拠っている。

本文中で頻繁に触れている平井俊榮先生の一連のご著書ご研究には、多大の学恩を受けている。直接にお教えを受けた機会はないのだが、心から謝意を申し上げる。二〇〇一（平成十三）年に縁あって岩手に来て以来、いつかご挨拶をと思いながら、ご無礼をしている。先生のご研究を批判し乗り超えることなどできるはずも無いのだが、残された課題に少しでも迫りえたであろうか。

駒澤大学を昨年退職された伊藤隆寿先生からは、先生が東北大学に内地留学していらした時期に親しくお教えをうかがうことができ、また創価大学の菅野博史先生からは、学会でたびたび貴重なご意見お叱りをいただいた。また駒澤大学の奥野光賢先生からは、先生が論文論著をものされるたびごとに頂戴し、大いに刺激を受けた。

指導教官の中嶋隆藏先生は、先述のような牛の如き遅々とした筆者の歩みを、温かく時に厳しく、見守り励ましてくださった。筆者が今日まで研究を続けてくることができたのは、ひとえに先生のお蔭である。また弘前大学の山田史生先生は、筆者が学部学生の頃から公私にわたって面倒を見てくださった。筆者が仏教研究を志したのも、その影響が大きい。

まず売れるはずの無いこうした書物を、今回このように上梓することができたのも、山田先生のご紹介による。いろいろ考えそれを文章にするのに時間がかかる。大蔵出版編集部の上田鉄也氏は、筆者のそうした状況に良く付き合って辛抱強く待ってくださり、多くのアドバイスをくださった。

諸先生方、関係諸賢に、衷心より御礼申し上げる。

最後になったが、いつも側にいて話し相手になってくれた妻世津子に、本書を捧げる。

平成二十三年十月

高野　淳一

著者略歴

高野淳一（たかの　じゅんいち）

1960年、新潟県生まれ。東北大学大学院文学研究科博士課程（中国学）満期退学。博士（文学）。東北大学文学部助手、同非常勤講師などを経て、現在、岩手県立大学盛岡短期大学部准教授。専門は中国哲学。

主要論文：「郭象の「自得」の思想について」、「劉劭『人物志』における内と外」、「王弼の「分」の思想について——郭象との対比を通して」など。

中国中観思想論　吉蔵における「空」

2011年11月30日　第1刷発行

著　者　高野　淳一

発行者　青山　賢治

発行所　大蔵出版株式会社

〒113-0033 東京都文京区本郷 3-24-6-404

TEL.03-5805-1203　FAX.03-5805-1204

http://www.daizoshuppan.jp/

装　幀　クラフト大友

印刷所　中央印刷株式会社

製本所　株式会社難波製本

© Takano Junichi 2011　Printed in Japan

ISBN 978-4-8043-0580-6　C3015